神話となった日向《ひむか》の巨大古墳

「この国のかたち」を求めて

北郷 泰道

Hongo Hiromichi

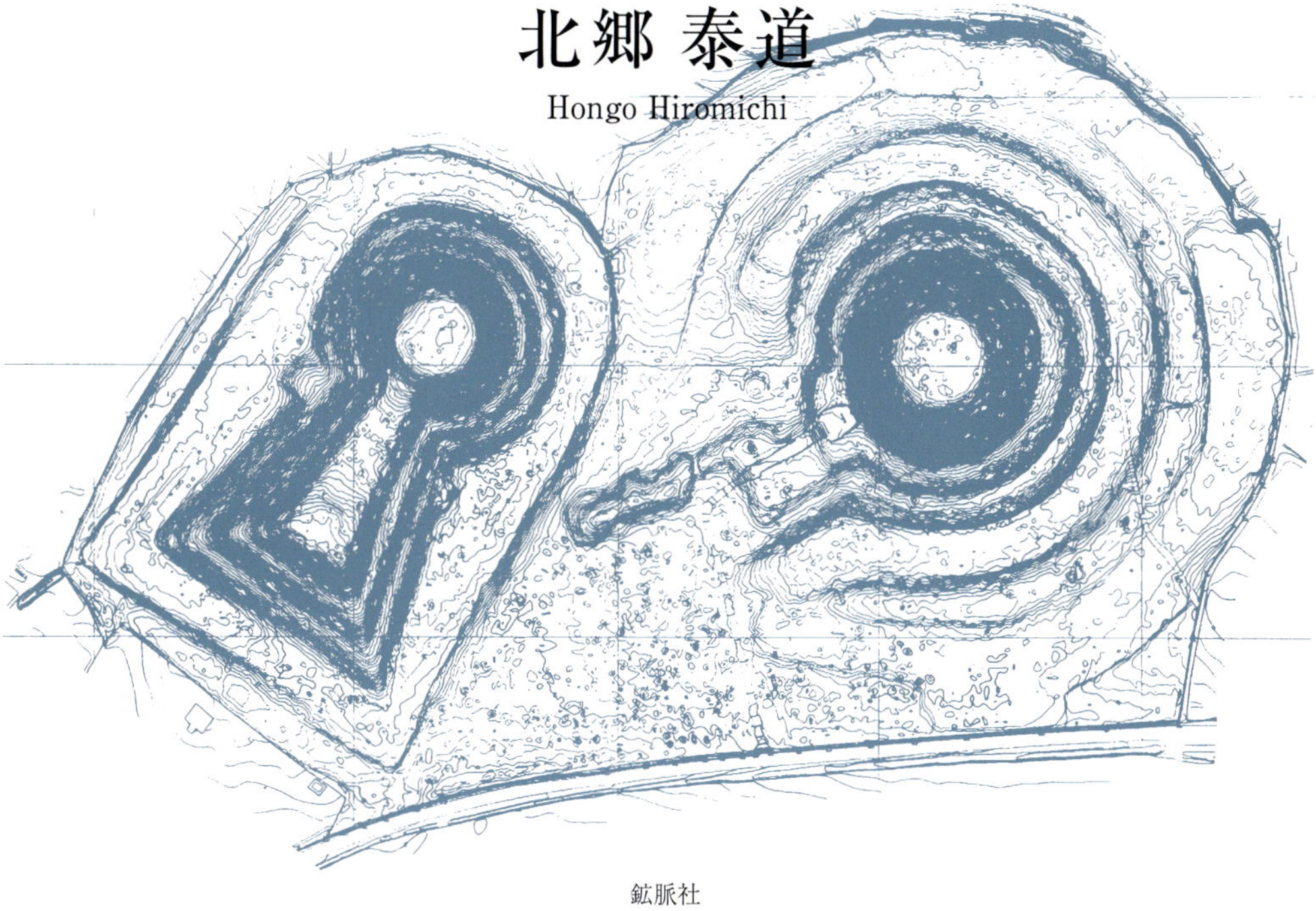

鉱脈社

目次

神話となった日向《ひむか》の巨大古墳

序　章　記憶と記録

神話となった巨大古墳　九　「可愛」とは何か　一二
歴史書としての『古事記』『日本書紀』　一三　古墳時代は神話と並行な時代　一五
記録された記憶と史実　一六　今、『古事記』を読むということ　一八
『古事記』と『日本書紀』　二〇　誰のための・何のための『古事記』か　二二
「この国のかたち」についてと少しの凡例　二四
……九

上巻《かみつまき》〈神世の時代〉

壱の章　神　話

……二九
「神話」を定義する　二九　国家は神話を破壊する　三〇
「国家」とは何か　三二　不可視の神と可視化された国土　三三
筑紫嶋の世界観　三五　伊豫之二名嶋の世界観　三八　「神話」的時間と空間　四〇

弐の章　ひむか

……四二
「日に向かうところ」　四二　「日向」とは何か　四四
なぜ日本神話の舞台が日向なのか　四五　黄泉の国の立面観　四七
国譲りの出雲大社　四九　出雲と日向に見る神話の構造　五二
日向三代神話　五五　海幸・山幸神話　五七　神武東征とは何であるのか　五九
神武天皇の誕生　六一　神話と並行関係の前方後円墳の世界　六三

中巻《なかつまき》〔人世の三－四世紀〕

壱の章　邪馬台国……六七
幻の邪馬台国論争　六七　『魏志』「倭人伝」に何も加えず何も引かず　六八
幾つもの倭国（倭人の国）七一　「倭国」と「日本国」　七四
青銅器文化圏は厳然として存在する　七六　青銅の神の記憶　七七
青銅器の神々のいない日向・青銅器の神々の集う出雲　七九

弐の章　畿内王権……八一
纒向遺跡は畿内王権の斎殿・宮殿　八一　稲荷山鉄剣銘の記憶と記録　八三
「われわれ意識」の「内」と「外」　八六　南九州における「内」「外」の変遷　八九
鉄と一つの高千穂　九二　「二つの高千穂」から「一つの高千穂」へ　九四
ヤマト王権とするか畿内王権とするか　九五　神武天皇と欠史八代　九六

参の章　前方後円墳……九八
世界史の中の古墳　九八　北の境界領域の前方後円墳　一〇〇
「えみし」とは何か　一〇二　前史を成す墓制　一〇四　前方後円墳の成立　一〇六
古墳時代の中の前方後円墳　一〇八　前方後円墳の規模から垣間見えること　一一〇
九州の前方後円墳の分布　一一二　四国の前方後円墳の分布　一一六
北部九州と南九州の前方後円墳　一一七
前方後円墳の変遷（生目古墳群と西都原古墳群）　一二〇

肆の章　古代日向　一二三

綏靖天皇は本当に第二代天皇なのか　一二三
「大分」は何故「おおいた」と読むのか　一二四　隼人との関係　一二六
「日向（ひむか）」の世界観　一二八　「熊襲国」から「日向国」へ　一三一
『記・紀』は古墳時代をどう総括したか　一三二　血族・氏族・系譜　一三四
高千穂と阿蘇　一三五　祖母山信仰と阿蘇山信仰　一三七
高千穂と阿蘇をつなぐ　一三九　歴史が変わるという証拠　一四一
宇佐神宮のヒメ・ヒコの空間構成　一四三　ヒメ・ヒコ制　一四五
祭事と政事（まつりごと）　一四七　琉球・沖縄に見る基層・古層　一四九
「畿内型社会」と「南九州型社会」　一五一

伍の章　「隼人」の誕生　一五四

「隼人」は日向系の宮家　一五四　八幡宇佐宮の御託宣　一五五
御託宣が伝えようとしたもの　一五八　「隼人」の定義とは　一六〇
「人制」の補足　一六三　隼人舞の誕生　一六四　隼人の戦いと祟り　一六六
隼人舞の復元　一六八

下巻《しもつまき》〔人世の五－六世紀〕

壱の章　地政学　一七五

畿内の地政学　一七五　北部九州の地政学　一七八　南九州の地政学　一八〇

弐の章　西都原古墳群……一八二

日向国の古墳の記録　一八二　西都原古墳群　一八四
前方後円墳の墳形と立地の変遷　一八七　陵墓参考地を測量・探査する　一八九
調査の結果　一九二　仮説と検証　一九四　帆立貝形古墳　一九五
再編される西都原古墳群　一九八　一ツ瀬川流域の前方後円墳　二〇一
構造体としての古墳　二〇三　南九州＝古代日向の再評価　二〇四

参の章　地下式横穴墓……二〇六

在地墓制の世界　二〇六　地下式横穴墓の誕生　二〇七
地下式横穴墓の人骨は語る　二一〇　双系制社会の墓制　二一三
島内一三九号地下式横穴墓　二一五　島内地下式横穴墓群の全体像から考える　二一八
甲冑をつらぬく　二二〇　馬具の出土　二二二

肆の章　諸　県　君……二二五

古墳の被葬者の特定　二二五　諸県君と応神天皇との出会い　二二八
大王と日向豪族の婚姻関係　二三〇　后妃制・采女制　二三三
連続する妃の婚姻　二三四　悲劇の婚姻　二三五
消し去ることの出来ない記憶　二三八　日下宮家の御名代と湯沐　二三九
日下と都萬神社　二四一　日向国造と諸県君の系譜　二四二
「西都原」地名の起源　二四四　西都の地に凝縮された神話　二四七
神話伝承を持つ古墳　二四九

伍の章　国のかたち……二五二
制度としての部　二五二　考古学の限界　二五三　郡郷の設置の変遷　二五五
どう読み解くのか　二六〇　駅と牧　二六三　牛馬生産　二六五
可視化される具体的な「国（地域）のかたち」　二六七

陸の章　海事と軍事……二七一
畿内の中の日向を歩く　二七一　丹と玉璧を考える　二七五　港を考える　二七八
朝鮮半島の中の日向　二八〇　倭の五王と南朝　二八三　首長墓の終焉　二八四
後日談、日下は滅んだのか　二八六

終の章　神代《かみのよ》と現代《いまのよ》……二八九
陵墓及び陵墓参考地　二八九　近・現代史の中の古墳　二九二
史跡指定に見る古墳　二九五　「風土記の丘」　二九六　整備の方向性と実際　二九七
癒やしとしての「歴史浴」　二九九　事実と真実　三〇一　この国のかたち　三〇三

［参考文献］　三〇六

おわりに　三〇九

神話となった日向《ひむか》の巨大古墳

――「この国のかたち」を求めて

序章　記憶と記録

神話となった巨大古墳

『古事記』『日本書紀』の神話に登場する、瓊瓊杵尊《ににぎのみこと》と木花開耶姫《このはなさくやひめ》の陵《みささぎ》と伝承される二つの巨大古墳がある。しかし、五世紀前半のその二つの巨大古墳に、実際に葬られているのは、仁徳天皇の妃《みめ》となった髪長媛と、その父・諸県君牛諸井である。諸県君と髪長媛とは何者なのか、そして彼らの奥津城は、何故、神話の神々の陵として奉ぜられることになったのか。その謎を紐解くことは、古代日向の確かな存在を認識することであり、それはそのまま畿内王権・政権の実態と、「日本」という国家の成り立ちを明らかにすることである。つまり、「この国のかたち」が見える。

「日本」の最高神にして太陽神・天照大御神《あまてらすおおみかみ》は、地上世界を治めるため、孫の瓊瓊杵尊を高天原《たかまがはら》から豊葦原中国《とよあしはらのなかつくに》に遣わす。「日本」の国造りは、この「天孫降臨《てんそんこうりん》」に始まり、「日向神話」の三代の神々を経て、神日本磐余彦尊《かむやまといわれひこのみこと》の「東征」から橿原宮《かしはらのみや》（奈良県橿原市）で「神武《じんむ》天皇」として即位することで結実する。これが建国神話であり、「日本」という国の歴史の始まりである。

瓊瓊杵尊は、「筑紫《つくし》の日向《ひむか》の高千穂《たかちほ》の久士布流多気《くじふるたけ》」（『記』）に天降《あまくだ》り、笠狭之碕《かささのさき》で木花開耶姫と名乗る、

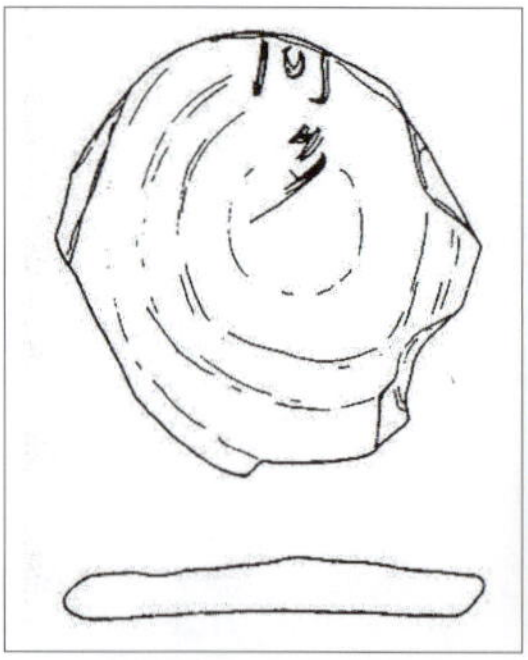

小中原遺跡出土の刻書土器

（鹿児島県教育委員会『先史・古代の鹿児島』資料編、2005年）

金峰山と木花開耶姫像

道の駅「きんぽう木花館」、南さつま市歴史交流館金峰、そして金峰山を背景に木花開耶姫の像が立つ。神代も現代も、山も海（吹上浜）も遺跡も、凝縮された神話的景観がある。

山の神である大山祇神《おおやまずみのかみ》のむすめと出会う。「木花開耶姫」という名前が馴染深く、独り歩きしているが、むしろ鹿葦津姫《かしつひめ》また神吾田津《かむあたつ》姫《ひめ》（神阿多都比賣『記』）との名を持ち、特に「吾田」＝「阿多」（鹿児島県薩摩半島）の地名に由来する名前こそ重要である。

「阿多」の「阿＝あ」は、「大きな丘陵地」の意で、薩摩半島の金峰山が象徴化された地名と考えられる。その「阿多」の文字を刻む刻書土器は、平安時代の小《こ》中原《なかばる》遺跡（鹿児島県南さつま市金峰《きんぽう》町）で出土している。その「阿多」の重要性や、漢字表現の違い（吾田）はあっても同じ地名が宮崎県日南市にも存在するなど、いわば「散在」する神話の場の意味・意義などについても問わなければならない。

一夜での懐妊を疑われ、国津神《くにつかみ》の子であれば、すなわち天津神《あまつかみ》の子でなければ無事生まれないであろうと、疑いを晴らすため、無戸《うつ》室《むろ》（戸の無い産屋）を作り、土で塗り塞ぎ、火を放ち出産をする。この「火中出産」譚は、奄美大島の習俗などに見られるように、東アジアの中での神話の類型《パターン》として、指摘されている。つまりは、海を介する交流に、その神話の位置付けはある。しかし、この事の意味は、世界史的視野に霧散させてしまうほど軽くはない。

東アジアの大海の中の列島弧に天降った天津神が、孤島の中で固有の歴史の営みを紡いできた国津神との対立を問う、「疑念」と

男狭穂塚・女狭穂塚（写真提供：宮崎県立西都原考古博物館）
木立もその巨大古墳を覆い隠せない。男狭穂塚と170号墳、女狭穂塚（171号墳は一体）と169号墳、その位置からすれば交差した関係で、埴輪の共通性が認められた。単体の古墳ではなく、有機的な関係性を以て古墳群が構成されていることを、再認識させる。

「証《あかし》（灯《あかし》は同語源）」の激烈な出産譚という象徴的な神話となっている。天津神の子孫が、地上世界において躍動を始めるための、最初の過酷な「通過儀礼」である。

こうして生まれた三子、火照命《ほでりのみこと》（海幸彦《うみさちひこ》）は南九州在地の人々である「隼人《はやと》」の祖《おや》となり、ついで火須《ほす》勢理《せり》命が生まれ、最後に火遠理《ほおり》命（山幸彦《やまさちひこ》）が生まれる。『記・紀』では誕生の順番や、炎にまつわる名前の時系列（証＝灯の過程となっている）も異なるので、ここでは『記』を採っておく。火遠理命は、鵜葺草葺不合命《うがやふきあえずみこと》、神倭伊波礼毘古命、後の神武天皇へと系譜をつなぎ、天皇家の祖となる。最初に生まれ出ることを許された隼人と、最後に生まれ出た天皇家の祖とは、同《はら》胞《から》である、と固く信じられていた。このことは、何度も問い返す必要がある。

そして瓊瓊杵尊は、死して可愛《え》山陵《のみささぎ》に葬られた。その可愛山陵として伝承され、宮内庁により陵墓参考地に治定《じじょう》されているのが、西都原古墳群（宮崎県西都市）の巨大古墳である男狭穂塚《おさほづか》・女狭穂塚《めさほづか》である。建国神話の出発となる瓊瓊杵尊の陵は、何故、日本列島最南端の大規模古墳群の中の巨大古墳として伝えられることになったのか。

「可愛」とは何か

なにより、「可愛」と記し「え」と読ませるのは何故か。『書紀』には「可愛」の表記は、三か所に見られる。一例はもちろん「筑紫日向可愛之山陵」であるが、他の二例は伊奘諾《いざなき》尊（伊耶岐命『記』）・伊奘冉《いざなみ》尊（伊耶那美命『記』）の国生み・神生み神話の冒頭にある。天之御柱《あめのみはしら》の周りを互いに別の向きから回り、廻り逢うとき声を掛け合う。男女間の「歌垣」「相聞歌」の淵源である。しかし、最初は女性である伊奘冉尊の方から声をかけたため、生まれたのは「水蛭兒《ひるこ》（子）」であったとする件《くだり》、お互いを「可愛」と称え合う、その時である。

「巡相遇、陰神乃先唱曰『妍哉、可愛少男歟。』陽神、後和之曰『妍哉、可愛少女歟。』遂爲夫婦、先生蛭兒、便載葦船而流之。」

女・男を陰・陽で表現するのは陰陽五行を基礎とし、一義的には男女を褒め称える文字通り「かわいい」「いとしい」と理解するのであろう。一方、『記』では同じ件《くだり》をどう表現しているのか。そこでは、「可愛」ではなく「愛」の一文字で表現されている。

「約竟廻時、伊邪那美命、先言『阿那邇夜志愛袁登古袁。』後伊邪那岐命言『阿那邇夜志愛袁登賣袁。』各言竟之後、告其妹曰「女人先言、不良。」雖然、久美度邇興而生子、水蛭子、此子者入葦船而流去。」

いずれの二重括弧も、倭言葉《わことば》（日本語）としての訓《よみ》は、「あなにやし、えをとこを。あなにやし、えをとめを。」となろう。「可愛」「愛」は、いずれも「え」と読むことになる。「愛」を「え」と読むのは、四国の「愛媛」県を「えひめ」と読む類であり、国生みでの「伊豫《いよ》（予）」の女神「愛比売《ひめ》」に由来する。従って「可愛」は「愛」と同義であり、『書紀』で「可」を加えるのは、「可」の字義である「口から声を出して」「愛」を述べることからきている。それは、「歌（この解字も深い意味がある）」である。

つまりは、「可愛」また「愛」は、いずれも国生み・神生みの発端に発せられる最も神聖な「歌」としての「言霊《ことだま》」であり、「すべての淵源」としての意味をそこに見る。それ故、瓊瓊杵尊の「死」は、地上世界最初の「死」である。そして、最も神聖な「死」は、地上世界の「すべての淵源」ともなった。火遠理命の陵を「高屋山上陵《たかやのやまのうえのみささぎ》」、鸕葺草葺不合命の陵を「吾平山上陵《あいらのやまのうえのみささぎ》」とする、地名由来の陵の名称と異なるところに大きな意味がある。

歴史書としての『古事記』『日本書紀』

戦前は、『記・紀』の記述をすべて、史実であると教え込まれた。その戦前において早稲田大学の日本史学者・津田左右吉は、史実ではなく文学的物語だとした。当時からすれば、皇室の尊厳を冒瀆《ぼうとく》するものとして、著書は発売禁止処分を受けた。しかし、戦後は一転、『記・紀』の記述は史実ではないと否定される。そこで再評価されたのが津田左右吉の説であり、『記・紀』は歴史書としての座を追われ、同時に学校教育の中で、特に「神話」が取り上げられることはなくなった。

『古事記』は、三巻からなる。訓下《よみくだ》しや現代語訳など、読むのにはそれほど時間を要する分量ではない。もちろん、舌を嚙みそうな神々の名前に親しむには、それなりの覚悟と時間が必要かもしれない。それにしても、今でも『記』と言えば、すべて「神話」が記されていると、誤解されているふしがある。

上巻は、「神世《かみのよ》」とされ神話の記述で占められる。文字通り「日本神話」の巻である。だが問題は、中・下巻である。中巻から「人世《ひとのよ》」として記されている。神武天皇、次いで綏靖《すいぜい》天皇（二代）から開化《かいか》天皇（九代）までの記述は、天皇の具体的な事跡に触れることがなく「欠史八代」と呼ばれる。数行ないしは半ページ足らずの記述しか見られないのである。「何処そこ」の「誰それ」と婚姻を持ち「誰それ」が生まれた、ということだけが記されている。

だが、注意して読むと、それらはすべて崇神《すじん》天皇（十代）の段階の版図《はんと》（初期畿内王権の勢力領域）を超えることはない。その崇神天皇から応神天皇（十五代）までを中巻として、下巻が仁徳天皇（十六代）から推《すい》古《こ》天皇（三十三代）までである。これらは、歴史区分で言えば、狭義に推古天皇の時代を中心として飛鳥《あすか》時代とすれば、崇峻《すしゅん》天皇（三十二代）までの時代は、考古学で区分するところの古墳時代（七世紀前半までは古墳時代終末でもあるが）と重なる。そう見れば『記』の中・下巻は、古墳時代の記憶と記録を留めるもの、つまり古墳時代の書に他ならない。

しかし、歴代天皇の実在性に向けられた疑惑の目は根強い。一般論的な傾向の一例として、例えば『広辞苑』をめくってみる。仲哀天皇（十四代）までは「記紀伝承上の天皇」。その実在については、懐疑的である。次いで、応神天皇は「記紀に記された天皇」とやや調子《ニュアンス》が変わり、仁徳天皇で初めて「記紀に記された五世紀前半の天皇」と実年代が付与される辺りから、実在性についてやや肯定的である。

「人世」の中・下巻に記された歴代天皇についても、こうした状態である。では、どのように読み解かれるべきか。結論的に言えば、神武天皇から欠史八代については少し保留するとして、崇神天皇を三世紀半ばの実質的な畿内王権の初代大王《おおきみ》（後の天皇）とする。そして、以降の天皇についても、実在を前提に読み進めたい。そう読み解いた時に、中・下巻の史実を踏まえ、上巻が古代の人々の世界観や歴史観を豊かに織り込んだ神話世界として語られていることに、初めて気付けるからである。

一方、『書紀』は推古天皇以降を加え持統《じとう》天皇（四十一代）までを記すが、五巻の崇神天皇から二十一巻の崇峻天皇まで三十巻中十七巻が、古墳時代の書である。もちろん「出典論」として指摘される、詳細な漢籍との比較研究により、多くの記述が漢籍からのいわば「コピーペースト」であり、加えて「潤色」（と、とりあえず言っておくが）が加えられたものだとしても、このことも歴史資料としての位置を失わせしめるものではない。当時の知識人（渡来系の人々ばかりでなく、もちろん中国古代国家中枢部の人々にとっては猶更《なおさら》）にとってこそ、「コピペ」はあからさまであった筈である。だが、いや、だからこそ、中国大陸の国家さながらの律令国家を築くに至る歴史を記し、国の内・外に示すことこそが『書紀』の目的であった。

古墳時代は神話と並行《パラレル》な時代

『記・紀』のいわゆる「潤色」については、これを編纂した律令時代初期の価値観等による「上書き（時に重ね書き）」されたものであることは、認めておくべきであろう。しかし、より『書紀』に鮮明であるが、「上書き」は本質的には「潤色」ではないし、または「造作」「作り話」と表現される類ではない。「潤色」「造作」「作り話」、いずれの言葉も本書では死語である。「上書き（時に重ね書き）」である以上の、その基層・古層には大本の事実が厳然として存在する。その基層・古層を掘り出すのが歴史学である。

いずれにしても、列島弧における古墳時代の実像を基礎として、記述が進められていることには疑いがない。わたしは『書紀』を、古代人の稚拙な創造・想像力の賜物《たまもの》、愚かしい先祖たちの愚かしい歴史書だとは考えない。

八世紀初頭に、律令国家の確立をもとに、国の成り立ちを歴史的に理解しようとした人々にとって、身近だったのは直近の律令初期の推古天皇からの記憶・記録であり、ほとんど同時代の記憶・記録として、まだ対象化するには近時の記憶・記録であり過ぎる。現在のわたしたちにとって戦中・戦後史が、生々しい記憶・記録であるのと同じである。

その意味で、手繰り寄せるには遠い記憶・記録ではあるが、逆により対象化されたものとして、古墳時代という時代の記憶・記録の方が、「歴史」の記憶・記録としては、古代の人々の脳裏に深く刻まれていた。崇神天皇以前の神武天皇に遡る記憶・記録も含め、『記』の上巻、『書紀』の最初の一・二巻に記された「神話」は、時間的縮尺としては古墳時代の中に含まれていたが、基層・古層を成す列島弧における弥生時代までの記憶・記録をも内包したものであることは、見通しておく必要がある。言い換えれば、古墳時代とは「神話」を醸成した時代であり、神話と古墳時代は並行《パラレル》な関係であった。

しかし、問題は次のことにある。「にもかかわらず」墳墓造りに序列化を生み出す体系を、ほとんど唯一の価値観（並行関係に神話を見据えながら）として、何故具現化したのか。すなわち、前方後円墳を象徴として大王《おおきみ》の権威・権力を顕示し、その古墳時代という歴史過程を通じて、「前方後円墳の時代」として「前方後円墳体制」を形成し、その未来図として「律令制度」という法体系において支持され、「神話」によって守護される「古代天皇制」をどのように確立させていったのか、である。

記録された記憶と史実

「日向」の古代史は、「上古史《じょうこし》」というに相応しい。「上古」とは辞書的には、「文献を有する最も古い

石上神宮（右）と七支刀（左）

物部氏の総氏神。禁足地から、銅鏡・勾玉など玉類・環頭大刀柄頭・金銅製装飾品が出土し、祭祀の基層を示している。古式土師器の標式遺跡として、奈良盆地の古墳時代初頭（祭祀についても）を理解する上で重要な布留遺跡の地である。七支刀は、列島弧と中国大陸・朝鮮半島の関係を象徴的に物語っている。

時代」の意味であるが、つまり最古の歴史書『古事記』『日本書紀』が記された時代であり、「神話」と「歴史」を具現する歴史こそが「日向」の古代史である。つまり、文献を有しない考古学上の旧石器・縄文・弥生・古墳といった時代を包摂したものが「神話」的世界であり、「国譲り」の「出雲神話」を経て、建国に至る「神話」という時間を持つのは、古代日向の歴史を置いて他にない。

　現存する最古の歴史書は『記・紀』ではあるが、文字史料として「銘文」を持つ鉄剣・鉄刀は、紀年銘や出土古墳の古いものから東大寺山古墳（奈良県天理《てんり》市）、石上《いそのかみ》神宮（奈良県天理市）、稲荷台《いなりだい》一号墳（千葉県市原市）、稲荷山《いなりやま》古墳（埼玉県行田《ぎょうだ》市）、江田船山《えだふなやま》古墳（熊本県和《なご》水《み》町）、岡田山一号墳（島根県松江市）、箕谷《みいだに》二号墳（兵庫県養父《やぶ》市）、四天王寺（大阪府大阪市）の八例がある。ただし、石上神宮、四天王寺は伝世品で、また石上神宮（四世紀後半の七支刀《しちしとう》）は東晋または百済製、東大寺山古墳（「中平」（一八四〜九年）紀年銘）は後漢製である。ほか五例が列島弧内で製作されたもので、五世紀中葉の稲荷台一号墳が最も古く、五世紀後半の稲荷山古墳、江田船山古墳は文字数の多さで、『記』の文章の断片ともいえるような内容があり、六世紀代の岡田山一号墳、そして箕谷二号墳が七世紀初頭となる。文字史料としては、その他、詳細は省くが三世紀にも遡る銅鏡の銘文などもある。

これらの教えるところは、例えば稲荷山古墳の鉄剣銘は、詳細は「中巻」の章で述べるが、一世代＝三十年（「さんじゅう」を一文字で表せば「卅」、すなわち「世」でありワン・ジェネレーション）、八代の系譜をつないで二百四十年前後の時間を遡り、少なくとも三世紀半ばからの記憶を記したものであった。それらの基礎には、現在までに残存しなかったが、古墳時代を通じて文字として記され、伝えられてきた書き物（あるいは言葉としての口承物語）があったはずである。

弥生時代に遡り、列島弧の人々によって文字（言語）として記録が記憶されていた、と考える。ここでは、「漢字」が用いられていたかは、問題ではない。「絵文字」といった類、かつて、弥生時代研究の騎手であった佐原真が想像したように、絵画土器なども記録の一つとして良いと思う。しかし、文字化（言語化）され、その中で残されたものは、時系列的には記憶・記録の下限を示すものでしかない。「史《ふみ》」として文字史料の残された時代を「歴史時代」というなら、弥生時代に遡り文字（言語）史料を有する（有した）時代として位置づけ、考察すべきであろう。なお、弥生時代に遡る硯は、田和山《たわやま》遺跡（島根県松江市）、三《み》雲《くも》・井原《いわら》遺跡（福岡県糸島市、二点）、中原《なかばる》遺跡（福岡県筑前町）の三遺跡四点がある。

そして、考古学の「もの好み」の偏狭さを捨て、文献史学の「文字読み」の浅薄さを捨て、上古史を対象とする「古代史学」を構築し、歴史を叙述したいと思う。

今、『古事記』を読むということ

東日本大震災が発生した直後、「千年に一度」という文字が、事態の深刻さを象徴した。そして、「歴史に学ぶ」が復興へ向けて、また全国での防災についてのキーワードとなった。

「千年に一度」とは、日本の国の始まりを記した六国史《りっこくし》（六つの公式の歴史書（『日本書紀』『続日本紀《しょくにほんぎ》』『日本後紀《こうき》』『続日本後紀』『日本文徳《もんとく》天皇実録《じつろく》』『日本三代実録』））の六冊目『日本三代実録』に記された、平安時代前期の八六九（貞観十一）年に東北地方を襲った大震災のことを示している。推定マグニチュード八・三以上、死者一千人、多賀城という陸奥国の中心施設の大被害も記されている。そして、この一千人という死者の数は、決して少ない数字ではない。当時の全国の人口は、六百万人程度と推定され、現在の人口を考えれば二十倍して考えなければならない数字である。

同書には、富士山の噴火も記録されているし、薩摩半島の開聞岳の噴火（指宿市の橋牟礼川遺跡はその噴火で埋もれた「東洋のポンペイ」）も記録されている。今、富士山の再活動が迫っていると予測され、南九州では桜島が活発だし、新燃岳等霧島連山の活動にも目が離せない。「歴史に学ぶ」とは、現在にとって切実な課題である。

そして、『古事記』。山や海や川、草木や岩にも神々が住まい、神々が宿ると考え、敬い尊んだ古代人の世界観や宇宙観が込められている。そうした豊かな自然と、そこに育まれた日本人の住まう国土を失うことになるかもしれない、という危機が今も続いている。そうした「今」に、『古事記』はわたしたちに何を語り、伝えようとしているのか、『日本書紀』とも編纂から千三百年というこの節目の年月は、深い問いに満ちている。

橋牟礼川遺跡

開聞岳の噴火で「東洋のポンペイ」と称される火山災害を物語る縄文時代から平安時代に至る遺跡。災害の原因となる火山灰ではあるが、火山地帯の幾層にも重なった火山灰層は、縄文土器から弥生土器へと層序関係を明らかにし、縄文・弥生の時代区分を確定した学史的にも重要な遺跡である。

『古事記』と『日本書紀』

七一二（和銅《わどう》五）年、稗田阿礼《ひえだのあれ》が誦習《しょうしゅう》（読み習った）した『帝紀《ていき》』や『旧辞《くじ》』などを、太安万侶《おおのやすまろ》が採録しまとめ上げた『古事記』と、その八年後に完成を見る『日本書紀』とでは大きな違いがある。

先の六国史の第一冊目とされるのは『記』ではなく、遅れること八年、七二〇年に完成（まだ編纂は現在進行形であったが、後にも触れるように翌年七二一年・辛酉革命の年に合わせた、と考える）したのが『書紀』である。

『書紀』が、日本の国の成り立ちを記した公式の歴史書である。では、『記』が公式の歴史書の第一冊目とならないのは何故か。実は、『記』は公にすることを意図しなかった書物である。天皇の帝王学の書、後宮《こうきゅう》の皇女《こうじょ》たちの書、あるいは編纂をした太安万侶の出身氏族である「意冨《おほ》（太・多）」氏一族の書などの見方がある。それがためにかえって、裃《かみしも》を着た国家公認の公文書的な『書紀』が記さない、多くの奥深い神話伝承や歴史の事跡の記述に満ちているとも言える。

そして、二書には記述の内容についても、大きな違いが指摘される。『書紀』は、「本文」に続き「一《ある》書《ふみ》に曰く」として列記される異本の引用からなるが、「本文」が公式記述の見解である。例えば、伊耶那《いざな》岐《き》・伊耶那美《いざなみ》の神生みでは、『記』では伊耶那美は火の神・伽具土《かぐつち》を生むことで死に至るが、『書紀』「本文」では伊奘冉は死ぬことはない。従って、伊奘冉を追って伊奘諾が黄泉の国に行くこともないし、再び高天原に戻るため、黄泉の国の穢れを祓う「禊ぎ」をすることもない。また、『書紀』には出雲《いずも》神話がない。公式記述からは、出雲神話は削除されている。代表的な神話「稲羽《いなば》の素兎《しろうさぎ》」などは、本文はもとより列記される一書の中にも終ぞ登場しない。日向神話については『記・紀』ともに、丁寧に叙述されており、出雲神話の削除とは対照的であり、日向神話の重要性が際立つことになる。

それでも、『書紀』は公式の歴史書として、編纂の翌年七二一年から宮廷内部での講義が行われる。その年は、陰陽五行説の讖緯《しんい》説による革命の年「辛酉《しんゆう》」の年に当たる。七二〇年に完成させた（とした）のも、革命の年から後世に語り継ぐ講義を始めるため、と考える。講義は、実際は八一三年まで二回、その間九十年ほどは公式には（日常的には講義は行われていたのであろう）行われていないが、以降は基本的には概ね三十年ごとに続けられる。ここにも深い意味がある。たびたび触れるように三十は「卅＝世」、「世代」を継いで、親から子へと語り継ぐことが示されている。八一三（弘仁四）年の多人長《おおのひとなが》（太安万侶の子孫）の『弘仁私記』（『日本書紀私記甲本』）は、最も古い注釈本である（そこに日向系宮家の存在が記されることになるが）。九十年ほど、公の講義が行われていなかったため、断片化した記憶や記録などを、整理する必要があった。

それに引き換え、『記』を永らく「偽書」とする見方すらあった。再評価されたのは、江戸中期の本居宣長によって。『書紀』は正式な漢文体で記されているが、『記』は日本語を外来の漢字を用いて如何に表現するか、その苦心の音訓混合の倭文（日本文）で記されている。従って、その読解そのものも容易《たやす》いものではなかった。本居宣長は、四十四巻もの『古事記伝』によって、『古事記』を歴史の表舞台に蘇らせたと言える。

一九七九（昭和五十四）年、編者である太安万侶の墓（真珠が副葬され、火葬骨は木櫃《もくひつ》に納められ、周りは木炭で充填されていた）が奈良市此瀬町《このせちょう》において、名前を記した墓誌と共に発見され、偽書説は消えた。とは言え、文章表現の特殊さや、古い漢字の用法などが、同時代史料である「木簡」の出土で再検証されるなど、その文章表現の解明や読み方については、今も新たな知見が提出され続けている。さらには、本文は七世紀末には成立したが、序文は後世の九世紀に付け加えられたもの、という説が示されるなど、まだまだ多く

日向国小戸橋檍原三瀬之図（写真提供：本居宣長記念館）
本居宣長（1730～1801年）の直筆と考えるが、大淀川を中心に現在の宮崎市内の神社を書き込んでいる。そして、今の宮崎大橋あたりに「上瀬」、今の小戸神社のあたりに「中瀬」、河口の丸島あたりに「下瀬」との書き込み、また日向灘にも三瀬が書き込まれている。禊祓いの２つの要件、流れと塩（潮）を本居宣長は真剣に考察したのである。

の謎に包まれた書物だと言える。

公にすることを意図しなかったため、写本等も多く残されることもなく、最古の写本は南北朝時代の「真福寺本」（一三七一～七二年）、現在名古屋市に所在する大須観音が所蔵する写本である。この真福寺本、『記』が成っておおよそ六百六十年も後世のもの、そして決して達筆（その感想は主観であるが）とは思えない僧侶・賢瑜《けんゆ》の文字ではあるが、不必要な独自の解釈などを加えることなく、丁寧に正直に写されているとの評価が定まり、今日では『古事記』研究上の定本となっている。それに対し『日本書紀』は、断片的ではあるが、奈良時代に遡るものも残されている。

誰のための・何のための『古事記』か

『記』は、天皇の帝王教育の書、後宮の皇女の書、意冨（太・多）氏一族の書など、何れにしても公にすることを意図しなかった書として理解される。いずれか三者択一ではなく、それぞれ連関した理由があった、とわたしは見ている。

そもそも『帝紀』や『旧辞』、そのほか聖徳太子・蘇我馬子《そがのうまこ》による『国記』『天皇記』など、『記・紀』以前にも国史の編纂は行われていた。しかし、七世紀半ば以降、多くを蘇我氏との争いの中で焼失し、また焼け残った書物も正確を欠く叙述が含まれる（と認識された）ことから、公式かつ正式な国史の編纂が必要と考えた天武天皇（四十代）は、六八一（天武天皇十）年に「帝紀及上古諸事《すめらみことのふみおよびいにしへのもろもろのこと》」編纂の詔勅《しょうちょく》を出す。それが、後にどのような書名として、後世に伝えられるかは未定であった。

未だ完成しない「帝紀及上古諸事」の編纂が進む中、六八六（朱鳥《あかみとり》元）年、天武天皇は崩御する。そのような中、元明天皇（四十三代）が十二歳となった孫の聖武天皇（四十五代）の帝王教育のための教科書《テキスト》として、急ぎ取りまとめ献上させた書を『古事記』とするのが、その一説である。和銅四年九月の詔《みことのり》から和

伊勢神宮・内宮

この地は、如何にして聖なる地となったのか、奉ずる人と奉ぜられる神、といった祭祀の構図の上に成立する。外宮の高倉山山頂、6世紀中頃の高倉山古墳（円墳、径32メートル）は、墳丘に比して長大な奥行18.5メートルの横穴式石室を埋葬施設とする。室町時代末期頃から「天岩戸」に見立てられたと伝えられるが、伊勢の地の神話的世界は決して濃密ではない。

斎宮1/20模型

斎王は、この御所で伊勢神宮に奉仕した。天皇の皇女、未婚の内親王・女王が斎王となったが、平安時代末期から途絶えがちになり、南北朝時代には途絶した。実質的な「ヒメ・ヒコ制」の終焉は、武家政権（神話的祭祀から現世的祭祀）の成立と確立に並行している。

銅五年正月の献上であるから、四カ月ほどでの編纂であった。

また、聖武天皇のためだけではなく、皇子や皇女のための書とするのが、二つ目の説である。皇子はもとより後宮の皇女のためとするのは、伊勢神宮の斎宮にて斎王として祭祀を司る役割を担うことからすれば、その必要性が首肯される。伊勢神宮と斎宮・斎王については、「中巻」の章で「ヒメ・ヒコ制」の問題として整理する。

さらに、意富（太・多）氏一族の書とするのは、『釈日本紀』や『万葉集註釈』に引用された『土佐国風土記』逸文に、「多氏《おおのうじの》古事記」とする書の存在が示されていることによる。意富（太・多）氏は、神武天皇の子・神八井耳命《かむやいみみのみこと》を祖とする十九氏族の筆頭に上げられる最古の皇別の氏族である。一族が、国史の編纂というより、基層・古層を成す氏族固有の歴史書を継承したことは間違いない。いや、意富（太・多）氏のみならず、その他の氏族も固有の歴史書（実際に編纂されているか、残存するかは別にして、稲荷山古墳出土鉄剣銘が示すように）を有していたはずである。

いずれの説も成り立つ。何れにしても、公にすることを意図しなかった歴史書『古事記』は、それ故『日本書紀』に比して、陰影の濃い神話世界と歴史の内実に率直な記述を残すものとなっている。

「この国のかたち」についてと少しの凡例

西都原古墳群（宮崎県西都市）の中心的位置に存在するのが、男狭穂塚・女狭穂塚である。その存在の謎解きは、単に巨大古墳の被葬者像を追い求めることに留まらず、「日本」という国の成り立ちと、「この国のかたち」を追い求めることでもある。

断るまでもなく、と言うまでもなく明らかだけれど、副題に採った「この国のかたち」は、司馬遼太郎の書名による。単なる盗用《パクリ》でも借用でもなく、この用語を用いたい理由がある。

言葉を尽くしても説明し得たのか否か、最後まで不可視さが付き纏う、世界史的にも不思議の国「日本」、この「かたち」と平仮名書きするところに、輪郭のおぼろげな気配が含まれ、厳密性を求める学術用語には馴染まないと思われるが、むしろその輪郭のおぼろげさが、まさに「この国」「日本」を理解する時の鍵となる言葉《キーワード》として有効であると思われ、「日本学」の共通の学術用語として採用したいと思うのである。

その輪郭のおぼろげさは、『記・紀』の記述の、そこかしこに姿を現す。その一つは、名前のそれぞれの表記の違いである。日本語表記として確立されていないことは勿論であるが、精神世界の写し込みが微妙に感じられるのだ。『記・紀』に登場する神々の名や人物名、広くは地名についても、特に名前を記述する時は、漢字から名前の意味等を想起しやすい『書紀』の表記を採るが、音を当てた『記』の表記（いや、表記が伝える倭言葉）に謎解きの暗示《ヒント》が重く感じられ、それぞれ括弧書きで『記・紀』いずれの表記であるかを注記する。「みこと」を「尊」「命」とする違いも、恣意的であるが、それぞれにそのまま留めた。ただし、文章の引用の際の漢字については、新字体に統一した。また、『記・紀』には内容的にも、後に触れるように大きな違いがあり、そこからも「この国のかたち」が見えてくる。それ故、それぞれの漢字の違いや表記の違いには、時に興味深い意味が含まれることがあるので、煩雑であるが少しこだわってみたのは、そのためである。

一例として、「日向《ひむか》」の用語についても、少しばかり煩雑な注釈が必要となろう。『書紀』や『延喜式』では「譬武伽《ひむか》」と書き、『和名類聚抄』では「比宇加《ひうか》」と訓んでいる。令制国としての「日向国《ひゅうが》」成立以前、すなわち「薩摩国」「大隅国」との三国に分割される以前の「日向」あるいは「日向国」については、「古代日向」と表記することもある。この「国」が付くか付かないかの二つの書き分けが、謎を深める要因になっているのだが、結論から言えば「国」を超えた超越性、あるいは神話性が示されており、その神話性が「かたち」を包み隠す。ただし、地理的区分を重視する時は「南九州」と記したい。この場合、「古代日向＝南九州」であり、現在の県域からは、宮崎県・鹿児島県そして熊本県南部を含む範囲を指している。

そして、すでに冒頭から展開しているように、考古学・民俗学・文化人類学（民族学）・文献史学・上代文学など、自在に行き交いながら、歴史に分け入っていきたいと思う。

多くの文献を参考にした。文中に原文を引用したものについては、文中に出典を明記したが、わたしの理解の範疇で意訳したものについては、恣意的であるが一つひとつ明記はしなかった。また、原典史料として用いたものは巻末に挙げた。今日ではデジタルデータとして、国立国会図書館や国文学研究資料館（漢籍は台湾中央研究院の『漢籍電子文献』など）、多くの文献（特に閲覧不可能な書籍も）が公開されており活用した。

なお、文中に多くの研究者等の名前を引いたが、既に歴史的な人物となっている場合、故人となっている場合、また現役で学恩を受けた方々などである。最近では、研究書の類でも「さん」付けで記すこともあるが、特に学恩を受けた方々にはご容赦いただくとして、本書ではすべて敬称略とした。

文中の文字に※を付けたところがある。本書は、二〇一〇（平成二十二）年来続けている、日向古代史を総淩《そうざら》いしようと企画した「原秀三郎×《コラボレーション》北郷泰道」研究が基礎となっている。詳細は「おわりに」に記すが、特に示唆・指摘をいただいた点について※を付している。

上巻《かみつまき》

〔神世の時代〕

「神話」を定義する

柳田國男の神話の定義は、深く鋭い洞察力に満ちている。柳田民俗学の弱点（天皇・部落・性など）を認め、しかし、それは日本文化の弱点を映していると考えれば、神話理解に示した卓見は、一層に重みを伴っているとも言える。以下の引用は、いずれも『定本柳田國男集』（筑摩書房）の儘《まま》（ルビは著者）。

「しかも此《この》言ひ伝《つた》へは牢《かた》く之を信ずる者の口から、神の祭の日の如き最も改まつた機会に、必ず之を信ぜんとする人人の耳へ、厳粛に語り傳へられ、あらゆる方法を以て其《その》忘失を防いだのである。」（『木思石語』第五巻）

また、こうも言う。

「語原から言つても、神話（ミート）は本来神聖なものであつた。定まつた日時に定まつた人が定まつた方式を以て之を語り、聴く者が悉《ことごと》く之を信じ、もしくは信ぜざる者の聴くことを許されぬ古風の説話であつた。」（『桃太郎の誕生』第八巻）

柳田は、同じ意味のことを、幾つかの作品の中で、たびたび示している。なお、「神話」を「ミート」

と括弧書きしているのは、英語ではなく、柳田が学習し、普及についても関係していたエスペラント語であろう。

考えさせられることとして、何よりも、神話を「信ずる」空間的範囲は、それ程には広くはないことに思い当たる。そして、「信ぜざる者」に強制されるべきものでないことも、同時に知ることになる。神話の根幹は、自然と人間存在の起源としての「創世神話」であり、自己の存在に引き寄せれば、自らの存在証明としての「始祖神話」である。それが語られる空間的範囲とは、本源的に、血縁と地縁の共有が、了解される領域であり、決して広くはない。つまり、擬制的関係も含め了解し得るのは、古代においては、いわゆる「氏族」の居住する領域に限定されていた。従って、ある氏族の神話は、他の神話を持つ氏族にとっては、無意味なものであり、かつ侵してはならないものだったのである。氏族を「民族」と置き換えて、そのことに思いを及ぼす必要がある（あるいは、「必要があった」と言うべき近時の歴史がある）。

そして、「定まった」儀式的時空間を伴うものであり、日常を超えたものであった。それゆえに、人々は、神話を守ることで、神話によって守られたのである。ただ、残念なことに「忘失」を防ぎ、伝え継ぐための方法として、神話が「物語（説話）」の形を採ったことを、「聴くことをゆるされ」なかった津田左右吉は、「作り話」だと誤解するほかなかったのだ。

国家は神話を破壊する

しかし、その領域を侵したのが、国家に収斂《しゅうれん》される政治的経済的関係であり、氏族間の連合関係であった。国家を形成することは、本源的な神話を解体することと、皮肉にも表裏の関係であった。共通の政治的経済的利害を共有することは、神話の複層を共有することでもある。

例えば、『記』編纂の翌年七一三（和銅六）年に同じく元明天皇の詔により、各国庁で編纂された『風土記』（地名起源、伝承旧聞異事、産物などを記録した地誌）が、断片的に知らせる、各令制国の範囲での独自の神話は、ようやく神話の「古層」を示すもので、おのおの令制国の国庁が編纂した、とされる。「好字二字令」は、郡・郷の名に良い漢字を用いる。「和（やまと）」の漢字一文字での表現を「大和（やまと）」の漢字二文字にする例である。『風土記』では、そうしたこともあり肯定的《ポジティブ》な地名起源・由来で記されている。

出雲がほぼ完本、播磨・肥前・常陸・豊後が部分欠損で伝えられている。その他は、日向もそうであるが逸文として部分的に引用されて残るのみである。『日向風土記』（のみならず九州地域の『風土記』）は、大宰府において編纂されたとも指摘されるように、いわば現地情報がどの程度採録されたものか問題は残る。

しかし、「風土記といふからには地方地方の習俗気風なども写され、又た其の中には民間説話や民謡なども載せられてゐるだらうと思ふと、大間違ひであつて、たまに歌などがあつても都会人の作であり、其の故事伝説も大抵は中央政府で作られた国史に基づいて仮構せられたものか、さもなくば支那の伝説の翻案である」。また、「これら（風土記）は何れも中央政府で作られた神代史、または書紀に於いて最後の形をとつた政府製作の国史を根拠としてそれを一層誇張し、又た上代人の最も好んだ地名説話によつて、それを地方化したものである。」と津田左右吉（『文学に現はれたる我が国民思想の研究（一）』岩波文庫、一九七七年）は言う。

わたしの「上書き（時に重ね書き）」も同じような意味合いを含むが、根本的な相違は、そのことで意味ないものと否定するのではなく、その過程を時系列的に辿ることが、歴史学の本質であると考えている点である。その上で、『記』に採録された神話は、複層した膨大な神話群のごく一部の切片であり、その意味では『記・紀』神話とは、「新層」の神話であった、と理解するのである。

「国家」とは何か

「国家とは」と改めて問うのは、堅苦しく、少しばかり敬遠もしたいが、しばし直視しておきたい。国家の定義は、教科書的には、領土、国民（人民）、主権（統治権）、権力及びその支配機構を基本要素とする。「日本」という国家の歴史的諸段階を包括して定義すれば、法律（律令）、官僚制度（行政機構）、軍隊（軍事組織）、徴税制度（租庸調）、国家祭祀（神仏習合）、文字文化（万葉仮名）などの要素の構造体で、一定の領土（列島弧）とその住民（民族）を治める排他的な統治権（組織体制）をもつ政治社会（共同体）と理解される。それぞれに、誤解のないように注釈が必要となるが、おのずと本書を通じてそれは整理されるであろう。

ともあれ、どのようにも振り払うことのできないこの排他性ゆえに、国家は人々にとっての桎梏《しっこく》と化す。共同目標を達成することで社会全体に奉仕するという国家の最高善が、すぐに生産手段を所有する支配者層の階級利益を擁護するための機関として独占される、と指摘される仕組み《メカニズム》が、国家に包摂される人々にとっては、最も深刻な問題となる。

「中国の創生神話は宇宙や人類、文化など万物の起源を語り、かつ遷徙《せんし》の道筋とその間に克服した災難や労苦を語るもので、超自然神や精霊の力量によって混沌、暗黒の世から秩序、理性ある世へと変遷し進展していった過程を説き、それらすべてが祖先の事跡、歴史的事実の反映にほかならず、一様に真実として硬く信じられているものである。（中略）以上のような創世神話、創世史詩はそれぞれの土地で人々に真実の物語として信じられている。それゆえ神話は今なお村落の規範となって、その社会を律し得るのである。」とは、中国文化研究者の百田弥栄子《ももたやえこ》（『古事記の起源を探る　創世神話』三弥井書店　二〇一三年）の指摘である（傍点は筆者）。先の柳田國男の定義と重ねて理解したい。

だから、「律令という法典」と「神話という規範」によって国を治めようとした時、いわばこの二重《ダブル》基準《スタンダード》によって、実は「神話」の本質は破壊されていたのである。そこに、日本という古代国家の「この国のかたち」の輪郭もぼやけてゆくことになる。

不可視の神と可視化された国土

『記』の冒頭には、天地の始まりが記される。「天地初発《あめつちはじめてあらはれし》」（天と地が始まった）時、高天原《たかまがはら》には天之御《あめのみ》中主神《なかぬしのかみ》、高御産巣日神《たかみむすひのかみ》、神産巣日神《かみむすひのかみ》という万物の創造主である独神《ひとりがみ》などに始まり、次に神世七代《かみよななよ》の独神と二柱《ふたはしら》の神々が現れる。最後に現れた伊邪那岐・伊邪那美が、「是《こ》のただよへる国《くに》を修理《つくろ》ひ固《かた》め成せ」と天《あま》つ神《かみ》たちから申し渡され、国生み・神生みを成すことになる。

この初めての神々の誕生の記述に、古代の人々の最も深い本質的理解が示されている、と思う。注目するのは、「成りませる神」である初めの「独神」たちが、すぐに「身を隠したまふ」という件《くだり》である。確かに神はそこに存在を現すのであるが、同時にその姿を消してしまうのである。この古代の人々の直感的表出は、見事である。神に擬人化された姿をお仕着せするのは現代人の常であるが、神の確かさと不可視性について、古代の人々は覚醒している。それは、何よりも、自らを律する厳粛さが表されているのだ、

「四神宮巡拝鳥瞰図」『祖国めぐり』
吉田初三郎は、全国の景勝地の鳥瞰図を多く描いている。観光ブームであった。この時代に「国の光を観る」のは、やはり神話伝承の景勝地においてである。（写真提供：宮崎県立図書館）

と思う。神とは、人身を超えた存在であり、土足で踏み入ることは許されないし、見ることは許されないのである。そして、独神は自然そのものであり、無性の神であり、創造神ではない。

しかし、現《うつつ》の創世は、如何にして生み出され、可能になるのか。それは、独神ではなく、二柱の神によってである。「対偶《たいぐう》」による創出、二柱の神々の最後に成る伊奘諾・伊奘冉（「伊」は「彼・彼女」の意）という男・女の神によって、はじめて形ある国土が生み出される。二柱の神々とは、「ヒメ・ヒコ制」の淵源を示している。こうした神々の化生と国土の創出は、極めて整然とした世界秩序の創出の過程として表明されている点で見事な世界観である。

淡路島は、後の「畿内」と「畿外」の境界線であり、そこから世界が広がる。どのようにして古代の人々は、その確かな鳥瞰図を自らのものとできたのか、驚嘆に値する。あの山の向こうに行った人がいて、その人から山の向こうの様子を聞いた人がいて、それは確かな既視体験として、それぞれが空間の鳥瞰を描くことができたのである。これは列島弧に住まう人々の全くの独創的《オリジナル》な世界観となった。さらにその鳥瞰図は、独創的な世界観を持ちながら世界を広げるのである。

そうした古代の人々の目に比すべくもないのだが、「大正広重」と呼ばれた鳥瞰図絵師・吉田初三郎（一八八四～一九五五年）がいる。大正時代から昭和初期にかけて、今で言う観光パンフレットの絵を、卓越した「鳥瞰の目」で描いている。例えば、宮崎県・鹿児島県に所在する神宮（宮崎・鵜戸・霧島・鹿児島）を描いた一九三八（昭和十三）年の「四神宮巡拝鳥瞰図」『祖国めぐり』では、現地を踏査したと認めなければ描くことのできない構図で、それぞれの神宮とその景観が正確に描かれており、その目は、あたかも望遠と広角のカメラを積み込んだドローンのように天翔《あまが》け、西には大連、東には富士山まで見ている。

自分に引き寄せて改めて考えるのだが、その鳥瞰の目の凄さは、車で三十分、一時間走らせた地点を、その出発地点から確かな映像で思い浮かべることができるか、想像してみると良いだろう。それは、現在のわたしから見て、自らの覚束《おぼつか》なさに戸惑い、途轍《とてつ》もないことのように思えるのだ。そうした目を古代の人々が持ち得ていたことに、やはり驚嘆するほかないし、そこに『記・紀』を読む目も重ねてゆくことになる。

筑紫嶋の世界観

生み出された十四の島、その中で「筑紫嶋《つくし》」には、「面四《おもて》つ」ありとして筑紫国《つくしのくに》・豊国《とよくに》・肥国《ひのくに》・熊曾国《くまそのくに》の四つの国を挙げる。ここには「日向国」の国名がない。

『記』に記す「筑紫嶋」は、「筑紫国」は「白日別」、「豊国」は「豊日別」、「肥国」は「建日向日豊久士《とよくじ》比泥《ひね》別」、「熊曾国」は「建日別」と国名と何やら名前を併記する。この名前は何を指し示しているのか。

筑紫嶋は、九州島全体の意と理解できる。続けて、筑紫国は「白日別」、豊国は「豊日別」、肥国は「建日向日豊久士比泥別」、熊曾国は「建日別」と「謂ふ」とは、これらは国の神格化としての名前、それぞれの国の象徴神を併記していると読むことができる。「別《わけ》」は、「彦《ひこ》・比古」と共に男性につく古い姓《かばね》を持つ男神であり、「白日別」は「明るい日の男神」、「豊日別」は「豊かな日の男神」、「建日別」は「勇猛な雄々しい日の男神」と理解される。

ただ、肥国の「建日向日豊久士比泥別」はいささか込み入っている。読みようによってはこの名前の中に「建・日向・日〜」として「日向」を見い出し、「日向国」は肥国に含まれていたとする考えもあるが、前後の用法からして「建日・向日・豊久士比泥別」と読むべきである。「建日」は熊曾国と同じ、「向日」は「日を向（迎）かえる男神」である。「豊久士比泥」は理解しにくいが、分解すれば「豊」は「豊葦原《とよあしはら》」などと同じく「豊かな」の意として、続く「クジヒネ」は、天孫降臨の地の「高千穂之久士布流多気《くじふるたけ》」の「クジフル」と同じく、「奇＝クシ」＝「霊力（神聖）」性を持つ場を意味していることに行きつく。

筑紫嶋・伊豫之二名嶋の世界観

韓国の建国神話のうち、駕洛《カラ》（加耶《カヤ》）国の始祖首露《スロ》が降臨した聖なる山は亀旨峰《クシボン》の「クシ」、ソウル＝ソフルも、半島と列島弧において共有化された神話の要素を見ることを否定しない。世界史的な神話の理解については、東京大学の文化人類学者・大林太良（『神話の系譜　日本神話の源

数鹿流ヶ滝

阿蘇大橋のたもとから遊歩道を辿ると、滝の全景の展望が開ける。外輪山の内側に田畑を開拓するためという農耕伝承、鹿が「神鹿」であれば流された神は災いの神（鬼八）であるのか、阿蘇外輪山という閉鎖系の世界が神話化されるのは、黒川（滝の水系）が白川と合流し有明海に注いで世界を開くことの相互作用である。

流を探る』講談社学術文庫、一九九一年）に尽きる。つまりは、これ以上には世界史的普遍性に霧散させることはできない。

この「肥国」が複雑な名前として構成されるのは、その地勢を思い浮かべることで理解できる。「肥国」を、令制国の「肥前」「肥後」、そして現在の佐賀県・長崎県・熊本県を含む地域として見ると、いささか複雑で、リアス式海岸で出入りが多く、島々も点在する「島がち」な地形は、太陽を様々な姿で浴び、そして「日＝太陽」だけではなく、阿蘇山という「火を噴く山」を持つ。「肥国」の範囲には、雲仙《うんぜん》普賢岳《ふげんだけ》の存在もあるが、象徴性、求心性としては阿蘇山であり、あらためて「豊久士比泥」は、「泥」を外輪山に囲まれた泥濘《でいねい》の窪地を意味し、霊峰・阿蘇山が神格化された表記と理解できる。

思い起こされるのは、数鹿流ヶ滝《すがるがたき》（熊本県南阿蘇村）の、健磐龍命《たけいわたつのみこと》（神武天皇の孫、神八井耳命《かむやいみみのみこと》の子）が湖となっていた外輪山を蹴破ってできた滝、とする神話伝承である。二〇一六（平成二十八）年四月の熊本地震で崩壊した阿蘇大橋は、ちょうどこの南方に架かっていた。

「筑紫」については、「尽《つ》き（ツキ・ツク）る地（チ・シ）」としての列島弧の境界意識に基づくもの、また、「日向」の枕詞ともなる。帝位を意味する「紫」の字を用いることは、他界に神を見ることであり、この場合の他界の神とは「太陽神」であり、筑紫嶋の国々の神はすべて「日」の神である。また、筑紫が「不知火」を枕詞とすることや、蜃気楼としての現象は、景行天皇の西征の件《くだり》、「火国」に「火」の字を用いる謂《いわ》れにも登場するように、歴史的経過の中で、様々な神話性と伝承が「上書き（時に重ね書き）」されている、と見る。

　こうして筑紫嶋の国々は、いずれも「日」の文字が織り込まれる男神として神格化される島なのだ。九州島の世界観とは、「日＝太陽」である。そして、大きな問題は、この段階では「日向国」が登場しないことであるが、「建日別」（勇猛な日の男神）とする熊曾国が前身（「古日向」と定義しておきたい）となる。そこに、最も「日」を象徴する国として、「日向」が浮かび上がってくる、という時間的経緯（歴史的過程）を踏むことには、大きな意味がある。

　ちなみに、現在の県名との対比では、「筑紫国」＝福岡県（東部を除く）、「肥国」＝熊本県・佐賀県・長崎県、「豊国」＝大分県・福岡県東部、そして「熊曾国」＝宮崎県・鹿児島県・熊本県南部、として整理したい。

伊豫之二名嶋の世界観

　こうした理解を深めるには、その前段に記される「伊豫之二名嶋《いよのふたなのしま》」、すなわち「四国」も見ておくことが必要であろう。

「伊豫之二名嶋」は、身一つで「面四つ」とする点では、筑紫嶋と同じである。そして、「伊豫国」は「愛比賣《えひめ》」、「讃岐《さぬき》国」は「飯依比古《いいよりひこ》」、「粟《あわ》国」は「大宜都比賣《おおげつひめ》」、「土左《とさ》国」は「建依別《たてよりわけ》」と、やはり国名と象徴される神の名前を併記している。「比賣」は「媛」で女神、「比古＝彦」「別」は男神、つまり「愛比賣」「大宜津比賣」は女神、「飯依比古」「建依別」は男神である。

大宜津比賣は、須佐之男命《すさのおのみこと》に殺され死体から五穀が化生する、食物を司る女神「大気津《おおげつ》比賣」に通じ、稲作以前の古層を成す主要穀物である「粟」、その生産地の「国」の神格化された女神と位置づけられた。

そして、「愛比賣」と「建依別」は、本源的な男・女の性差が表現された「愛らしい女神」と「猛々しい男神」、「大宜都比賣」と「飯依比古」は「食物の女神」と「穀物の男神」として、対となることが理解できる。「二名」とは、男女の「対偶」を表している。四国の世界観が、そこに示されている。

「伊豫」の「伊」から連想されるのは、伊弉諾・伊弉冉の二柱の神の「伊＝彼・彼女」である。また「豫」は、字義としては「大きな象」の意であり、四国で象徴的に想起されるのは「象頭山《ぞうずさん》」である。琴《こと》平山《ひらやま》・大麻山《おおさやま》と連なる頂部は呼び分けられているが、象頭山は丸亀平野に独立する丘陵の中心であり、その中腹に金刀比羅宮《ことひらぐう》が設けられることになる。瀬戸内海航路において、象徴化される四国の中での聖性地形である。

ちなみに、果たして象について、旧石器時代の二万年前以降、ナウマンゾウの絶滅した列島弧において、認識があったのか。三世紀末から四世紀初頭とみられる黒塚古墳（奈良県天理市）から出土した三角縁《さんかくぶち》神獣鏡《しんじゅうきょう》には、駱駝《らくだ》と共に象が描かれている。くだっては六世紀末の藤ノ木古墳（奈良県斑鳩町《いかるが》）から出土した金銅装鞍金具《くらかなぐ》の透彫りにも、鳳凰《ほうおう》や竜などと共に象が描かれている。中国大陸において象が認識されているのと同じように、列島弧においても象は古墳時代においては十分に共通認識の中である。

九州と四国に示された世界観の違いについては、古墳時代の実像（前方後円墳の分布）を通じて、改めて明らかになる。

「神話」的時間と空間

神話とは「見立て」である。「見立て」とは『広辞苑』には、「見て選び定めること」「なぞらえること」などとある。文化人類学者の川田順造は、神話に関係して定義したわけではないが、「対象に別なものをなぞらえ、実在しないものをあるように思い描く」とする日本文化の奥深さを指摘しているが、この定義を採ってもよいと思う。ただし、「実在しないものをあるように」は、心象性・精神性という本来形の無いものに置き換え、目の前にある自然経験や自然現象、人間存在を「あるように」ではなく、「あるものに」投影する、と言い換える必要がある。歴史的事実と見るか否か、とは異なるものである。

五ヶ瀬峡谷・高千穂峡

　海や水、風や木、山や野の神、『記』では三十五の神、『書紀』では四十の神が生み出される。さらに、南九州の照葉樹林と落葉樹林の織りなす多様な森林は、一木一草・森羅万象《しんらばんしょう》に神の存在を感じさせるものであった。そして、複雑な海岸線と長い海岸線などの多様な海に臨む顔も、良港を与え、海幸をもたらすものであり、海の向こうへとつながっていることを実感させる。

　伊耶那岐・伊耶那美によって生み出された高天原の神々の神話は、宮崎県高千穂町に伝承されている。科学的な言い方では、九万年前の阿蘇山の大噴火に伴う火砕流（阿蘇溶結凝灰岩《ようけつぎょうかいがん》）が、河川によって浸食され、形成されたのが五ケ瀬峡谷《ごかせきょうこく》である。しかし、それは古代の人々にとっても、そして現在のわたしたちにとっても、神秘的な景観（聖性地形）となり、高天原の舞台として、人々の心の中に定着していったのである。その詳細は「中巻」の章で分析する。

縄文文化の世界観を「基層」に、弥生文化の世界観を「古層」として、積み重ねたその「新層」に神話の世界観は成り立っている。土偶に象徴される母系の血縁を引き継ぎながら、縄文カレンダーと言われる自然のサイクルから、管理や栽培といった人間生活の自立を図る中で、自然は対象化されていく。自然の森羅万象に神を見るのは、その時である。

水田耕作は自然からの人間の自立と、血縁から地縁へと、父系の継承という組織の優先を意識させ、それでも双系（母系・父系の共系）の血縁と地縁は引き継がれ、「稲穂」を稲作以前と以後とに区画する象徴化は、もはや「神」の力ではなく「人」の幻想なのである。

そして、人間は何時どのように自然から、逸脱していったのか。

弐の章　ひむか

「日に向かうところ」

まず、確認しておかなければならないのは、『記・紀』に登場する「日向」とは何か、また何（何処）を示しているのかである。

「日向」の単語の初出について、例えば「『竺紫の日向』という言い方は定形句となっている。日向という実際の土地そのものが意味をもつのではなく、要は禊の地に日に向かうところというイメージを与えるところにある。」（『古事記』小学館、一九九七年、傍点は著者）と注釈し、「日向」を具体的な固有名詞としての地名ではなく、「日に向かうところ」と普通名詞として、その世界観をはなから破壊する見方が、悲劇的だが多勢を占めている。定形句とは、つまり「筑紫」は「日向」の枕詞でもある。

しかし、何故、「日向」を固有名詞として取り扱わない、あるいは取り扱い難いと判断されるのか。その一つの理由は、まず「国」の一文字が付かない、という素朴な問題にある。

『記』では、「日向」とだけ記されるが、土地を指しているとみられるのは八例、他に「国造」に冠して一例ある。しかし、「日向国」と「国」の一文字を付け国名として明記されるのは、ただ一例でしかない。応神天皇の諸県君のむすめ・髪長媛が登場する件《くだり》のみである。

また、『書紀』では、「日向」とだけ記されるのが十六例、「国造」に冠するのが一例、その他「日向之美波迦斯毘賣《みはかしびめ》」や「蘇我臣《そがのおみ》日向」のように姓名に付く例などが十三例ある。しかし、「日向国」と国名として明記されるのは、わずか五例だけである。その初出は、神武紀の妃《きさき》・吾平津媛の件《くだり》であるが、次は景行紀の熊襲西征に関係する高屋宮の件《くだり》である。

ちなみに「出雲」は、どう記されているのか。『記』では、伊弉冉を「伯伎《ほうき》国」との境の「比婆之山《ひばのやま》」に葬ったとする件《くだり》で、その初出から「出雲国」と国名として明記されている。単に「出雲」と省略された表現は、四例のみである。また、『書紀』では、「出雲臣」が「出雲」の単語の初出であるが、土地を示すとみなされる表記の初出となるのは、素戔嗚尊が「簸之川上《ひのかわかみ》」に辿りつく件《くだり》から「出雲国」と記されている。これでは誰も、出雲を指して「雲の出所《いずるところ》」の意の普通名詞であると、異論を挟まないのである。

では、「日向」は「日に向かうところ」の意の普通名詞とみなすべきなのか。いな、「日向」は「国」という概念を超えた世界として、固く信じられていた、という点においては、普通名詞とする理解は全く的外れではなく、世俗としての「国」を付けて表記することが差し控えられた。とはいえ、単に「日に向かう所」ではなく、「筑紫＝境界領域」である地上世界の「南九州」を指し示していることは明らかである。

そこには、むしろ畿内王権から見た、南九州の地に対する歴史的認識の経過が時系列的に、すなわち版図の拡大と確定の歴史的過程として記されている、と読むべきであろう。だからこそ、『記・紀』は「歴史書」としての位置を失うことはないのである。

「日向」とは何か

「日向」を「日に向かうところ」として、さらに加えて、具体的な場所として、北部九州に求める研究者は、意外に多い。『記・紀』研究において最右翼として知られる皇学館大学の田中卓《たかし》ですら、「邪馬台国東遷」とも絡めて、北部九州に「日向」を見い出す。

それにも拘《かか》わらず、一方では、日向を舞台とした海幸・山幸神話において、海幸彦が「隼人の祖」とされる点については、隼人を南九州在地の勢力として、誰も北部九州に求める研究者はいない。これは、大いなる矛盾である。隼人が南九州の人々であれば、その舞台「日向」も南九州としなければ、日向神話の構造は瓦解してしまうことになるはずだ。

何故そうなるのか。天孫降臨、そして我が国の始まりを印す場所は、辺境の地・南九州に求めるより、先進地と見なす北部九州の方が相応しい。そうした先入観を、戦後の考古学の成果や歴史学は形作ってきた。

まずは、日向は南九州、そして加えて大切なのは、現在の県域の宮崎県だけではなく、鹿児島県そして熊本県南部の一部を含む、広大な領域が『記・紀』に記す「日向（国）」だということを確認しておきたい。

「下巻」の章で読み解くことになるが、何故なら、この広大な地域こそが力の源泉であり、その諸々の県《あがた》を統治し、纏めあげていたのが、宮崎平野部に拠点を置いた「諸県君」であり、大王《おおきみ》（天皇《てんのう》）と親密な婚姻関係を有することになる。その存在を過小評価することはできない。

そして、日向神話の原型は、その諸県君に継承されてきたのである。諸県君と大王家とが、婚姻関係を通じて強く結びつくことで、日向神話が日本神話の大きな柱となった。東アジアの神話と共通する神話が、日向神話の骨格となっているのは、諸県君が東アジアの中で海上交流・交易の権益を握る中で蓄積されてきたものであり、何よりも大王にとって、諸県君が掌握したその海上交通の権益こそ必要なものであった。

なぜ日本神話の舞台が日向なのか

「此地者、向韓國眞來通、笠紗之御前而、朝日之直刺國、夕日之日照國也。故、此地甚吉地。」（『記』）

邇邇芸命は、「竺紫《つくし》の日向《ひむか》の高千穂《たかちほ》の久士布流多気《くじふるたけ》」（『記』）に降臨し、その地をこのように賛美する。また、「日向の襲《そ》の高千穂峯《たかちほのたけ》」に降臨し、痩せて荒れ果てた「膂宍之空国《そししのむなくに》」を通り、「吾田《あた》の長屋《ながや》の笠狭《かささの》碕《みさき》」に到ると記している（『書紀』）。この「膂宍之空国」について、辞書的には「膂宍」を「背中には肉が少ない」ので、そのように「空国」＝「痩せた地」と津田左右吉以来、解釈してきた。しかし、猪の背中（たてがみ）の下の肉は、最も美味な部位で、そのように痩せた地とするのは当たらないとの指摘もある。とすれば、荒れ果てたとするには反するが、そうした美味な部分さえ「空《から》＝ない」国と解釈できるであろう。「美味な肉のない国」、従って「痩せて荒れ果てた土地」と理解自体は変わらない。その表現は、霧島連山の火山活動による火山灰地帯の不毛さを示しているとみられる。ただ、不毛であるのは農耕（水田には不向きであるが、陸稲はそれを補うものであった）にとってという側面で、他方では鉄製品（生産）においては有力な資源を提供する土地であった。このことは、重要な意味を持ってくる。

一方で、次に見るように「日」＝太陽の降り注ぐ地として理解され、自然の豊かさと過酷さの両方の顕著な顔を持つ、南九州の地勢がより深い陰影を与えて、それ故にますます神聖化されていくのである。

先の文を読み下せば、「此地《ここ》は韓国《からくに》に向ひ、笠沙《かささ》の御前《みさき》を真来《まき》通りて、朝日の直刺《たださ》す国、夕日の日照《ひで》る

高橋貝塚

吹上浜の南、砂丘内部の低位台地の端部に立地。縄文時代晩期から弥生時代中期の遺跡。籾痕の残る土器、石包丁、大陸系磨製石器の出土で初期稲作、南海産の貝輪の出土で南島との交流を知らせている。

野間岬の落日

夕日の景勝地である。南方には、６世紀代の百済王に仕えた僧・日羅、飛鳥時代の遣唐使船の寄港地「唐《から》の港」等々、安濃《あのう》津《つ》（三重県津市）・博多津（福岡県福岡市）と共に日本三津《さんしん》に数えられた坊津《ぼうのつ》がある。「韓《から》国に向かう」場所である。

国ぞ。故《かれ》、此地《ここ》は、甚吉《いとよ》き地《ところ》」と邇邇芸命が、称賛するのは南九州以外にない。「笠狭の御前」を薩摩半島の野間岬と見るのは、「阿多」「吾田《あた》」地名の古さからも支持される。また、考古学的にも、野間岬から北上する吹上浜周辺は縄文時代から弥生時代を通じて薩摩半島の中心であり、縄文時代前期の阿多貝塚や、特に初期弥生遺跡の高橋貝塚の存在など、拠点的な生活が営まれた地域である。

やがて、邇邇芸命は一人の女性と出会う。木花佐久夜《このはなさくや》毘売の名前が独り歩きしているが、邇邇芸命に問われて応える名前は、まず神阿多都《かむあたつ》比売である。そして、生まれた海幸彦は「隼人阿多君の祖」(『記』)と記されている。加えて、神武天皇は日向の地で阿比良《あひら》比売を妃としている。「吾平《あいら》」は大隅半島の地名である。『記』を素直に読めば、日向神話のこれらの舞台は、現在の鹿児島県を指していることを見逃してはならない。繰り返しになるが、熊本県南部を含む、宮崎・鹿児島という広大な地域が神話の舞台となっていることこそ重要な要素なのである。宮崎県域に閉じ込めることは、本質的理解を遠ざけることになる。

何よりも、朝日が上がり・夕日が落ちる東と西の海岸線、そして陽光煌《きら》めく南に開けた土地を併せ持つ、そのような景観を持ちうる場所は、列島弧の中で他にはない。この太陽に最も近い所こそ、伊邪那岐命《いざなきのみこと》の禊祓《みそぎはら》いで誕生する、皇祖神にして最高神の太陽神・天照大御神の生誕の地となりえたのである。

そして、「韓国」に向かうとは、朝鮮半島の「韓」と中国大陸の「唐《から》」を含み、外洋に開けた所を意味している。日本列島の南端という位置は、異界としての海の外へとつながる境界(筑紫)でもある。繰り返すが、だから、畿内の大王にとって、大陸・半島への海上交通の良港を持ち、その権益を掌握する諸県君とは、強く結びついておかねばならない相手であったのだ。

黄泉の国の立面観

死後の国を地下に求めるのは、中国大陸の思想である。地下空間に死後の世界を構築した始皇帝陵をはじめとして、である。それが、列島弧においては山上他界と、交錯する。弥生時代の墓が、地表面下に埋葬の主体である墓壙を掘り込むのに対して、古墳は地表面上に積み上げられた盛土の中に、埋葬の主体である施設を構築する。土の中であるけれど、地面のさらに上に葬られる「黄泉《よみ》の国」の立面観は、こうして創出された。地下(地表面下)に埋葬施設を有さない墳墓は、世界史的にも必ずしも多数派に属するものではない。そこに、列島弧独自の死後の世界観が、構築されることになった。

『記』の記す「黄泉の国」観については、上代文学の分野では、微に入り細を穿つ読み方がなされている。地下世界なのか、葦原中国と同一平面なのか、また葦原中国の上にあるのか。黄泉比良坂の「坂本」に置かれた「千引《ちびき》の石」は、黄泉の国また葦原中国のどちらに属するのか、大穴牟遅神《おおあなむぢのかみ》の根堅州国《ねのかたすくに》・黄泉比良坂に至る件《くだり》「遙《はろばろ》に望《みさ》けて」とは生の世界を見渡す眺望を持つものなのか。

何れも、地中（盛土中）に死後の世界（黄泉の国）があることは否定はできない。神話世界を構成した古墳時代の墳墓の在り方は、先のとおりであり、そこでは「山上他界」といった交錯した世界観が、古墳という墳墓築造の具体的な営みを通じて、列島弧独自に誕生したと考えて良い。

後に触れるが、そう考えた時、南九州独自の墓制である、まったくの地下に埋葬の空間を有する地下式横穴墓は、その点において列島弧の墳墓の概念からすると、異世界の存在を知らせるものであったに違いない。

黄泉比良坂

黄泉比良坂への案内板は、突然現れた。線路を越えて、細い集落の中の道を入る。低い丘陵端部に３つの大きな「千引の石」が立つ。神話的磁場は、異界が日常の隣にあるように、少しの日常の隙間にある。

死後の世界も含み異世界、異界に対する列島弧の観念は、単純ではない。また、択一的に選択されるものでもない。『記・紀』で採用されたのは、いわゆる「天孫降臨」として示される「天上降臨型式神話」である。しかし、それが、天皇家固有のものでないことは、物部氏や出雲国造などの始祖神話としても知られるところである。

また、「海上来臨型式神話」も『記・紀』の中に基層・古層を成すものとして、語られる。「海幸・山幸神話」はその一つであり、「海人《あまびと》」によって共有されたものである。琉球・沖縄の「ニライカナイ」がそうであるように、異界は、死後の他界であるばかりでなく、神の来る他界でもある。幸いも災いも、神も鬼も、生者も死者も、彼方から引き寄せることも、彼方に流すこともできるのである。

さらに、「地中化生型式神話」は、鎌倉時代中期に成立した『塵袋《ちりぶくろ》』に採録された『日向風土記』逸文の「吐濃《つの》の峰」に、「土の中から黒い物が頭をさし出し」「日々死に絶え生きのこった男女両口」とある。これに類するのは、神武天皇東征の件《くだり》、吉野河口近くで「吉野首《おびと》の祖」とされる井氷鹿《いひか》「尾生《お》ふる人井より出で来《いく》」、また続けて吉野の山では「吉野国巣《くす》の祖」とされる石押分《いわおしわく》、同じく「尾生ふる人」「巌《いわお》を押し分けて出て来」とされ、大地から生まれる神話が確かにあったことの断片を教えるのである。

国譲りの出雲大社

出雲神話の主役たる大国主神は、葦原中国を治めることを高天原の天照大御神に譲る代わりに、天にも届くような宮殿を造ることを望み、その中に永遠の神として鎮座した。

出雲大社は、神話世界の虚構ではなく、史実であることが、考古学の発掘調査によって明らかとなった。発掘調査で検出された宇豆柱《うづはしら》は、鎌倉時代（一二四八年頃）のものと位置づけられるが、少なくとも三本の大木を束ねて一本の柱を構成する木造高層建築物が実在したことは明らかであり、また宮司家に伝わる「金輪御造営差図《かなわごぞうえいさしず》」という平面図に示された構造とも合致し、神話の記述もそうした構造の建築物を指し示すものであることが支持される。その高さ十六丈、約四八《メートル》の高さがあったとされ、現在では十六階建てのビルに相当する。

出雲大社を祀るのは、出雲国造によって担われた。出雲国造は、天照大御神の勾玉から生まれた天穂日《あめのほひ》命を祖とするとされる。天穂日命は、天照大御神《あまてらすおおみ》の命を受けて大国主神に国譲りをするよう説得のため遣わされたが、いわば「ミイラ取りがミイラ」になり、大国主神に仕えることになった神である。その子孫の一つが、千家《せんげ》家とされる。

同時代に神話が語られる時代、古墳時代的体制から律令体制への胎動が進められていき、「諸県」から「児湯」の地の拠点化として国府・国分寺・国分尼寺の設置へと時代は進展する。その中で、九六七（康保四）年の『延喜式』に記載される「式内社」は、日向国には一之宮の都農神社（大国主神）、二之宮の都

出雲大社（復元模型）
（島根県立古代出雲歴史博物館『特別展覧会　大出雲展』2012年）

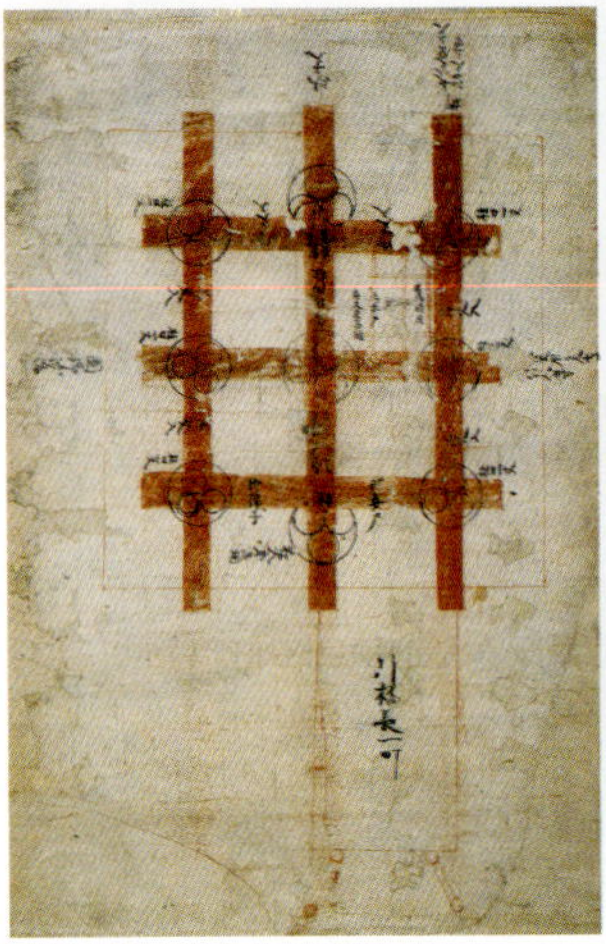

出雲大社・金輪御造営差図

出雲大社・宇豆柱
（島根県立古代出雲歴史博物館『特別展覧会　大出雲展』2012年）

江田神社

日向灘に面して４本の砂丘列が北から南へ、大淀川に向かって伸びる。内陸から２番目と３番目の砂丘列の付け根部に湧く池は、禊祓いの「みそぎ池」と伝承され、その南の第２砂丘列上に鎮座する。西側の道路整備で確認された山崎上《やまさきうえ》ノ原《のはる》第１遺跡は、馬埋葬土坑や韓式系土器などが確認され、渡来系の牧経営集落と考えられる。また、砂丘上には石神遺跡など弥生遺跡から、古墳時代の集落ほか檍古墳群も分布する。

萬神社（瓊瓊杵尊・木花開耶姫）、そして江田神社（伊邪那岐命・伊邪那美命）、霧島神社（瓊瓊杵尊）の四座・四社（座は「祭神」、社は「神社」、その数は基本的には一致するが、座の数が複数の神社もある）のみである点は注目される。神話伝承の地である日向国のこの式内社の少なさは、同じく神話伝承の地の出雲国の百八十七座を数える式内社の数の多さと比べ歴然としており、このようなところにも、畿内の強固な中央の成立とともに遠隔辺境の地へと転ずる日向国の姿が見えてくるのである。

もっとも九州の国々の式内社は、筑前国（十一座）や肥前国（四座）などでも数の少なさが注目されるが、それでも対馬国（二十九座）や壱岐国（二十四座）は二桁の式内社が存在する。それにしても、日本神話の主要な二つの舞台である出雲国の祭神・神社の多さと、逆に日向国の少なさという対照は何を意味しているのだろうか。

そのことを理解するには、少しばかり弥生時代に遡りたい。弥生時代の象徴的な遺物として青銅器がある。銅鐸《どうたく》や銅剣・銅矛のいずれも、実質的な鐸（ベル）や武器に始まり、大陸・半島から列島弧に伝来してからは、例えば「聞く銅鐸から見る銅鐸」と言われるように、実質的な機能を離れ、祭祀的な道具へと変化していった。まさに「青銅の神」として位置づけられていったのである。

出雲の「物神信仰」に対し、日向の「自然信仰」と定義する。弥生時代の出雲で、青銅器は「青銅の神」として崇拝された。

出雲と日向に見る神話の構造

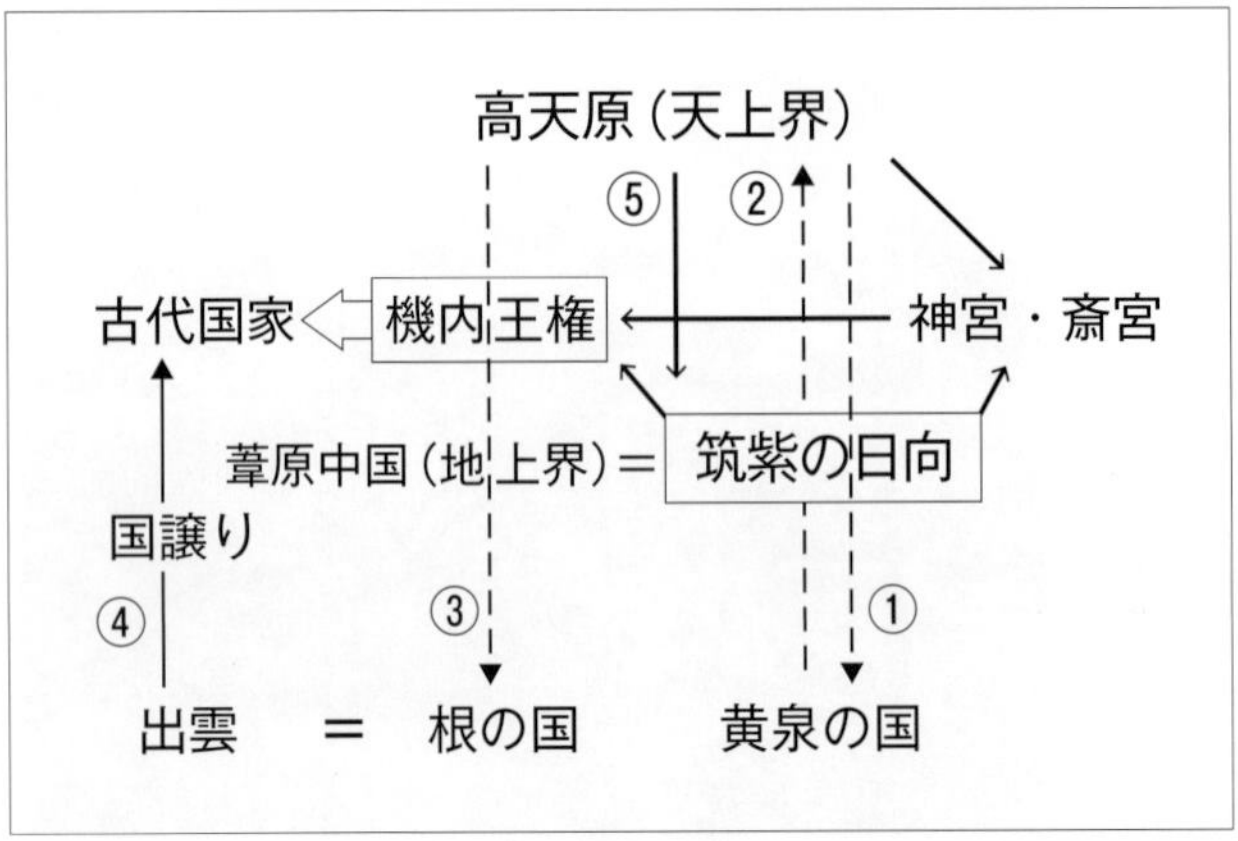

日本神話の構造

「日向」の地は、「日向神話」以前、まず「高天原神話」の天地《てんち》開闢《かいびゃく》の国生み・神生みの神、伊耶那岐・伊耶那美の重要な場面で登場する。伊耶那美が亡くなり、連れ戻そうと黄泉《よみ》の国に赴いた伊耶那岐は、蛆《うじ》たかる伊耶那美を見て、逃げ帰ることになる。だが、高天原に戻るためには、黄泉の国の穢《けが》れを落とす必要があった。その禊祓いの場となるのが、「竺紫の日向の橘の小門《おど》の阿波《あは》岐原《きはら》」（『記』）である。つまり、葦原中国《あしはらのなかつくに》（地上世界）と高天原（天上世界）をつなぐ経路を有する場所が、「日向」であった。

「出雲神話」では、天照大御神の弟・須佐之男《すさのお》は海原を治めることを命じられながらそれを断り、妣《はは》の国（亡くなった母の国）に行きたいと大泣きをする。その母の国は「根の堅州国《かたすくに》」であり、出雲であった。その六代目の子孫（あるいは孫とも）大国主《おおくにぬし》は、結果的には葦原中国を治めることを高天原の神々に譲ることになる。

海の統治を断った「出雲」、海と和合した「日向」という対比は、日本神話の中でも最も鮮やかな対比として描かれている点は重要である。

その後、出雲神話の主役・大国主神は、地上世界を治めることを天照大御神に譲ることになる。では何故、国譲りをした出雲に、邇邇芸命は降臨しなかったのか。邇邇芸命が降り来るところは、「竺紫の日向の高千穂の久士布流多気《くじふるたけ》」(『記』)である。つまり、「日向」こそが、天上世界(高天原)への経路として堅く信じられていた。やはり、天上世界と地上世界をつなぐ経路は、日向でなければならなかったのである。

それに対して、出雲は黄泉の国あるいは根の国・根の堅洲国(地底世界)と葦原中国との経路「黄泉比良(平)坂」を共有する場所として位置づけられている。つまり、出雲は地底世界への経路を持つ場所として位置づけられる。そして、現実の政治的世界からは身を引き、国土を治める代わりに祭祀的宮殿・出雲大社に鎮座し、そして出雲国造は、代々出雲大社を祀り続けることで今日まで命をつないできた。

それに対して、最高神・太陽の神である天照大御神の系譜を引いて日向三代の日向神話は継がれるが、海幸・山幸神話が象徴するように、海幸を従わせさせ、山幸は海神のむすめである豊玉毘売《とよたまびめ》、その子・鵜《う》葺草葺不合《かやふきあえず》も豊玉毘売の妹・玉依《たまより》毘売と和合することで、その子・神武天皇は東征を果たし、葦原中国を治める天皇となり得たのである。

さらに、予め結論を述べれば、畿内王権と婚姻関係によって強く結び付き、政治的・軍事的に重要な役割を担った日向は、国家体制が整い官僚や軍事組織が整備される中で、その役割を終え、令制国としての日向国は、列島弧南端の辺境の地となっていくのである。

改めて、『古事記』の神話世界は、極めて論理的かつ構造的に構成されている。矢印と番号に注釈を加えていけば、次のようである(前ページの図参照)。
①伊耶那美は火の神・伽具土《かぐつち》を生むことで亡くなり、黄泉の国へと行く。

②伊耶那美のウジたかる状態を見た伊耶那岐は、黄泉の国から逃げ出し、「出雲」の黄泉比良坂を塞ぎ、「日向」の地で禊を祓い高天原へと戻る。
③高天原から素戔嗚は、根の堅洲国に放逐される。
④「出雲」に出現した素戔嗚の六代の孫・大国主は、高天原の神々に国譲りをする。
⑤国を譲られた「出雲」ではなく、「日向」の地に天孫降臨する。

以上の関係において位置づけられていること、このことは明確にとらえておく必要がある。そして、この「日向」は南九州であることを。

高天原の神話世界と出雲の神話世界を経過し、「日向」は高天原と地上世界を結ぶ経路と「磁場」を持つ神聖な場所として認識されていた。伊耶那岐は「日向」を経由しなければ、再び高天原に帰ることができないし、邇邇芸命は「国譲り」を受けた「出雲」ではなく、高天原との経路を持つ「日向」に降臨しなければならないのである。

逆に言えば、そうした神聖な場所を「日向」としたのだ。それは、地上世界に区画される「国」を超越していた。「だから、日に向かう所という神聖化された場所で特定の場所を示すものではない」とする前段の「神聖化」は肯定されるが、後段の「特定の場所を示すものではない」ということではない。現実の場所として南九州を舞台として認識していたし、その認識こそ、古代の人々の世界観の表出となっているのである。

その上で、繰り返せば、「日向」は「国」という概念を超えた世界であった。だから「国」を付けて表記されないが、とはいえ単に「日に向かう所」ではなく、地上世界の南九州を指し示していることは明らかである。「日向」を舞台とする「海幸・山幸神話」を、そして海幸彦を「隼人の祖」とするところを、単に「日に向かう所」と異論を挟む余地がないように、神話世界の構成は南九州として構築されているのである。

日向三代神話

邇邇芸命は、山の神・大山祇神のむすめ・木花佐久夜毘売を妻とし、山の力を取り入れる。山の神との和合の段階では、まだ兄・海幸彦より弟・山幸彦の力が優位であった。全国で唯一、服属した海幸彦を祭神とするのが、潮嶽《うしおだけ》神社（日南市）である。

そして、山幸彦は、海の神・綿津見神のむすめ・豊玉毘売を妻とし、海の力も取り入れる。豊玉毘売は、産屋を作るように願い、山幸彦が鵜の羽で産屋の屋根を葺き終わらないうちに出産が迫る。豊玉毘売は、海の世界の姿に戻って出産するので、その様子を見ないようにと告げる。しかし、山幸彦はその産屋を覗き、そこで鮫《わに》の姿で出産する豊玉毘売を見ることになる。その姿を見られた豊玉毘売は、「海坂《うなさか》」（海との境）を塞いで海の世界へと戻っていく。こうして、山の力と共に海の力を併せ持つ鵜葺草葺不合《うがやふきあえず》命が誕生する。そうした神話を伝えるのが、鵜戸《うど》神宮（日南市）である。この婚姻の形態は、基本的には妻問婚の習俗が基層にある。

鵜葺草葺不合命は、さらに豊玉毘売の妹・玉依毘売を妻とし、海の力、すなわち国土を治める力を盤石のものとする。その子・神倭伊波礼毘古《かむやまといわれびこ》命、のちの神武天皇の誕生についての神話伝承を伝えるのは、天孫降臨の地・高千穂峰の麓の高原町である。生誕の地の伝承を伝える皇子原《おうじばる》や神武天皇の幼名に因む狭野神社などが所在する。

鵜戸神宮

砂岩・泥岩互層の奇形波蝕痕と波食棚や隆起海食洞が織りなす浸食海岸地形の景勝地。最大の海食洞に本殿が鎮座する。修験道の修業の場でもあり、神仏習合の時代、参道を挟み18の寺坊を有したが、現在は段状に整地した敷地跡と参道の石段が、その面影を忍ばせる。

潮嶽神社

磐船《いわふね》に乗り、内陸のこの地に海幸彦が上陸した。その磐船が埋められていると伝えられる禁足地が林となり残される。事実か否かではなく、そこに「村落の規範」を見るのである。

無戸室《うつむろ》

西都原古墳群の立地する台地の下に湧き出た池が「児湯の池」、そこから流れる小川が「逢初《あいそめ》川」、そのほとりに「八《や》尋殿《ひろどの》」など邇邇芸命と木花開耶姫に関する伝承地がつながる。その聖性景観の「見立て」は、純粋に一つの世界観を持っている。信ずる人々によって、信じられるのである。

銀鏡神社

邇邇芸命と木花開耶姫の神話から派生する伝承。邇邇芸命に断られた自分の容姿を恥じた磐長姫は、顔を映す鏡を憂い投げ捨てる。その鏡が木の枝に掛かり、日夜白く輝き「白見」それが転じて「銀鏡《しろみ》」の地名となる。銀鏡神社は、磐長姫を祭神とする。

邇邇芸命と木花佐久夜毘売は、笠沙御前で出会うこととされているが、出逢いの地と伝承されるのが「逢《あい》初《そめ》川」、最初の夜を過ごした「八尋殿《やひろどの》」、戸のない産屋に火を放って出産した「無戸室《うつむろ》」、生まれた三人の子に産湯をとらせた「児湯の池」である。「火照命」（火闌降命《ほのすそり》『書紀』）は、「海幸彦」であり「隼人阿多君《はやひとあたのきみ》の祖《おや》」とされ、「火須勢理命」（火明命《ほのあかり》『書記』）は「尾張連《おわりのむらじ》の祖」、「火遠理命」（彦火火出見尊《ひこほほでみ》『書記』）は「山幸彦」であり神倭伊波礼毘古《かむやまといわれびこ》（神日本磐余彦『書記』）の祖父である。

海幸・山幸神話

日向神話の中心となるのが、海幸・山幸の神話である。互いの漁具・猟具を取り替えるが、海幸彦の大切な釣り針を、山幸彦は失ってしまう。山幸はその償いの釣り針として、十拳劒《とつかのつるぎ》を溶かし五百・千の釣り針を作り、海幸彦に渡そうとして拒絶される。この時、山幸彦は、小鍛冶を行ったのであり、山幸彦の職掌の一つに鉄器生産がある、との指摘※は的を射ている。

山幸彦は、釣り針を探して、海の神・綿津見神《わたつみ》の元へ行き、そのむすめ・豊玉毘売と三年の月日を暮らす。やがて、釣り針を探し出した海の神は、山幸彦が海幸彦に返す時「貧鉤《まじち》」すなわち「貧しい釣り針」など、海幸彦を追い込む呪言《じゅげん》を唱えるようにと渡す。また、兄が高い所に田を作れば弟は低い所に、兄が低い所に作れば弟は高い所に作るように、と伝授される。さらに、兄が攻めてくれば溺れさせ降伏するように、塩盈珠《しおみつたま》と塩乾珠《しおふるたま》という潮の干満を調整する玉を渡される。海の神は、水そのものをも統治する神であり、水田農耕や治水の重要性と、それが国土を治める根幹となることを説く。

塩盈珠・塩乾珠が、具体的にどのような素材の珠（玉）であるかについては、日本の考古学や古代史研究者も明確な見解を示していない。ただ、イメージとしては古墳時代の翡翠・碧玉・水晶製などの玉を想定していると思われる。

「阿加陀麻《あかだま》波　袁佐閇比迦禮杼　斯良多麻《しらたま》能　岐美何余曾比斯　多布斗久阿理祁理」

「赤玉は　緒さへ光れど　白玉の　君が装《よそお》し　貴《とうと》くありけり」（『記』）

この『記』の記す、豊玉毗売が妹の玉依毗売に託す歌にある「赤玉」は琥珀、そして「白玉（山幸彦の例え）」は真珠を指すという見方はあるが、次はこれまで指摘されていないことである。

住吉大社・玉乃井

禊祓いによって生み出された底筒男《そこつつのお》命・中筒男《なかつつのお》命・表筒男《うわつつのお》命の三海神と神功皇后を祭神とする。摂社の大海《おおわたつみ》神社の玉乃井には、塩満玉が沈められ水が絶えることがないと伝え、御旅所の宿院頓宮《しゅくいんとんぐう》の飯匙堀《いいがいぼり》には塩干玉が沈められ水が溜まることがないと伝える。

海神の宮を訪れた山幸彦が、口に含んだ玉を唾と共に「玉器《たまもひ》」に吐き出すと取れなくなったとの記述がある。

「爾不飲水、解御頸之璵、含口、唾入其玉器、於是其璵著器、婢不得離璵。」

「尓《しか》して水を飲まさず、御頸《みくび》の璵《たま》を解き、口に含み其の玉器《たまもひ》に唾《つば》き入れたまふ。是に其の璵、器《もひ》に着く。婢《まかだち》璵をえ離《はな》たず。」（『記』）

この場合の「玉器」はアコヤガイ、そして取れなくなった玉（璵）は「真珠」になることをイメージさせる。海の力に転化し、その力を得ることを意味していると考えられる。

そして、海の神からの贈り物（塩盈珠・塩乾珠）としては、鉱物素材の玉ではなく、海産の玉が相応しいと言える。それゆえ、海の干満を調整することができる呪力・霊力を持つ宝物となるのだ。また、海の神のむすめである豊玉毗売・玉依毗売は、いずれも「玉」が付く名前であるが、この玉も真珠が象徴化された女性を意味しているとみることができる。

現在では、愛媛県宇和島市や三重県志摩郡が真珠の産地として有名であるが、考古学的には、鹿児島県下の縄文時代の貝塚（西市来貝塚、上知識貝塚など）からアコヤガイが多く出土している。他に熊本県南福寺貝塚、沖縄県と高知県（宿毛貝塚からは真珠そのもの）からも出土している。古代日向（宮崎県・鹿児島県・熊本県南部）を考えると、沖縄から南九州に集中したアコヤガイの出土状態は、海幸・山幸神話が海を通じて（「貝の道」の重要性も関係する）共通の神話として形成されていったことを裏付けていると考えられる。

神武東征とは何であるのか

紀元前八〇〇年頃、稲作が朝鮮半島を経由し、九州島に上陸した後、列島弧は縄文的社会の継続と新たな弥生的社会の交渉の中で、ある種の地域間格差を伴って、その歪《ひずみ》を含めて列島弧の社会を変革することになる。その歪も「この国のかたち」の基層を成している。第一波は関東地域に、第二波は東北地域へと広がるが、北東北から以北（北海道）については、伝統的地域社会を大きく変革するものではなかった。

そして九州は、二つの地域へと、稲作を受容したのである。一つは、北部九州の福岡平野・佐賀平野、そしてもう一つは、南九州の薩摩半島の平野部や宮崎平野、さらに内陸の都城盆地やえびの盆地である。

今から、二十年以上前まで、稲作の到来は一元的に北部九州へ、と考えられていた。しかし、少なくとも、福岡平野の板付《いたづけ》遺跡（福岡市）と都城盆地の坂元A遺跡（都城市）は、同時期の初期稲作遺跡として認められる。そのことを、北部九州から南九州への伝播とするには、大分県南部から熊本県にかけて、中九州の初期稲作遺跡の空白地帯が問われなければならない。では、何故、北部九州と南九州に初期稲作遺跡は、伝播するのか。

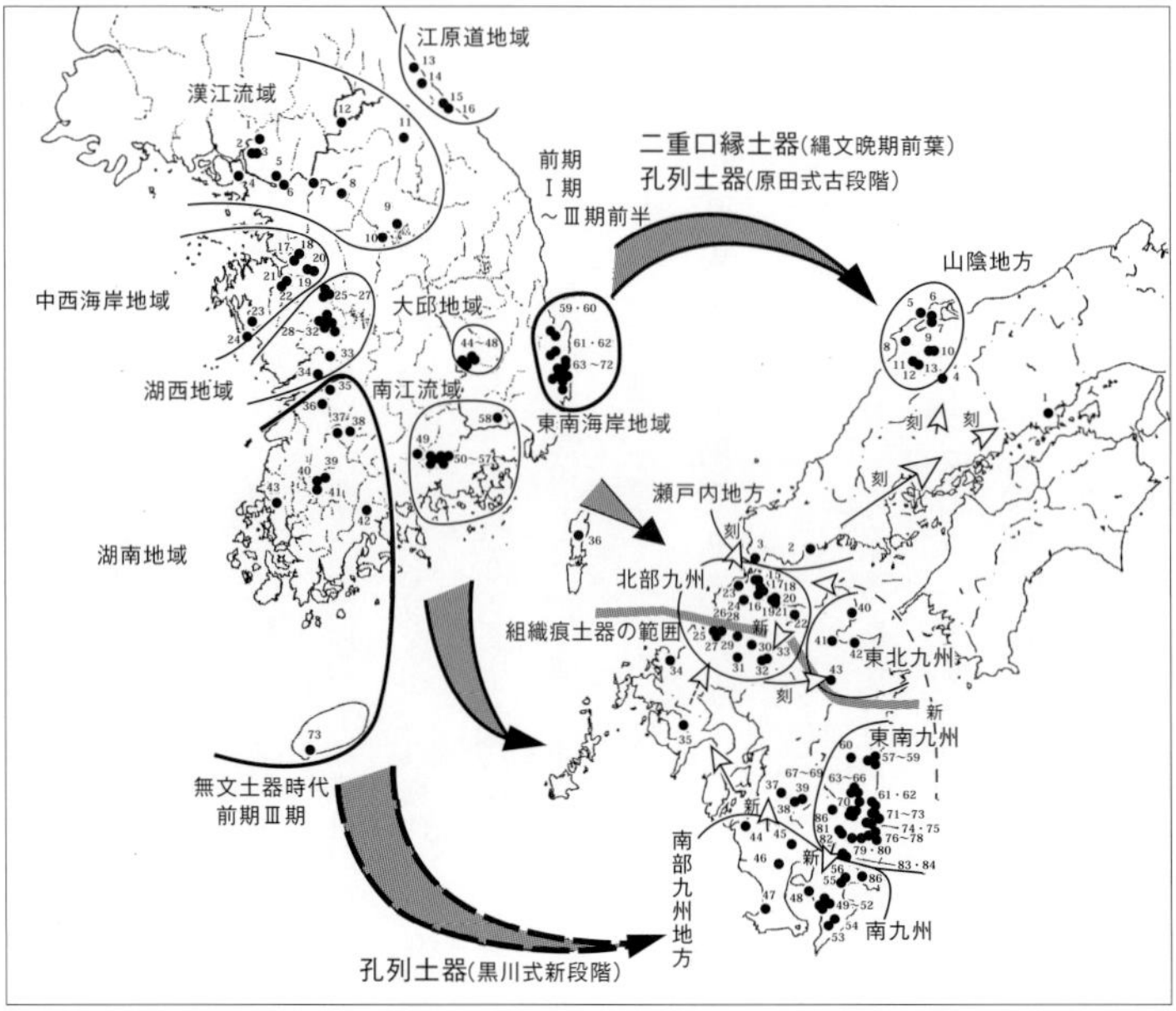

孔列（文）土器の分布と交流

（千羨幸「西日本の孔列土器」『日本考古学』第25号 2008年）

それに一つの答えを与えたのが、韓国の女性考古学研究者・千羨幸《チョンソンヘン》である。列島弧においては弥生時代前史にあたる縄文時代最晩期の無文土器、その中でも技法的特徴のある孔列（文）土器を取り上げ、孔列の大小やその施文の仕方を分類・分析し、その技法的違いを示す半島と列島弧の文化圏を比較し、その共通性を結んでいった時、大きくは半島東南部と北部九州や出雲《いずも》地域、半島西南部と南九州との共通性を指摘し、多元的経路を導き出した。九州島へは、そうした土器文化圏の交流を基に、稲作が伴うことになる。すなわち、半島東南部と西南部から、北部九州と南九州の主要な二元地域への稲作導入の経路が形成されていたことが理解できたのである。こうした稲作到来の直前の様相が浮かび上がったところで、何故、中九州を空白として北部九州と南九州に初期稲作遺跡が認められるのか、その在り方を歴史実態として理解することができるようになったのである。

このことの意味は大きい。一元論の持つ交流・伝播の狭小さと危うさを克服するものであり、南九州に半島との一つの玄関口を認めること、それは半島のみならず大陸への経路も有することになるのだが、海にひらく南九州の列島弧内での位置付けを再発見することでもある。

稲作の列島弧への波及、南九州からの経路が、神武天皇東征の経路である。日向王権が東征した結果が、畿内王権の成立である。つまりは「地方的」な王権が、地理的に言えば奈良盆地を開拓して樹立したのが畿内王権であり、それもまた「地方的」であった。

神武天皇の誕生

東征へと日向の地を船出した神倭伊波礼毘古。その東征ルートの一地点には、『記・紀』ともにほぼ同じ表記で「速吸門《はやすいのと》」(『記』)「速吸之門《はやすいなと》」(『書紀』)があり、潮流の速い海峡を意味していると考えられている。ただし、順路からは、『書紀』が日向の地を立って最初に至る地点として示されることから豊国と伊豫国の沖の「豊予海峡」のことであると思われる一方、『記』では「吉備の高嶋宮」を発ってから通過する地点で「明石海峡」が想起される。

『記・紀』の読み方について、わたしの立場はそれぞれの場所で触れてきたが、これもどちらが「本当の「速吸門」であるか、といった二者択一では捉えない。どちらも、「速吸門」であり、また列島弧の周辺、「潮流の速い海峡」(「海峡」となると地理的にそう多くはないが)の意で、そうした場所は同様に「速吸門」

佐賀関・姉妹岩（右）と早吸日女神社（左）

速吸門を神武天皇が通過する時、大ダコが守護する神剣を受け取るよう命を受けた黒砂《いさご》・真砂《まさご》の姉妹の伝承を伝える岩礁。その神剣を御神体とするのが早吸日女《はやすひめ》神社であり、姉妹は海の守護神となる。

と呼ばれていた。豊予海峡・明石海峡ともに「速吸門」であり、『記』では佐賀関沖の「速吸門」を記さなかっただけ、『書紀』では播磨沖の「速吸門」に触れなかっただけである。ただし、単に普通名詞としての理解だからではなく、潮の流れは「禊祓い」の意味でもあり、そうした「禊祓い」の地点を通過するのが、東征の出発に行われたのか、終着に行われたのか、それらの違いを『記・紀』それぞれの認識が示されていると読む。

しかし、兄・五瀬命を失うなどの苦戦を強いられることになる。

「吾者為日神之御子、向日而戦不良。故、負賤奴之痛手。自今者行廻而、背負日以撃。」

「吾《あ》は日の神の御子《みこ》と為《し》て、日に向かひて戦ふこと良くあらず、故賤《かれいや》しき奴《やっこ》が痛手《いたて》を負ひぬ。今よりは行き廻《めぐ》りて、背《そびら》に日を負《お》ひて撃《う》たむ」（『記』）

こうして、太陽神と強く結ばれた本来の姿を取り戻し、熊野から上陸を果たし、橿原宮《かしはらのみや》において即位を果たすことができたのである。

南九州の地を出発し、奈良盆地に至った一群が、実在した。

考古学的には、畿内・瀬戸内との交流を物語る弥生土器の存在が指摘されるし、少数であれ奈良盆地において南九州系の土器が出土している。ただし、前者は多いが、後者は少ない。考古学の物証資料の持つ特性から、人間実態を読み込む方法論は必ずしも明確ではない。しかし、こうした物証資料の読み込みには、その量の多寡の評価に一つの問題がある。「少なさ」＝「無い」と評価しうる場合と、「少なさ」＝「有る」と評価しうる場合がある。前者は、一点の存在が全体を規定するに足らない場合であり、後者は、一点でも存在することが無視できない場合である。

具体的には、南九州には「青銅器がない」、銅鏡や鏡片の他、次章で触れる銅矛・銅戈片がそれぞれ一点あったとしても、それをして「青銅器文化圏」と評価はできない。この場合は、「無いに等しい」ことは、「青銅器文化圏」とは異なる文化圏であると理解するのが、歴史的実態の理解である。一方、少なくともそれがあれば、希少性の問題とは別に、その背後に人間存在を見通す時である。

神話と並行関係の前方後円墳の世界

さて、こうした前方後円墳の分布する範囲は、畿内王権との関係性を示すものと理解される。しかし、かつて定説化したかのように説かれていた、「支配」「服属」といった一方向での関係性と見做《みな》すことは適切ではない。畿内王権も地域王権も相互に自立的な関係性を保つ状態を一つの基準線として、時期的には六世紀代以降その関係において、畿内王権がより強固な中心性を獲得していくという大きな枠組みで考えておきたい。

そうしたことは、北は秋田県・青森県・北海道に前方後円墳は存在しないことはもちろんだが、列島弧の各所にも前方後円墳の存在しない地域（例えば四国の「土左国（高知県）」では、唯一曾我山《そがやま》古墳（宿毛《すくも》市平田町）がその可能性を指摘されているが確定的ではない）はあり、山陰地域の出雲や東海地域の美濃・尾張、関東地域の毛野のように「前方後方墳」を積極的に採用する地域や、墳形に前方後円墳を採用しても、例えば、南九州では在地墓制の地下式横穴墓が埋葬主体部となるように、貫徹される統一性より、否定できない多様性の方に重きを置きたい。

では、何故南九州の地が重要な神話の舞台となり得たのか。その謎解きのためには、中・下巻を読み解き、残された歴史の証拠である古墳の在り方を凝視する必要がある。

中巻《なかつまき》

〔人世の三－四世紀〕

壱の章　邪馬台国

幻の邪馬台国論争

邪馬台国論争とは、一体何だったのだろうか、と思う。わたくし的なことではあるが、考古学に興味を持った中学生のある日、その要因の一つが邪馬台国の話題であったことを隠しはしない。だが、そもそも論争の種も何も、実は無かったのだと思い当たって、永きにわたる論争の不毛が、古代史学や考古学そのものの永い不毛であることに気付いた。

一言で言えば、古代国家成立についての理解への呪縛であるが、それが本質的には天皇制の呪縛であることは明白である。一元史観の最たる事例の一つである。律令国家＝古代天皇制国家にすべてが収斂される。そうした思考回路の呪縛のことである。邪馬台国から畿内王権・政権へ、一直線に「日本」という「国」は成立した、という脚本《シナリオ》はいかにも日本的な歴史観の狭小さに裏打ちされている。しかし、素直に『魏志』「倭人伝」、いや『三国志』の中の全体の文脈の中、「南宋紹熙刊本」で言えば、わずか十一ページをそのとおり読み込めば、文献上の齟齬も問題も、はじめからなかったことに気付く。

多くの邪馬台国論は、最初から我田引水に「変換」した『魏志』「倭人伝」を読んでいる。陳寿の記した『魏志』「倭人伝」を読んではいない。

『魏志』「倭人伝」に何も加えず何も引かず

国々の列記を「連続読み」から「放射読み」に着目した時点で、ほとんどすべては解読されている。「国名」「方位」「距離」「行程」の記述の順序が変わることは、漢文の読みと理解に依らずとも、その読みや理解・意味が異なることを意味している。

帯方郡《たいほう》から狗邪韓国《くやかんこく》を経て、対海《つし》（馬《ま》）国、一大《い》（支《き》）国、末盧国《まつろ》まで、つまり九州島に上陸するために海を渡る国々については、「距離」「国名」の順で記す。

伊都国《いと》へは、「方位」「行程」「距離」「国名」の順で記し、ここが次の国々への起点となる特別な位置付けを持つ国であることを示している。

つぎの二国の奴国《な》、不弥国《ふみ》へは「方位」「国名」「距離」の順で記しており、これを「放射読み」で読むのは論理的である。

そして、多くは次の投馬国《とうま》と、肝心の邪馬壱《やま》（台《たい》）国へも起点を伊都国として「放射読み」とするのが従来の読み方であったが、その記すところは「方位」「国名」、そして「距離」ではなく「行程」の順で記しており、その点がそれ以前の奴国、不弥国の記述順とは異なる。

この「行程」の起点は、伊都国ではない。その起点の理解の鍵は、次にある。

倭人伝では、邪馬台国までの「距離」については、念を入れて再度、後段で総括的に明確に示している。「郡」を起点とすることを明記し、すなわち「帯方郡」から「女王国」までの総「距離」は「万二千余里」

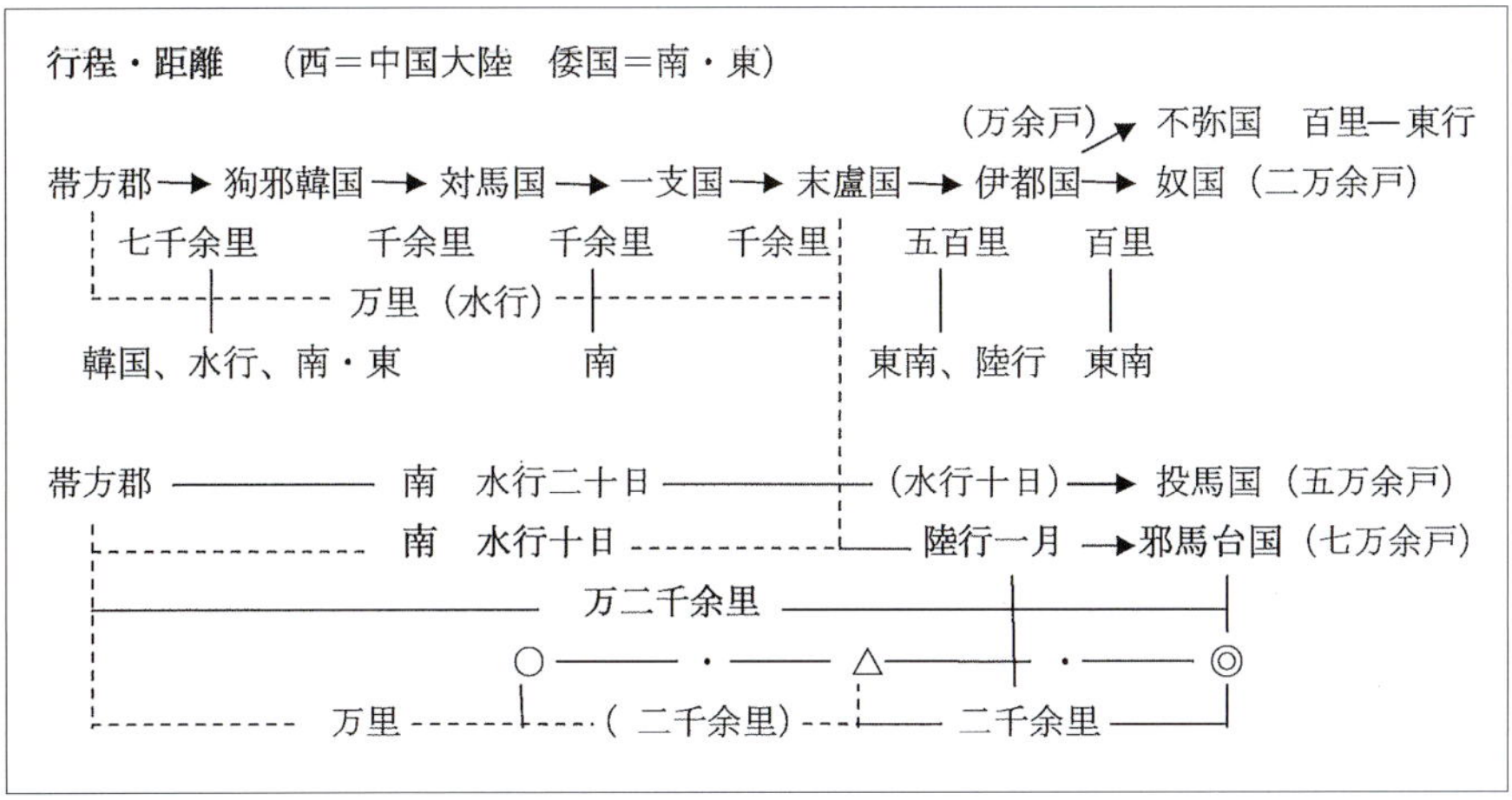

邪馬台国への道

原の辻遺跡（壱岐国）

壱岐市立一支国博物館の屋上から復元整備された原の辻遺跡を遠望する。

菜畑遺跡・末盧館（末盧国）

初期稲作の代表的遺跡。縄文時代晩期には陸稲の栽培が始まり、終末期または弥生時代早期（紀元前900年頃）には水田が営まれるようになったと見られる。

平原遺跡（伊都国）

墳丘規模に価値（序列）観を持つのは、世界史的に決して普遍的なことではない。それほど大きくはない墳墓に、伊都国の王は眠っている。彼の価値（序列）観は、巨大な鏡にあった。

とする。このことに異論を挟む論は聞かない。なのに、「畿内説」のために、この自明の「距離」を無視するし、「方位」を捻じ曲げるのは、何故か。学界の不可思議さである。混迷の根源は、この恣意性にある。

　そもそも「方位」を捻じ曲げるべきではないし、「距離」の理解は、やさしい算数の足し算である。帯方郡から狗邪韓国まで「七千里」、対馬国まで「千里」、一支国まで「千里」、末盧国まで「千里」、ここ九州島上陸まで海を渡ること合計「一万里」、残りは「二千余里」、明快な算数の計算である。つまりは、対馬国から一支国を経て末盧国までが「二千里」、そうであれば末盧国を中心点として、対馬国まで（二千里の半径）の円を描いた範囲の中に、「女王国」は位置する。この「女王国」は、＝《イコール》「女王の都する所」としての「邪馬台国」である。

　ここまで整理すれば、先の投馬国、邪馬台国までの「行程」、「水行二十日」「水行十日陸行一月」の起点は、この総「距離」と同じく、帯方郡であることは明白である。帯方郡から九州島上陸までの「一万里」に、水行十日を要した。投馬国へは、さらに水行十日を要し、合計「水行二十日」である。一方、邪馬台国までは、「水行十日」のあと残り「二千里」を陸行し、それに「一月」を要したのである。邪馬台国へ「（一）万二千余里」＝「水行十日陸行一月」、と陳寿は認識し、そう記している。

　この両国への「方位」は南、これは起点の帯方郡から向かう包括的方位である。帯方郡からは、ともかく南へ船出するのである。九州島、つまりは末盧国に寄港または上陸してからの「方位」は問題ではない。投馬国へは、西寄りに日本海（「出雲」を候補とするか）へ、あるいは瀬戸内海（「安芸」を候補とするか）へ、あるいは南下して有明海（「肥後」を候補とするか）へ、など選択肢はある。いずれにしても、その旅路は続き、考古学的知見から言えば、後に触れる「銅剣・銅矛文化圏」内に到着するほかない。

しかし、邪馬台国への二千里に一月も要するのは、何故か。邪馬台国を都とする倭国は、三十の国々である。立ち寄り先こそ明記されていないが、それらの国々、一国一日を経て「小中華」たる「女王の都する所」へ、はじめて至ることができるのである。

「狗邪韓国」＝金海《キメ》市（韓国慶尚南道）、「対馬国」＝対馬島（長崎県）、「一支国」＝壱岐島（長崎県）、「末盧国」＝唐津市（佐賀県）、そして「伊都国」＝糸島市（福岡県）に比定することについては、いわゆる「畿内説」においても、ほとんど異論はなさそうである。

金海市から対馬島まで約五〇キロ、対馬島から壱岐島まで約六三キロ、また壱岐島から現在運航されているフェリーで唐津市までだと約二六キロ、または福岡市博多までは六七キロである。それらの距離が千里とされているので、一里は約三〇メートルから約六〇メートルの算数的数字となる。これは少なくとも一桁台についてまで神経質になる数字ではないし、漢代の一里の四〇〇メートルから五〇〇メートルを「長里」として、「短里」を主張するまでもない。陳寿の記述に従えば、一里はおおむね五〇メートル程度となる、ということが確認されるだけである。従って、唐津を支点とする半径は、一〇〇キロ（二千里）の円内ということになる。

「（二）万二千余里」＝「水行十日陸行一月」とする理解は、すでに幾人かが指摘していることかもしれない。だが、その一つ一つに目を通したことはないし、多くの邪馬台国に関する諸説や書物も、ここに示した『魏志』「倭人伝」の読み解きについては、もはやその役割はないように思われる。

幾つもの倭国（倭人の国）

「方位」も「距離」についても、何も加えず何も引かず、読むことである。それが、陳寿の記した『魏

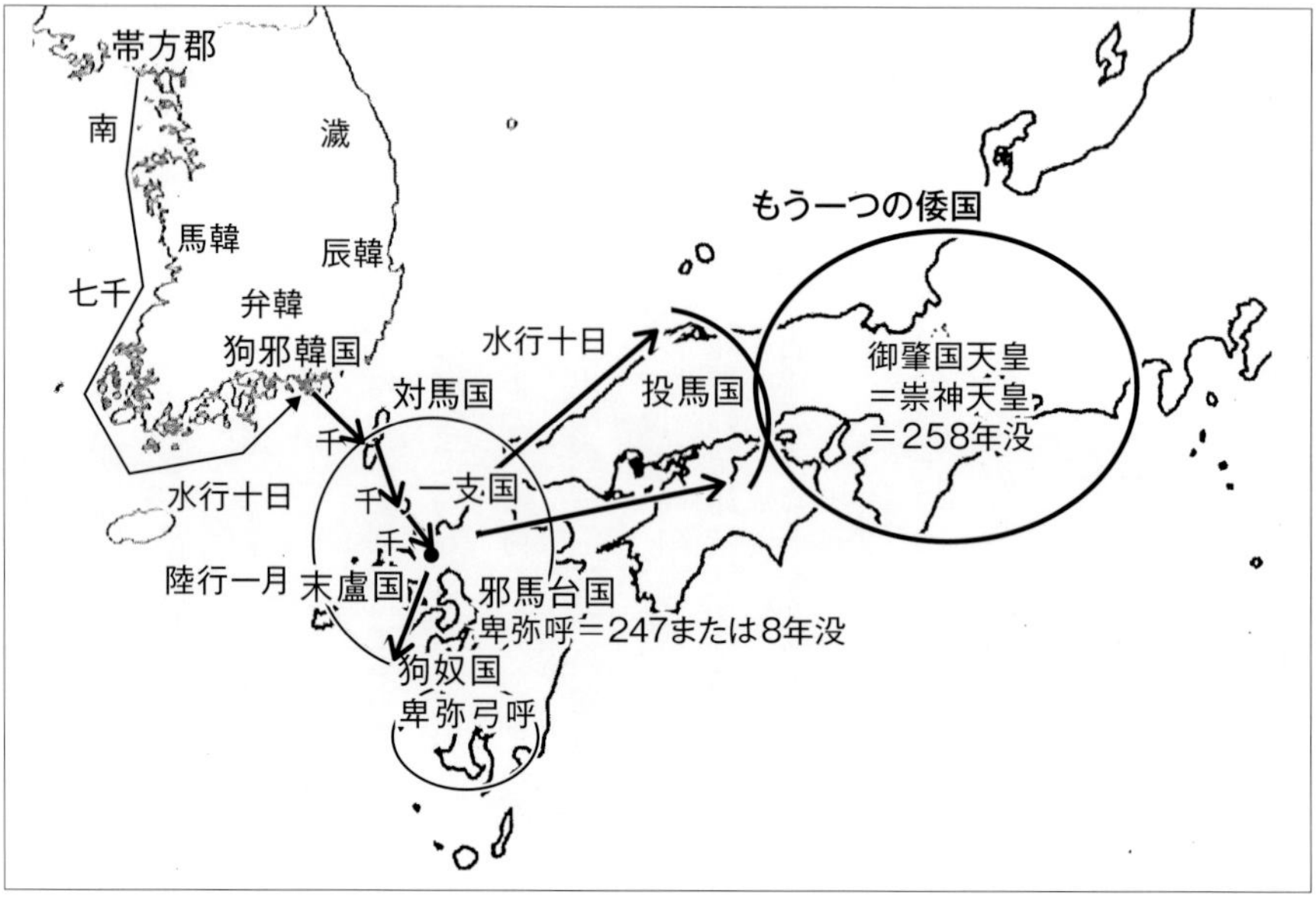

幾つもの倭国（邪馬台国地図）

北部九州に邪馬台国を都とする「倭国」、奈良盆地には御肇國天皇《はつくにしらすすめらみこと》（『書紀』）と称えられる崇神天皇が立つ「もう一つの倭国」があった。

志』「倭人伝」である。ただ、『魏志』「倭人伝」が描いた世界より、現在までに蓄積された考古学が明らかにする、当時の列島弧の実態は、より複雑で多様で、大きかった。

蛇足を重ねることになるが、唐津を支点に、北は対馬までの距離（二千里）で円を描けば、東は国東半島の付け根、宇佐や海部郡を含む範囲、東南は阿蘇を含み、南は宇土半島を含む八代平野までの範囲で円が描かれる。女王の都するところは、この範囲の中に存在するのである。陳寿の記した邪馬台国を都とする三十の国々からなる、広域地域連合の倭国の都のことである。

奈良盆地に都となる国を置く、広域地域連合もあった。百余国から三十の国々を引いた残り七十の国々のうち、どの程度の国々を統括していたかは定かではないが、令制国で言えば西は備後国（岡山）、北東は石背国《いわせ》（会津）を範囲として、ざっくり五十ばかりの国々を見積もって、「もう一つの倭国（倭人の国）」が存在していたことは、すでに考古学が教えているところである。

いわゆる「畿内説」は、それを、邪馬台国を都とする倭国と、誤認（誤読）しているに過ぎない。纏向《まきむく》遺跡は、この「もう一つの倭国」を示す初期大王や祭祀を司る皇女たちの宮殿や斎殿であり、箸墓は普通名詞としての女性首長（司祭者）を意味する「卑弥呼（個人名ではなく）」の墓である。ただし、『記・紀』は畿内王権内に伝承された記憶・記録を基に、この初期大王を崇神天皇と記し、この「卑弥呼」の墓を倭迹《やまと》迹日百襲姫命《とびももそひめのみこと》の墓として記しているのである。

さらに付け加えれば、残り二十ばかりの国々の倭国は、男王・卑弥弓呼《ひみここ》（官は狗古智卑狗《ここちひこ》）の都する狗奴《くな》国を中心とする第三の倭国であり、南九州にあった後の熊襲国である。

女王・卑弥呼と男王・卑弥弓呼は男・女の対名と用いられているように王を示す呼称（個人名ではない）である。その他の国々で記される、官名「卑狗《ひこ》」「爾支《にき》」「兕馬觚《しまこ》」「多模《たま》」「弥弥《みみ》」「伊支馬《いきま》」、副官名「卑《ひ》奴母離《なもり》」「泄謨觚《せもこ》」「弥弥那利《みみなり》」など、邪馬台国や伊都国では複数人存在するが、これらは後のいわゆる姓《かばね》と同じく、固有名詞を冠することもあるが、「卑狗」「卑奴母離」などは共通して用いられるように、普通名詞としての称号として理解される。改めて言えば、卑弥呼と卑弥弓呼は、王の中の王いわば「大王」の称号である。

考古資料を証拠として、邪馬台国の所在を組み立てる「畿内説」がある。よく例に取り上げられる鉄鋌《てってい》（短冊形に規格化された鉄素材《インゴット》）や漢式鏡（古墳から出土する中国製、また列島弧で模して作られた鏡の総称）などの分布（地域）と編年（変遷）について、そこから読み取れるのは北部九州と畿内の二大集中（そうした資料を選択的に取り上げているのだが）の遺物の実態であり、おおよそ二つの中心を持つ文化圏（広域地域連合）が存在するということだけである。そこに、鉄鋌は武器・武具の素材であり軍事力・経済力の証拠、漢式鏡は邪馬台国の「好物《よきもの》」として求めた威信財の証拠として、意図的に選択した遺物の集中する地域と時期を「先進地（となった）」と見做し、都であれば「先進地」であろうとする、根拠のない推論を重ねたものに過ぎない。「先進」と「後進」とは相対的な比較であり、何が基準であるかも明確ではない。遺物は、その点については、何も語ってはいない。

「倭国」と「日本国」

複数の「倭人の国」＝「倭国」が、列島弧には存在した。「〇〇国」を都として数十の国々の連合した「倭人の国」は、すべて「倭国」である。その他の「倭国」が、例えば奈良盆地に都を置く国を持つ「倭国」もあり、より広大な版図や勢力を誇っていたとしても、それは編纂の選択基準ではない。朝鮮半島の南部に所在する「三韓」、「馬韓」「辰韓」「弁辰（韓）」が多くの国々の集合であるように、列島弧にも幾つかの「倭国」があり、それらは多くの国々の集合であることは同じ国家形成期の一段階（統一国家前夜）であることを示している。

陳寿はその一つを、彼の著述方針、すなわち漢の正当な後継国としての魏にとって記述すべき、東夷の人々の国について記述するので十分である。呉や蜀にとって関係する民族や国々については、記述する必要はなかっただけである。

『魏志』三十巻目の最後の最後、陳寿自ら「評《ひょう》に曰く」（後書き）として、「『史記』や『漢書』は朝鮮や両越のことを記し、後漢王朝の史書には西羌《きょう》のことが記録されている。魏の時代には匈奴《きょうど》がだんだんと劣勢に向かい、代わって烏丸《うがん》・鮮卑《せんぴ》、さらに東夷《とうい》までがあらわれて、使者や通訳が時おり（これらの地域に）往来するようになった。歴史の記述は、それぞれの時代に起こった事を記録してゆくものであって、扱わねばならぬ対象がつねに定まっているというものではない。〔だから、両越や西羌の伝をはぶいて、烏丸・鮮卑・東夷などの伝をたてたのである。〕」と、選択的記述であることを断り書きしている。

『三国志』魏書（志）三十巻・呉書（志）二十巻・蜀書（志）十五巻といった巻数の振り分けや、魏志にのみ「帝紀」を設け、周辺の国や民族について一巻を設けるのも、魏を漢の正当な後継王朝とする、陳寿の主体的・主観的判断からである。

さらに、『魏志』「倭人伝」の「倭国」を理解するためには、『旧唐書《くとうじょ》』「東夷伝・倭国日本」に記された「倭国」と「日本国」の書き分けを理解する必要がある。記すところは、「倭国は古の倭奴国なり。」「新羅東南の大海の中に在り、山島《さんとう》に依って居る。」「四面に小島、五十余国あり、皆焉《こ》れに附属す。」とあり、これは『魏志』「倭人伝」や金印「漢委奴国王《かんのなのわのこくおう》」につながるもので、小島に囲まれた中に所在するとしている。北部九州を中心とした地勢の中に都を置く「倭国」を示したことは明らかである。

これに対して、「日本国は倭国の別種なり。其の国日邉に在るを以って、故に日本を以って名と為す。」「西界南界は咸《み》な大海に至り、東界北界は大山有りて限りを為し、山外は即ち毛人の国なり。」（傍点は筆者）とあり、「日出ずる処（国）」意識の畿内を中心とした律令国家が示されているし、西・南に海を望み、東・北を山々に囲まれ、その外には毛人＝蝦夷の居住する地域にあるという。奈良盆地を中心とした地勢の中に都を置く「倭国の別種」を示したことは明らかである。

「倭国」と「日本国」とは、明確に異なる「国」、即ち二つの倭国について、的確な情報によって記述されたものである。

青銅器文化圏は厳然として存在する

そして、すでに邪馬台国の遺跡は、一九七〇年代の日本列島改造論以来の乱開発で、人知れず破壊された、と最悪の事態を思う。今に至るあの時代、歴史を食いつぶしたことは、取り返しようもない、そして逃れようもない事実である。だから、今ある膨大な量の考古学資料から、邪馬台国はわたしたちが目にすることができるか、しているか否かは別にして、すでに掘り返されて、姿を現しているのではないか。

「青銅器文化圏」は、考古学知見が示す弥生時代、邪馬台国前夜の版図の核心である。「銅剣・銅矛文化圏」「銅鐸文化圏」は、戦前一九四二(昭和十七)年の『改稿版　日本古代文化』で哲学者の和辻哲郎が提唱した文化史論であり、今も有効な卓見である。

ただ、「定説は覆された」、との論がある。一九七九(昭和五十四)年に安永田遺跡(佐賀県鳥栖《とす》市)で銅鐸の鋳型、一九九八(平成十)年吉野ヶ里遺跡(佐賀県吉野ヶ里町・神埼《かんざき》市)で銅鐸が発見された。しかし、これを以て「定説は覆された」というマスコミ的反応は、少しも的を射ていない。ここでは、数量の多寡が決定的に大きな要素である。加えて言えば、南九州には青銅器が存在しない、という場合も同様である。

邪馬台国の時代、つまりは三世紀になると、銅鐸については忽然《こつぜん》と姿を消すが、それが示した文化圏は、ものの消滅に左右されることなく、前後の時代を通じても基層・古層を継承するものである、加えて現代までも、である。この文化圏の基層・古層を理解することは、かつての「銅鐸文化圏」に成立した畿内王権によって編纂された『記・紀』に、全く「銅鐸」の記憶が記されないことにも、逆説的に及んでくる。

ともあれ、ここで押さえるべきは、「倭人伝」の記すこととは、北部九州に邪馬台国が所在することを明示し、考古学的知見によれば、女王・卑弥呼に統治された「倭国」は列島弧内に存在する百余国のうちのわずか三十の国々、北部九州を包み込む「銅剣・銅矛文化圏」の範囲内に存在する、ということである。そして、女王・卑弥呼の系譜は、後の北部九州の代表権者・筑紫君磐井へとつながるのである。

邪馬台国を都とする倭国は、列島弧の全域に及ぶものでもない。既に、論は尽きている。繰り返しになるが、他に狗奴国を都とする倭国もあれば、奈良盆地を都とする倭国も存在していたというだけに過ぎない。

さらに、「銅鐸文化圏」を基層とする地域には、実質的な初代大王・崇神天皇を頂点とする初期畿内王権によって統括された、政治的連合体としての初期畿内政権が始動していた。そして二つの青銅器文化圏の外、関東地域を含む以北には、後に畿内王権から見ての「毛人＝蝦夷」の世界が存在し、九州の南半分、南九州には、後に畿内王権から見て「熊襲＝隼人」の世界が存在した。

青銅の神の記憶

断たれた青銅器の記憶。『記・紀』には、剣・矛についての記述が見られ、その素材が鉄であるか青銅であるかは、その書き分けはないことから断定はできないが、銅鐸の記憶・記録は一切ないと断定できる。七九七（延暦十六）年の『続日本紀』には、和銅六年に「得銅鐸於長岡野」とあり大和の長岡野から銅鐸が出土したとの記述がある。七一三年、『記』献上の翌年である。

それ以前の七世紀代にも出土しており、記載された文献は時代的には下るが一〇九四（寛治八）年の『扶桑略記《ふそうりゃくき》』には、六六八（天智天皇七）年に近江《おうみ》国の崇福《すうふく》寺建立の際、「堀出奇異宝鐸一口」との記述がある。「宝鐸」は銅鐸と考えられ、「奇異」なるものと認識されている点、記憶の在り方を示している。『記・紀』以前の出土である。七世紀以降、銅鐸の存在について、特に畿内王権の内部において知られていたのにも関わらず、と言うべきであろう。また、平安時代後期に成立したとされる『日本紀略《にほんきりゃく》』には、八二一（弘仁十二）年五月に播磨国で「高三尺八寸。口径一尺二寸」の「銅鐸」が出土したと記されるなど、その出土の情報は少なくはない。

だが何故、銅鐸は畿内王権に記憶としても継承されなかったのか。畿内地域の文化圏の枠組みは継承されるが、畿内王権の上部構造を構成する人々が、銅鐸と全く無縁であったから、つまりは銅鐸を継承した人々と取って代わった、またはその上部を占めたからに他ならない。異教の神々は、密かに埋納されねばならなかった。もとより、弥生時代中期末（紀元前後）と後期（紀元二世紀を中心）に、それぞれ埋納される時期があったと指摘されてきた。加えて、最新の成果では、兵庫県南あわじ市出土の松帆《まつほ》銅鐸の内部に付着したイネ科植物の年代測定により、弥生中期前半（紀元前四〜二世紀）には埋納されたとされた。銅鐸は、「埋納」という祭祀を伴うもの、として理解する必要があるが、それと記憶の不整合とは別次元の問題である。

松帆銅鐸

1遺跡での個数の多い埋納例も注目され、「入れ子状態」（大きい銅鐸の内側に小さい銅鐸を差し込む）で発見された。また、舌（音を鳴らすように内部に懸垂する棒）が残され「聞く銅鐸」の段階を示している。（写真提供：南あわじ市教育委員会）

青銅器の神々のいない日向・青銅器の神々の集う出雲

　南九州には青銅器はない。銅鏡（主には破鏡）を除き、特に青銅製武器については、志布志《しぶし》市有明《ありあけ》町の下《しも》原《はら》遺跡出土の銅矛がよく知られているが、そのほか近年、伊佐《いさ》市の下鶴《しもづる》遺跡から銅戈の鋒《きっさき》部が出土しているだけである。ただ、古代日向の範囲を考えれば、これに熊本県人吉盆地、球磨郡多良木町の槍掛松《やりかけまつ》遺跡出土の銅剣を加えておくべきであろうか。人吉盆地は、北の阿蘇地域と共に、楕円形の二つの中心のように、内陸部の交差点《クロスロード》の位置を持つ地域として注視したい。だが、南九州は青銅器文化圏の外である。いずれにしても、古代日向の精神（信仰）的価値観に「青銅の神」は存在しない。

神庭荒神谷遺跡
少しばかり辺鄙なところの目立たない場所に、大量の青銅器は埋納されていた。

　それに対して、出雲は青銅器の神を仰ぐ、物神の世界であった。一九八四（昭和五九）年に発見された神庭荒神谷《かんばこうじんだに》遺跡（島根県出雲市）や一九九六（平成八）年の加茂岩倉《かもいわくら》遺跡（島根県雲南市）は、考古学で生活を始めていたわたし自身にとっても衝撃的な発見であった。荒神谷遺跡では、銅剣三百五十八本（一カ所から最多）、銅矛十六本、銅鐸六個が同地点から一括して発見された。それが、人里離れた丘陵地の斜面である点は、織り込み済みであったが、銅剣・銅矛と銅鐸の共存とその量は、出雲の歴

銅剣・銅矛文化圏と銅鐸文化圏
（『弥生ってなに?!』国立歴史民俗博物館　2014年）

史的位置が集約され、その象徴のように感じられた。

また、荒神谷遺跡から南東三・四キロの加茂岩倉遺跡からは、銅鐸三十九個（一カ所から最多）が発見された。銅剣・銅矛文化圏と銅鐸文化圏の重なり合う地域、その重複する位置付けゆえに、それは他にない地域勢力の主体的誇示をまざまざと見せつけるものとなっている。

大物主大神《おおものぬしのおおかみ》の鎮まる三輪山という自然の山を御神体として、社殿を有することのない大神《おおみわ》神社の古層に対して、国譲りの条件に社殿を求める大国主《おおくにぬし》神《のかみ》の精神（信仰）的価値観は、古代日向とも、初期畿内王権とも異なるものである。大物主大神は、大国主神の別御霊として顕現《けんげん》した神と伝えるが、その精神（信仰）的価値観が異なるところ、青銅の神を仰ぎ、社殿を求める出雲の神々に向けた、畿内王権からする位置付けが現れている。

弐の章　畿内王権

纏向《まきむく》遺跡は畿内王権の斎殿・宮殿

纏向遺跡（奈良県桜井市）での巨大建物群の発見で、まず報道されたのは、卑弥呼の宮殿と推定する論調であった。

纏向遺跡を卑弥呼の宮殿として、初期大王たちの奈良盆地からの追い出しを図っている。垂仁天皇（十一代）は纏向の珠城宮《たまきのみや》を、景行天皇（十二代）も纏向の日代宮《ひしろのみや》を、いずれも纏向の地に宮殿を構えた。崇神天皇（十代）は、磯城《しき》の瑞籬宮《みずがきのみや》に宮殿を構えたとされるが、この磯城も地理的には纏向を含む総称であり、同じく纏向に拠点を置いたと考えてよく、初期大王三代の宮殿は纏向なのである。「磐余《いわれ》」の地と共に、初期畿内王権の拠点である。大王（天皇）家も、その初期は磐余氏ないしは磯城氏と呼ぶべき、畿内の一氏族に過ぎない。

神戸大学の建築学者・黒田龍二の指摘は、切妻造平入りの棟持柱建物は、仏教伝来以前の建築形式とされる伊勢神宮の唯一神明造《ゆいいつしんめいづくり》の正殿へ、高床式切妻造妻入り建物は最古の神社建築とされる出雲大社の大社造へと転用、あるいは継承された。伊勢神宮の創祀は、垂仁天皇の御代とされ、出雲大社の起源は、天孫降臨の前史を成す「国譲り」に根ざすが、実質的な初期畿内王権の始まりへとつながるのである。

こうした建築史からの視点も、巨大建物群は初期大王の宮殿（あるいは斎殿）説を支持するものであろう。また、崇神天皇以前は祭事と政事は「同床共殿」であった。崇神期から宮殿と斎殿を独立させることになり、纏向遺跡の時期はちょうどそうした過渡的時期に重なってくる。むしろ、纏向遺跡の建物変遷が、「同床共殿」であった祭事と政事をどのように自立的に独立させていったのかを知らせるものになるだろう。

三世紀にはじまる纏向遺跡とともに目につく坪井《つぼい》・大福《だいふく》遺跡（奈良県橿原市・桜井市）は、銅鐸をリサイクルした工房跡で知られるが、これは二世紀後半からのことで、銅鐸が消滅する三世紀直前の遺構である。同時期の木製甲《よろい》の出土も注目であるが、ここで注目するのは、紀元前二世紀頃から集落が営まれ始め、大規模な環濠集落という「生」の空間と環濠外を「死」の空間である墓域とする、紀元前一世紀後半に築造された方形周溝墓の存在である。

また、同じく三世紀初頭の銅鐸リサイクル工房跡が検出されている脇本遺跡（奈良県桜井市）は、継続して営まれた五世紀後半の遺構群が、雄略天皇の宮殿・泊瀬朝倉宮《はつせのあさくらのみや》（埼玉県稲荷山古墳出土の鉄剣銘に記された「斯鬼宮《しきのみや》」）の有力な比定地とされている。こうした大規模遺跡・遺構を考察する時、歴代大王の宮殿を常に念頭に置いておくという意味で有意義な比定である。

坪井・大福遺跡では時期を遡って、紀元前二世紀から三世紀代への変遷、脇本遺跡では時期を下って、三世紀初頭から五世紀後半への変遷と、時間的尺度を永く設定し、遺跡の性格と当該地域での位置付けを見たい。纏向遺跡だけを特化し、刷り込まれた卑弥呼の宮殿像を重ねるのではなく、こうした坪井・大福遺跡、脇本遺跡のような、周辺のいわゆる「邪馬台国の時代」に並行する遺跡の在り方を、時期的変遷を含めた構造的な関係性の中で、遺跡及び遺構の位置付けや役割は考えていく必要がある。

そうすれば、「邪馬台国の時代」と並行して「初期大王の時代」が厳然として存在すること、そしてその証拠となる遺跡群が目の前に現れていることに気付くはずである。

稲荷山鉄剣銘の記憶と記録

「邪馬台国の時代」と「初期大王の時代」を理解するうえで、今一つ、押さえておかなければならない基本史料がある。

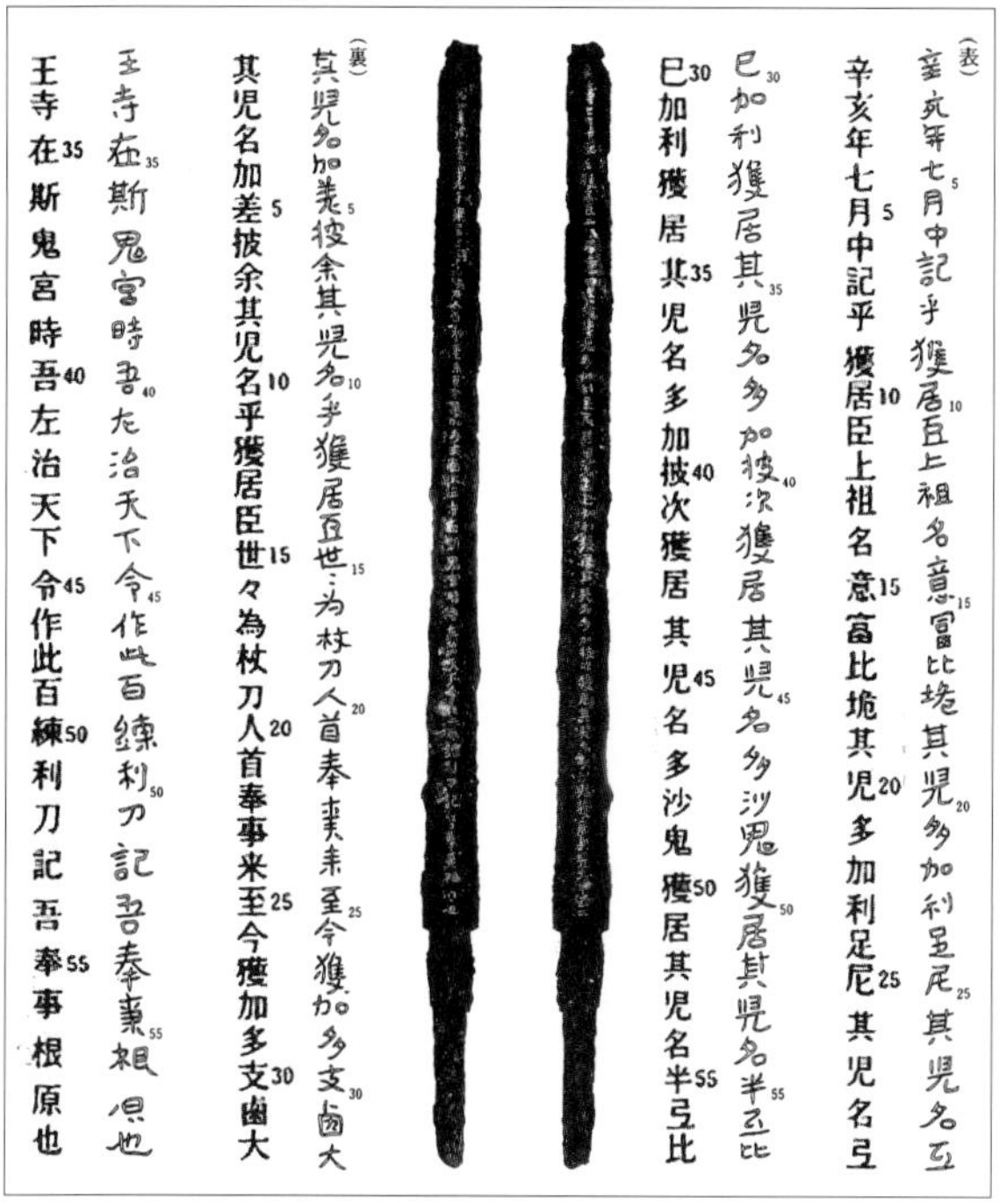
(表)
辛亥年七月中記乎獲居臣上祖名意富比垝其児多加利足尼其児名弖
已加利獲居其児名多加披次獲居其児名多沙鬼獲居其児名半弖比
(裏)
其児名加差披余其児名乎獲居臣世々為杖刀人首奉事来至今獲加多支鹵大
王寺在斯鬼宮時吾左治天下令作此百練利刀記吾奉事根原也

稲荷山古墳出土鉄剣
（『埼玉　稲荷山古墳』埼玉県教育委員会 1980年）

一九六八（昭和四十三）年、埼玉《さきたま》古墳群の前方後円墳の一つ稲荷山古墳から一本の鉄剣が出土した。錆によって覆われた鉄剣は、驚くべき情報を秘めたまま十年の年月が過ぎた。一九七八（昭和五十三）年、保存処理に伴うX線撮影により、百十五文字の金象嵌銘が確認される。幸いなことに、その文字の多くを判読することができた。列島弧内で製作されたとみられる古墳時代の銘文を持つ刀剣は、江田船山古墳など五例あるが、その中でも最も多い文字数である。

漢字の音を用い記述した倭文は、後の『古事記』の記述表現につながるものであるが、何が、どのように、記されていたのか。そこには、八代の系譜と、その主人公と畿内王権との関係が記されていた。

「辛亥の年の七月中」に記されたとする銘文には、主人公「乎獲居（ヲワケ）の臣」から初代となる「上祖」の名を「意富比垝（オオヒコ）」とし、その子の「多加利足尼（タカリのスクネ）」、次いで「弖已加利獲居（テヨカリワケ）」「多加披次獲居（タカハシワケ）」「多沙鬼獲居（タサキワケ）」「半弖比（ハテヒ）」「加沙披余（カサハヤ）」とする八代の系譜を記し、「杖刀人」として「獲加多支鹵（ワカタケル）大王」に仕え、「斯鬼（シキ）の宮」の在る時に「百錬の利刀」を作り、そこに一族の系譜を記した、としている。

「ワカタケル大王」は、雄略天皇（大泊瀬幼武天皇《おほはつせのわかたけのすめらみこと》）を指すものと考えられ、『古事記』に記された雄略天皇の崩年「己巳」を四八九年とする時、それ以前の「辛亥」の年は四七一年とみなせることになる。一世代三十年で、八代二百四十年を前後する年代に及ぶ一族の系譜が記されている。そのことから、初代「オオヒコ」と記す人物は、おおよそ紀元二三〇年を前後とする時期に存在したと考えられるのである。

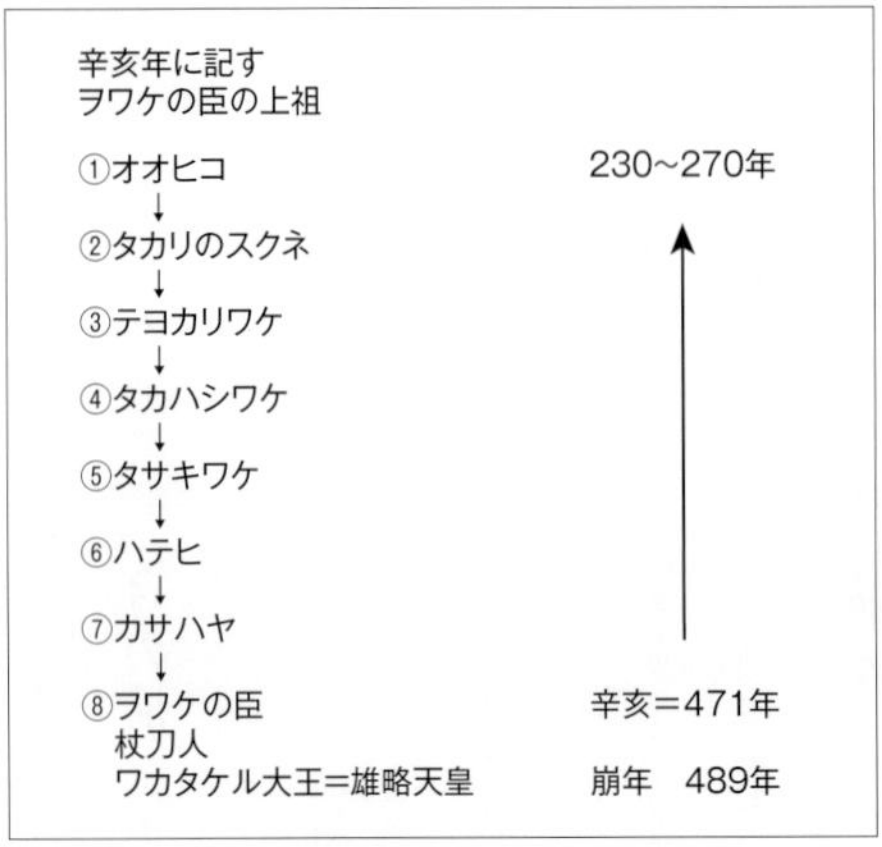

稲荷山鉄剣銘の系譜と年代

話はそこで終わりではない。「オオヒコ（大彦、大毗古）」なる人物は、『記・紀』に登場する。崇神天皇（十代）の頃、先々代の孝元天皇（八代）の血を分けた人物で、「四道将軍」として北陸「越《こし》（高志）」の平定に派遣された人物であった。『記』には、垂仁天皇・景行天皇の崩年は記されていない。しかし、田中卓は『住吉大社神代記』の中に、垂仁天皇の崩年「辛未」を発見した。成務天皇（十三代）の崩年「乙卯」を三五五年とすると、垂仁天皇の「辛未」の年を三一一年と理解することを示した。このことは、従来古墳時代の始まりを崇神天皇の時代とみて、『記』に記された崩年「戊寅」の年を三一八年として四世紀初頭とみなしていたものが、干支を一運遡らせた二五八年として三世紀の中頃とみなせることになる。すなわち、古墳時代の始まりの年代観（京都大学の古墳時代研究の先駆者・小林行雄が、古墳時代の始まりを四世紀初頭としたのは、考古学の実証からではなく、『記・紀』の紀年論からである）にも関係し、そして、そのことは考古学の成果からも、古墳時代の始まりを三世紀中頃とする成果が蓄積されていることにも整合的なのである。

『三国志』『魏志倭人伝』（3世紀末）　『古事記』『日本書紀』（8世紀初頭）
邪馬台国　卑弥呼（247または248年没）　崇神天皇（崩年258年）
四道将軍の一人「大彦命」「大毘古命」

3世紀	崇神天皇	戊寅=258年
	垂仁天皇	辛未=311年（住吉大社神大記）
4世紀	景行天皇	
	成務天皇	乙卯=355年
	仲哀天皇	壬戌=362年
	神功皇后	
	応神天皇	甲午=394年
5世紀	仁徳天皇	丁卯=427年
	履中天皇	壬申=432年
	反正天皇	丁丑=437年
	允恭天皇	甲午=454年
	安康天皇	
	雄略天皇	己巳=489年
	清寧天皇	
	顕宗天皇	
	仁賢天皇	
6世紀	武烈天皇	
	継体天皇	丁未=527年

『古事記』による崩年

天皇の崩御年

こうした銘文と『記・紀』の記述との整合性は、極めて重要である。他ならない、『記・紀』に記された日向関係の記述については次に詳しく見るが、景行天皇に大御《おおみ》饗《あえ》を献上する「諸県君泉媛」や、「御刀媛《みはかしひめ》」との子「日向国造」の祖とする「豊国別皇子」、仁徳天皇の妃となる「髪長媛」の父「諸県君牛諸井」など日向一円の代表権者についても、未だ出土遺物の象嵌《ぞうがん》銘文等の形では確認されてはいないが、「ヲワケの臣」同様、系譜と事跡を確実に持っていたのであり、その一部が『記・紀』に記されているとみてよい。

稲荷山鉄剣銘は、いわば東国の氏族・笠原氏の『古事記』というべき記憶・記録として理解される。

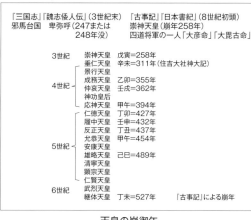

「われわれ意識」の「内」と「外」

初期畿内王権が版図とし得た領域は、崇神天皇の時代の「四道将軍」、その将軍の名と派遣された地は、大彦＝北陸、武渟川別《たけぬなかわわけ》＝東海、吉備津彦＝西海、丹波道主《みちぬし》＝丹波である。令制国で言えば、北は「越後（新潟県）」、南は「紀伊（和歌山県）」、東は「常陸（茨城県）」、西は「備後（広島県東部）」、『記・紀』の地理観で言えば、北は「越国（新潟県）」、南は「紀国（和歌山県）」、東は「常陸国（茨城県）」、西は「吉備国（岡山県）」にようやく及ぶ程度であった。

この版図を「われわれ意識の内と外」においての「内」とし、その外には「土蜘蛛」と呼称される民が多く存在し、北には毛人＝蝦夷、南九州は本貫の聖地であるが、その多くを占めていたのは「外」として存在する「熊襲」であった。

なお、ここで使う「われわれ意識の内と外」は「共同幻想」の問題であり、王化の及ぶ政治的な内・外という「化外《けがい》」とは異なり、意識（幻想）部分を問うものである。ちなみに、「自己幻想」「対幻想」「共同幻想」の定義は、もちろん思想家・吉本隆明の『共同幻想論』（河出書房新社、一九六八年）に基づいているが、「自己幻想」は無性の独神の存在、「対幻想」は伊弉諾・伊弉冉やヒメ・ヒコの対偶、「共同幻想」は国意識などを問う上で有効な概念として、わたしは使用したい。

丹波は、畿内から言えば、北に接する隣接地である。この隣接地は、手強い存在であった。その先には、出雲があり、逆に言えば出雲へとつながるが故に、丹波の力が独自性を持ち大きなものになった。「宗像三女神」については、海上交通のみならず全ての「道」を司る「道主貴《みちぬしのむち》」として、「貴」の尊称を以て神として尊ぶが、同様に「道主」の姓《かばね》（称号）は、出雲という異界の世界へとつながる「道」の統括を担った人物に付与されたのである。その重要性は、『書紀』の中で「道主」の称号が用いられるのが、わずかにこの二例のみである点に表れている。

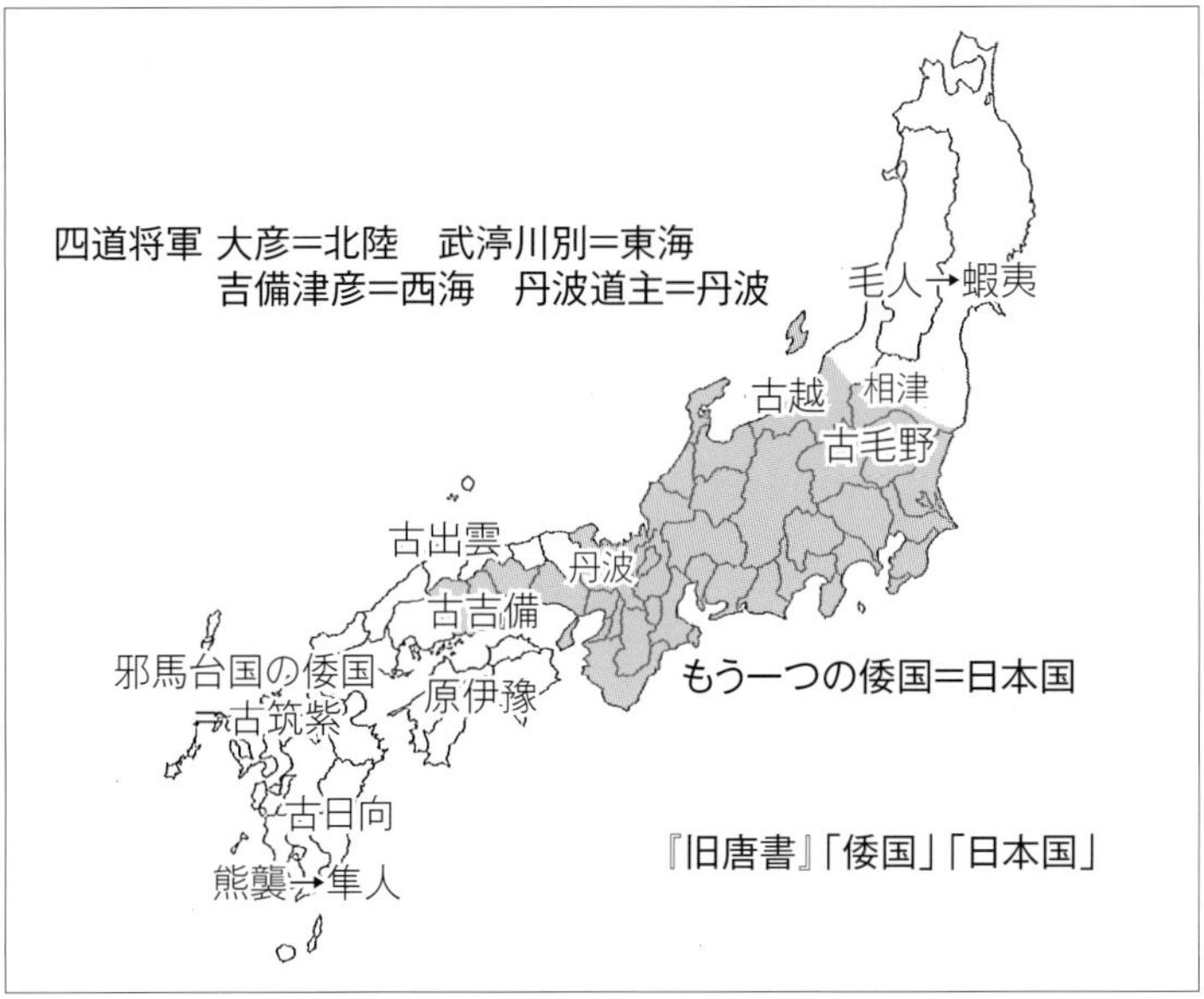

初期王権の版図・四道将軍

四道将軍の派遣された地域を初期大和王権の版図の境界として、弥生時代から古墳時代初頭の「古層」としての列島弧の全体像を、地図上に可視化する。

吉備は、瀬戸内海の要衝であることは勿論、山を越えて出雲とつながるところにその位置の重要性は、ますます示された。讃岐・伊豫は、瀬戸内海に面する地域として、その吉備と対面する地域として、畿内王権にとっても重要であった。

それに対し、南に山を越えた土佐には、前方後円墳の存在しない、つまりは畿内王権とは一線を画する勢力によって、独自の王国が築かれていた。それは、古墳時代の前史、弥生時代の銅鐸と銅矛の混在する青銅器の在り方から見ても、決して「無住」の辺境の地とは片付けられない位置付けを持つものである。異界の地との境界は古代の人々にとっては、最も重い空間認識である。『記』では、国生みの冒頭に登場した以外に姿を見せず、『書紀』では、天武紀に守護神「土左大神」のことが記されるが、「土左国」は最終巻の持統紀にしか登場しないのであるが、『風土記』逸文では仁淀川（日向の大淀川と畿内の淀川の中間点）を「神河＝三輪《みわ》川」（三輪は大神《おおみわ》である）とするなど断片的に、その重要な位置付けが顔を覗かせるのである。「左」の字義は、「辺境」といった意味があり、境界線の先は「異界」であった。

「毛野」も、列島弧におけるもっとも大きな北の「borderline ボーダーライン」であった。この場合、単に「境界線」と表記するよりは「国境線」と言った方が、国家概念の萌芽期と考えれば、国家を分ける違いに相当する。

北は「毛人＝蝦夷」の領域である。倭人側からは国家の違いに相当するが、「毛人＝蝦夷」は、国家意識への歴史的道程は取らない。国家の概念を持たない、持つことのない人間集団の在り方も厳然として存在するし、そうした人間集団を正当に認識する必要がある。「国家」は、人間にとって、決して普遍的必然の「装置」ではない。アイヌ民族は国家を形成することはなく、琉球民族は国家を形成した。これらの一部（アイヌ民族）とすべて（琉球民族）を包摂して、現日本国がある。日本国とは、そうした国家であり、日本歴史とは、そのような国家を形成してきた人間集団の歩みの記憶と記録である。しかし、天皇制とまったく無縁に歴史を継いできた「日本人」が居ることを、忘れてはならない。

前方後方墳・藤本観音山古墳

樹木に覆われてその全容を捉えることは難しい。４世紀代に集中する方形の墳墓に対する拘《こだわ》りは、前方後円墳の亜流との認識では理解できない。ここも、もう一つの倭国である。

毛野の古墳時代を象徴するのは、前方後円墳ではなく、前方後方墳である。方形の墳墓に対する伝統性は、弥生時代中期から後期にかけて南関東から北関東・東北南部へと展開した方形周溝墓が、地域性を区画する前史となり、そこに根差して築造されていったものである。主体部を設ける中心墳丘を、方形の墳丘とするところに、毛野の豪族たちの主体的誇示《アイデンティティ》が表出されている。古墳時代前期に特に顕著に示される、前方後方墳築造の意図は明確である。境界が、畿内王権からの連続性ではなく、主体的誇示を形成していることに、特色を見い出す必要がある。

南九州における「内」「外」の変遷

一方、南に目を転じた時、極地には南九州が目に入ってくる。南九州＝古代日向の地は、畿内王権にとっての故地（Uターン）であるが、畿内に拠点を置いて南方を見た時に、瀬戸内海を通じてまず直面するのが周防灘である。その豊国は、筑紫嶋（九州島）への入り口である。やがて、宇佐神宮の地が、畿内王権にとって重要な位置づけになるのは、そのためである。南九州の西側は旧「狗奴国」の地であり、その地を対象に熊襲国（『書記』）は位置づけられた。熊襲国は狗奴国の後継の国と認識されていた、ということだけを指示していると考えておいてよい。その明確な範囲を問うのは、意味はない。「球磨」と「曽於」という拠点的地域（あるいは幾つかの拠点集落）が認識されていればよい。「上巻」の章で触れた鳥瞰の世界観が、輪郭の無い国を認識させるのである。国の領域認識の問題については「下巻」の章でも触れるが、南九州一円には階調《グラデーション》が広がり、かつ、まだら模様で面的な領域の設定は含まれていない。四世紀の前半代での畿内王権側から見た「われわれ意識の内と外」意識は、熊襲国を「外」と位置づけていた。

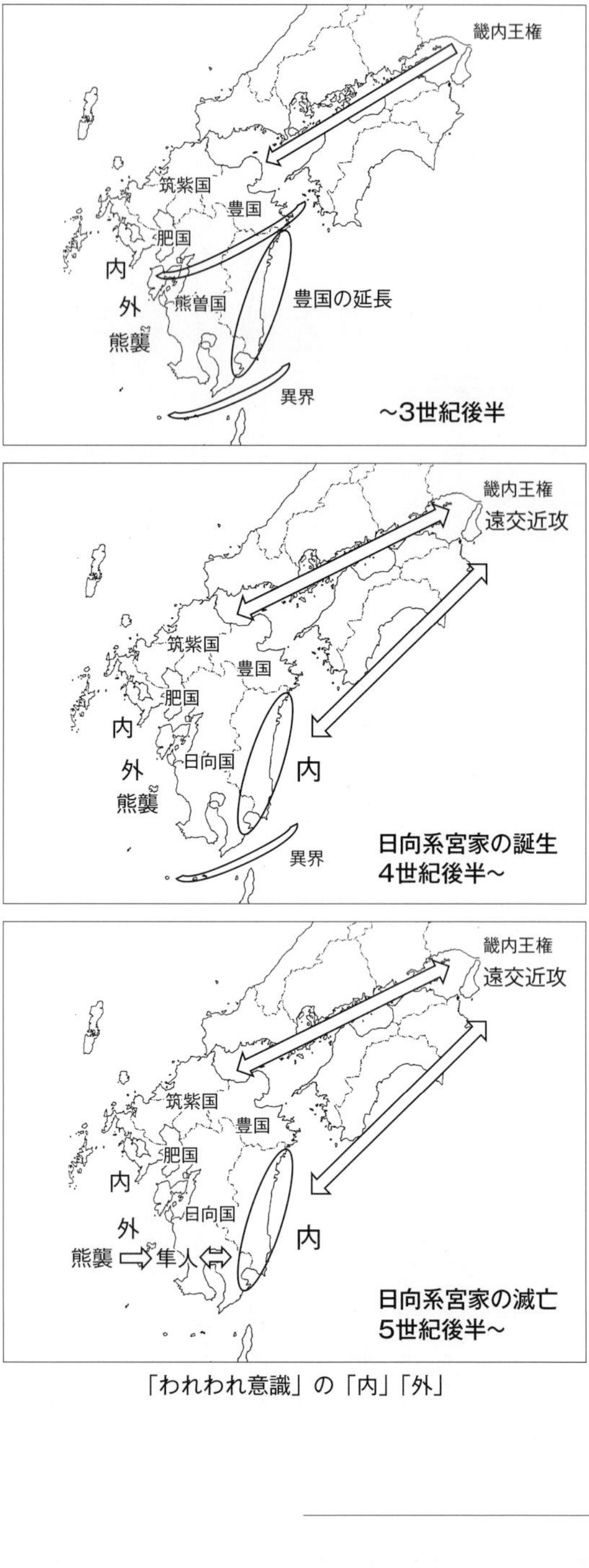

「われわれ意識」の「内」「外」

そうした地を制圧（掌握）しようとするのが、景行天皇のいわゆる熊襲征伐（西征）である。この「西征譚」は、一つの画期を意味していた。それは日向の女性・御刀媛《みはかしひめ》と日向髪長大田根（『書紀』）との婚姻であり、いま一つ、岩瀬川の辺での諸県君泉媛の大御饗の献上である。天皇へ食事を献上する行為（あるいは儀式）は、服属儀礼とする考えがあるが、これは「依託《いたく》儀礼」である。つまり、古代日向＝南九州一円の統治を、代表権者である諸県君へ「事依《ことよ》さす（依託）」ことを意味している、と考えた方が適切である。そして、同時進行に行われる婚姻は、妻問婚の形を採り、子供は母系のもとに留まり、地域支配を徹底するのである。景行天皇と、他の多くの地域豪族のむすめとの婚姻は、すべて妻問婚の婚姻を示している。

生目古墳群（右）と生目５号墳（左）

北西・南東に向けた約1.2キロ、標高25メートルの独立台地と一部沖積地に立地する、前方後円墳７基、円墳36基が国の史跡に指定されている。地下式横穴墓は存在しないと考えられてきたが、これまでに台地上の古墳に陪従するように36基が確認され、その他土坑墓49基、円形周溝墓３基などに加え、弥生時代の環濠集落の存在も確認されている。５号墳（墳長57メートル）が、葺石復元整備されている。（写真提供：宮崎市教育委員会）

それだからこそ、多くの子は地域支配の長《おさ》として位置づけられることになる。景行天皇と御刀媛との間に生まれた豊国別皇子は、文字通り「豊国」から「別（分）けた」日向国造の祖となる。

この時期には、故地である日向の支配権の再編が、平野部を中心に行われたものとみられる。従って狭義には日向灘に面した平野部の支配権は、前方後円墳の築造主体に継承された。この領域（前方後円墳の分布する範囲）は、畿内王権からすると「外」の領域を残存・継承する中で、「内」に位置づけられることとなった。まさに、そうした時期に一〇〇メートルを超える前方後円墳を三代継続して築造したのが、宮崎平野の大淀川右岸の独立した台地に形成された生目古墳群であった。その後の展開については、「中巻・伍の章」および「下巻・肆の章」で触れることになる。

鉄と一つの高千穂

『日向風土記』の逸文「知鋪《ちほ》の郷」に土蜘蛛として登場する大鉗《おおはし》・小鉗《おはし》とは一体何者なのか。

史料の活字本を読む際の注意は、例えば岩波書店の「日本古典文學体系」の『風土記』では、「大鉏《おほくは》・小鉏《をくは》」と校注によって『万葉集註釈』を根拠に漢字も訓も変換されている。また、平凡社の『風土記』では「大鉗《くは》・小鉗」とし、漢字は原文のままであるが訓は変換されている。いずれも、「くわ」としたのは続いて「千穂の稲」と出てくることから、農耕に関係するものとの変換を行っているのだ。一方、小学館の「新編日本古典文学全集」の『風土記』は、『新撰字鏡《しんせんじきょう》』と『類聚名義抄《るいじゅうみょうぎしょう》』を根拠に、「鉗＝ハシ」として校注し、「大鉗《おほはし》・小鉗《をはし》」と表記している。「鉄鉗《かなはし》」を想定するか、「鍬」を想定するか、「鍛冶」と「農耕」では、その世界観は大きく異なる。

「原文」といっても古典では『記・紀』の場合もそうであるように、それ自体が写本の類で、その段階での誤記・解釈による変換が加えられているし、現在の活字本を「原典」として読む場合も、そこでも校注による変換が加えられていることになる。

話を戻して、大・小の対名での兄弟はたびたび登場するが、鉗とは「鉄鉗《かなはし》」であり、鍛冶具としての「かなばさみ」のことである。つまり、大鉗、小鉗の職能は鍛冶※であり、鉄生産を行っていた在地勢力の渠帥（＝かしら）のこととなる。

高千穂町（臼杵郡智保郷）では、古城遺跡（弥生時代中期）の住居から、鉄鏃が出土している。県内では最古級の鉄製品と位置づけられる。「山の土器」である工字突帯文土器も出ている。弥生時代後期後半にな

祖母・傾山系の「山の土器」（右）　霧島連山周辺の「山の土器」（中央・左）

器形は、尖底を特徴とする。地面に突き立てて、煮炊きに使用した。北の高千穂・大野川上・中流域は「工」字に突帯や沈線で、南の高千穂（えびの盆地・都城盆地）は巻き髭状に突帯を施文する。また、口縁部は、北は直線的、南は丸く成形するなど、細部の特徴に地域性が現れるが、共に分厚く、砂粒の多い胎土を用いている点は、平野部の土器と一線を画す。（写真提供：宮崎県立西都原考古博物館）

ると、五ヶ瀬川下流域の延岡市（臼杵郡英多郷）の畑山遺跡の住居跡から鉄片や鉄滓、釣針などが出土し、住居内で小鍛冶を行っていたことが確認されている。延岡では、多々羅遺跡や上多々良遺跡など「たたら」の地名が多く見られる点は注目される。ただし、これらの遺跡から顕著に考古資料として鉄製品等が出土しているわけではないが、金属生産が行われていた痕跡（伝承）を示すものとは言えるであろう。

愛媛大学で鉄生産・鉄器研究を進める村上恭通《やすゆき》が指摘する、全国的に最も弥生時代（特に後期）において鉄製品が集中する「肥後国（熊本県）」、中でも阿蘇（阿蘇郡知保郷）に集中し、高千穂の例はその東端に位置し、延岡へはさらにその東への波及にある。傍点で強調したように、高千穂と阿蘇は「ちほ」として、本来一体であった。実証的には残念ながら、上記くらいの情報だが、これは事例の多寡の問題ではないだろう。確実に金属生産が行われていたことを確認するには十分である。

一方、南の高千穂（霧島連山）のえびの市の島内一三九号地下式横穴墓から、古墳時代の鉄生産を象徴する遺物「鉄鉗《かなはし》」等が出土している。当該地域の力の源泉を見るが、その事は「下巻」の章で詳細に分析、確認を行う。

「二つの高千穂」から「一つの高千穂」へ

と言うのも、南北の高千穂を「二つの高千穂」としてではなく、「一つの高千穂」として理解することとも関係するが、神武天皇の子・神八井耳《かんやいみみ》の十九氏族の筆頭にあがる三氏族、意冨臣《おほのおみ》、小子部連《ちいさこべのむらじ》、坂合部《さかいべの》連《むらじ》について、小子部や坂合部が「隼人」に関するいろいろな伝承や関わりを持つのは、見過ごせない。意冨氏が北の高千穂なら、小子部や坂合部は南の高千穂の霧島連山周辺（「山の土器」も出土する）のえびの盆地や都城盆地を拠点とする氏族として、のちに畿内王権に「近習」する役割を担ったのである。

そして、後に触れる島内一三九号地下式横穴墓出土の「鉄鉗」などが示すのは、この時期に始まったことではなく、伝統的な役割であったと考えて良い。都城盆地では向原第一遺跡では弥生中期末の鍛冶工房跡が検出されている。えびの盆地では、弥生時代にさかのぼる鉄生産を示す遺物等はないが、古墳時代（五世紀代）になると、天神免遺跡、内小野遺跡などほとんどの集落跡から、高坏の脚部を転用した鞴《ふいご》の羽《は》口《ぐち》や鉄床《かなとこ》石など小鍛冶を知らせる遺物が出土するようになる。

こうした動向から鉄製品（生産）の変遷は、全国的にも弥生時代後期には熊本県阿蘇を中心に隆盛するが、古墳時代（四世紀代）になると、畿内王権との動きとも連動し北部九州勢力の再編の中で、熊本県域における鉄製品の出土は激減し（板石積石室墓の副葬品は鉄製武器類も少ない）、五世紀になると霧島連山周辺の地下式横穴墓が大量の鉄製武器武具を副葬し、その生産にもえびの盆地の勢力が力を持つに至ったと考えられる。北の高千穂から南の高千穂へと展開し、「二つの高千穂」は一体として「一つの高千穂」として律令初期には理解されることになるのである。ただし、『記』は北の高千穂を意識し、『書紀』は南の高千穂を意識している。

『日向風土記』の逸文に記される「知鋪の郷」は、北の高千穂を指示していると限定するとしても、「一つの高千穂」の鉄製品に関する歴史的変遷とその位置づけは、上記のような筋書きの中に入ってくる。

ヤマト王権とするか畿内王権とするか

卑弥呼と崇神天皇は、十年を前後して相次いで没した同時代の人間である。崇神の跡を継いだ垂仁天皇の時、再び混乱に陥る北部九州を中心とした「倭国」に「台与《とよ》」が擁立されるが、一つの時代、北部九州の弥生時代は、終末を迎えることになる。

卑弥呼は、終わりゆく墓制としての墳丘墓に埋葬され、崇神天皇は新しい時代を象徴する前方後円墳に埋葬された。従って、箸墓古墳は、卑弥呼や台与の墳墓などではなく、『書紀』の記すところは、倭迹迹《やまとと》日百襲姫命《ひももそひめのみこと》が葬られているのであり、史実としての記憶を何かしら反映していると見てよい。多少控えめに言って、被葬者を倭迹迹日百襲姫命と特定しないとしても、ヒメ・ヒコ制において祭祀を司る人物が投影されており、卑弥呼や台与が被葬者でないことだけは断言できる。ただ、卑弥呼を普通名詞としての称号とすれば、確かに箸墓は「卑弥呼」の墓と言ってもよい。ただし、その「卑弥呼」は、邪馬台国のではなく、初期畿内王権の祭祀を担った女性、というだけである。

本書では、「ヤマト」王権といった表現は採用しない。地理的意味での「畿内」王権及び政権と呼称する。「ヤマト」とカタカナ書きするのは、後の令制国としての「大和国《やまと》」はその一部であり、また呼称としても紛らわしいことからカタカナ書きとする理由であるが、根底には「邪馬台国」の「ヤマタイ」から

「ヤ、マ、ト」王権へという連続性を内包させていることが透けて見える。また、それを「倭」を「わ」とするか「やまと」と訓か、その漢字を当てる意見もあるが、これも「倭国」＝「日本国」とする連続性が透けて見える。この「倭国」、邪馬台国を都とする時、「日本国」には直結しないので、これも採用できない。

もっとも「畿内」との呼称も令制国での「四畿内」ないしは「五畿内」＝「大和・山城・河内・和泉（河内から分置）・摂津」で宮殿設置、すなわち「畿」の字義自体が「王城（帝都）を中心とする地域」であり、そうした都の誕生ないしは形成である古墳時代の呼称としては遡及的表現になるが、ここでは地理的要因を中心に、「近畿」とするには漠然とするし「奈良盆地」とするのも限定的すぎるし、「奈良盆地・大阪平野」とするのは煩雑すぎることから、「畿内」そしてその渠帥を「王」とし、段階的であるが「王の中の王」としての「大王」形成期を含め「王権」と定義し、その構成される政治的連合体を「政権」と定義し、「畿内王権」「畿内政権」との呼称を用いる。

神武天皇と欠史八代

綏靖天皇（二代）から開化天皇（九代）までの欠史八代は、どう読み解かれるのか。そのことは、初代神武天皇をどのように歴史的に位置づけるかともかかわってくる。

神武天皇の治世の年代の一つの想定は、一〇代遡り×一世代三〇年＝三〇〇年前、十代・崇神天皇の崩年が二五八年であるので、紀元前一〇年から紀元後二〇年の中に、算数的に想定できる。しかし、この紀元前後の時期は、考古学的に見ても一つの変化が、後に触れるように、画期として認められるのである（肆の章・歴史が変わるという証拠）。少なくとも、西日本一円が、ざわつき始めるのである。

那珂通世《なかみちよ》のように紀元前六六〇年に遡らずとも、紀元元年は「辛酉」革命の年である。稲荷山古墳出土鉄剣銘が、初代オオヒコから八代の系譜を記したのと同じく、「神武天皇」と諡号《しごう》＝贈り名で呼ばれることになる事績を持つ始祖となる人物がいた。少なくとも、そう伝承される人物がいた。紀元前後の時期に事績を持つその人物に「神武」なる名が贈られた。実際にどのような名を持った人物であったかは問う必要はない。奈良盆地の一角「磐余《いわれ》」（奈良県桜井市）の地を拠点と定めた人物で、彼およびその一族は、降臨型式の始祖神話を物部氏と同じように有し、それと共に太陽神の南九州出自を自認する氏族であった、ということに尽きる。二代から九代までの事跡の記憶と記録が薄いのは、口伝を中心としたものであったためで、開化天皇（九代）は、崇神天皇（十代）の先代という位置付けで、血縁の派生については、やや切実に記されている。

参の章　前方後円墳

世界史の中の古墳

大仙《だいせん》古墳（伝仁徳天皇陵）は、世界最大の墳墓、エジプトのクフ王のピラミッドや中国秦《しん》の始皇帝《しこうてい》陵と比べても、その面積は最大規模である、といった、よくそうした比較のイラストを見かけることがある。だが、この比較、極めて限定された要素についてである。墳墓を構成する中心的な構築物だけ、ピラミッドであれば四角錐の構造物の裾部の大きさ、始皇帝陵であれば墳丘の裾部の大きさであり、大仙古墳も前方後円形の墳丘裾部の大きさである。

しかし、クフ王のピラミッド（墓を超えた世界観を示す構築物）は、スフィンクス（カフラー王の時代に下るとも、クフ王の時代に先行するとも築造時期の謎は多い）も含み、複合的な祭祀に関係する構築物によって構成された一つの世界観を表現しているし、始皇帝陵も二万平方《メートル》とも推定される兵馬俑坑《へいばようこう》も含む構成施設によって完結している。もちろん、大仙古墳の場合も、墳丘だけではなく周囲には二重の周濠が巡らされ、その間には周庭帯と呼ばれる堤があり、おそらくは遺体を安置する殯宮《もがりのみや》が近くに設置され、さらに祭祀空間も取り囲んでいたと思われる。としても、全体像を捉えれば大仙古墳も始皇帝陵の宏大さには及ばなかったであろうと思われるが、そもそもそうした大きさ比べ自体が、意味のある比較ではないように思われる。

巨大墳墓を構築することの意味は、人類の普遍的価値に関するものではなく、固有地域における固有の価値として理解される。日本列島における巨大墳墓の存在は、日本列島固有の特色であり、世界史的な比較基準とは異なるものであるところに本質がある。

すなわち、ピラミッドとして認定される遺構は、紀元前十七世紀までの八百年ほどの期間の中で百四十基足らずに過ぎず、四百年ほどの期間の中で多くを数える前方後円墳に対するこの数の少なさに、エジプトの古代国家の世界史的意味がある。エジプトにおいては中央集権の国家として、ピラミッドは王（ファラオ）の絶対的権威を基に、ファラオとその家族のために築造される。国＝王に許された唯一のモニュメント＝記念物である。

とすれば、列島弧内四千七百基（詳細は後に触れるが）を超える前方後円墳、円墳が最も多い中でも前方後円墳に注目するのは、それを王及びその家族の墳墓とする仮説のためである。最大を大仙古墳として、三〇〇・二〇〇・一〇〇メートル級、そして、多くのそれ以下の規模といった、各段階の大きさを見せる前方後円墳は、明らかにエジプトのピラミッドとは異なる体系を現していることを認めるべきであろう。

そして、確かに奈良盆地及び大阪平野に巨大前方後円墳が集中し、最も規模の大きな前方後円墳は大仙《だいせん》古墳（伝仁徳天皇陵）、容積として最大と指摘される誉田山《こんだやま》古墳（伝応神天皇陵）は、いずれも大阪府、前者は百舌鳥《もず》古墳群（大阪府堺市）、後者は古市《ふるいち》古墳群（大阪府羽曳野市・藤井寺市）に所在する。

しかし、四世紀代から五世紀代にかけて、日向の地を筆頭に吉備にも巨大前方後円墳が築造され、五世紀後半から六世紀代には関東地域に巨大前方後円墳が築造され、埋葬施設の独自性や半島との交流を示す副葬品の数々を所有できることから理解されるのは、相対的に自立した地域豪族の存在であり、そうした地域豪族が統括する地域国家の連合関係であった。つまり、中央集権への道途上の段階である。例えば、

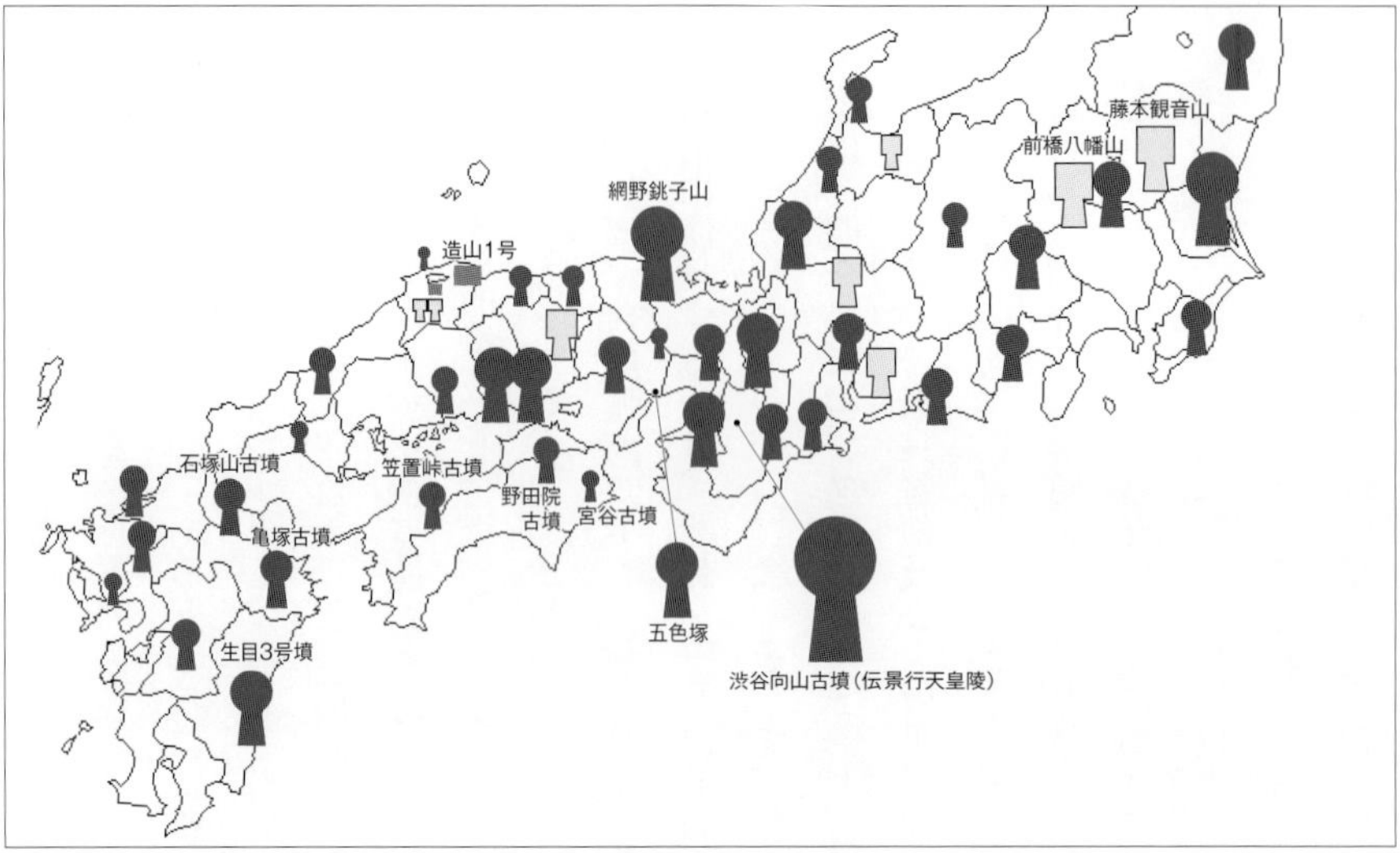

古墳時代前期の古墳に見る地域性

朝鮮半島における古墳時代の並行期は、「三国時代」と時期的に重なるが、長い時間尺での詳細は省くとして高《コ》句麗《グリョ》・新羅《シルラ》・百済《ペクチェ》の国々（加耶《カヤ》を除き）は、自己完結的国家であり中央集権化された状態は、古墳（墳墓）造りの上にも、エジプトと同じような限定性が見られことと対照的である。

　古墳時代とは、国家形成期に当たり、また目指された「国のかたち」が違うのである。

北の境界領域の前方後円墳

　基本形となる円墳・方墳に対して、前方後円墳・前方後方墳・帆立貝形古墳という複合的な墳形の古墳は、上位に位置する古墳として、階層社会の傾向を示すものとしてとらえられる。統計的な理解では、ここでは、前方後円墳に前方後方墳・帆立貝形古墳も含んで数字等を示し、煩雑であるが、前方後方墳や帆立貝形古墳であることに着目する必要がある場合は、括弧書き等で示すことにする。

「毛野国《けの(ぬ)》」は、異境との境界領域であった。現在の群馬県と栃木県を大枠として捉え、前方後円墳の分布状況を見ると、群馬には三百九十三基（うち、前方後方墳三十四基）、栃木には二百三十八基（うち、前方後方墳二十一基）が存在する。それぞれの基数は九州を上回り、特に前方後方墳がそれぞれ一割弱を占めるという、独自な墓制の主張はやはり目を引く。また、その規模についても、前橋八幡山古墳（墳長一三〇メートル、前橋市）や藤本観音山古墳（墳長一一七メートル、足利市）、水戸光圀が発掘調査をした上侍塚古墳（墳長一一四メートル、大田原市）などと大型前方後方墳が築かれている。

東国の隣県と比較すれば、茨城県は四百六十八基（うち、前方後方墳十九基、その墳長は七〇メートルを超えない）、埼玉県は百十三基（うち、前方後方墳十二基・墳長六〇メートル以下）、千葉県は六百九十三基（うち、前方後方墳二十九

会津・亀ヶ森古墳（右手の林が前方部）

会津・鎮守森古墳

会津・大塚山古墳

写真では亀ケ森古墳の全容は表現できない。むしろその背景の雪を冠した喜多方の山々の方に目を奪われる。その北方に広がる異界の地を実感せずにいられない。隣接して築造されているのが前方後方墳の鎮守森古墳。大塚山古墳の周りは大規模な墓地になり、その威容を捉えることは難しい。

基・墳長六〇メートル以下）などである。千葉県が全国で最も前方後円墳の数が多いことで知られ、その分前方後方墳の基数も多くを数えるが、比率的には顕著な存在ではない。また、規模の上でも同様である。

こうした分布状況から見えてくることは、毛野が畿内王権とは異なる価値体系を持ち、以北の異界の領域と向き合っていたということが見えてくる。さらに、毛野の北の状況は一層特異で、福島県七十七基（うち、前方後方墳二十三基・墳長八〇メートル以下）、その代表は亀ケ森古墳（前方後円墳、墳長一二七メートル）、その隣接には鎮守森古墳（前方後方墳、墳長五五メートル）、会津大塚山古墳（前方後円墳、墳長一一四メートル）という世界があり、以北の異界には、「毛人」＝「蝦夷」の世界が広大に広がっているのである。

その異界の前方後円墳を見ておけば、最北の岩手県一基（前方後方墳なし）、新潟県十一基（うち、前方後方墳六基・墳長四〇メートル以下）、山形県三十一基（うち、前方後方墳八基・墳長八〇メートル以下）、宮城県四十基（うち、前方後方墳十三基・墳長七〇メートル以下）となり、最大規模の前方後方墳は一八〇メートルの西山古墳（奈良県天理市）、他一〇〇メートル以上の四基が大和に集中し、ほかは関東を中心に六基が認められ、前方後方墳の占める割合、規模には明確な傾向を見い出すことができるであろう。

「えみし」とは何か

ちなみに、「毛野国」の地名にも関係してくる「毛人」についても、整理しておく必要がある。「毛人」は「えみし」と訓が付けられる。しかし、「毛野《け》」につながるように、基層・古層は「ケ・ヒト」であろう。「えみし」の訓は、「上書き」に他ならない。そして、「ケ」は「異《け》」で、異境との境界領域を治める勢力に対して名付けられた「異人《けひと》」であり、発想は「隼人」と同じ「人制」（あくまで後付けとしての定義）の初源とみたい。四世紀代の前方後方墳の築造される時期に成立し、文献的に記されることが認められるのが五世紀後半代のことになる。

初期的には「ケヒト」であったが、「異」の代わりに「毛」の文字が当てられたのは、『山海経《せんがいきょう》』（紀元前四世紀から三世紀にかけて成立した最古の地誌）に登場する「毛民《もうみん》」（東方の国に住む民族）からの「上書き」である。『宋書《そうじょ》』「倭国伝」に記される倭王武（五世紀後半）の上表文では、「東は毛人を征すること五十五国、西は衆夷を服すること六十六国、渡りて海北を平ぐること九十五国。」とし、「毛人」は「毛民」を基にした表現であり、もっぱら「毛人」の表記は、『宋書』や先に引用した『旧唐書』など漢籍での表記で、そこからの「上書き」である。ただ、「毛野＝異野」に残存するように、畿内王権側からの呼称・表記で、「征する国々」とは毛野国を押さえた四道将軍以来の履歴を述べていて、毛野国の以北は、点的な拠点掌握または城柵の設置のみで、面的な掌握は意味していない。そして、「ケヒト」は畿内王権側から見た他称である。

それに対して、「えみし」との訓《よみ》は、毛野国以北の人々の自称である。アイヌ語の「男」また「人」を意味する雅言《がげん》（古式のことば）の「エンチュ＝enju」からきているという、アイヌ語・アイヌ文学研究の言語学者である金田一京助の指摘は正しいように思う。アイヌ語で「アイヌ」が「人間」の意味であるように、その基層・古層にある自称である。ただし、岩手日報社の在野の大友幸男によれば、金田一の指摘は樺太アイヌの古老からの採録で、「チュ」は琉球言葉の「海人＝ウミンチュ」などとも共通するのでは、との指摘は的を射ている。倭言葉の基層・古層に「人＝チュ」があり、後に再び取り上げるが、いわゆる「人制」の定義の基層・古層には自然発生的な「〜人」との表現が、列島弧固有にあったことを窺《うかが》わせるのである。「えみし」の漢字表記は、『記・紀』では初出の景行天皇の件《くだり》から「蝦夷」と記され、「毛人」との表記は見られない。「蝦夷」との表記は、律令期の夷狄《いてき》思想による「上書き」である。

「隼人」と時系列を異にする「上書き」の過程は、そのまま両地域の地理的・人間集団の違いである。つまり、南九州＝古代日向はそれ自体が異界（地域を狭義に設定すれば古の熊襲国・熊本県南部から鹿児島県北部、国と同様に点的であり面的に括る必要はない）であり、その上に「上書き」がなされていったが、毛野は境界領域であったが、そのさらに北方に広がる東北地域へと「毛人」を封じ込める（そのことで「蝦夷」の「上書き」から外された）の役割を担うことで、初期畿内王権の内に認識されることになった。国名「毛野国」、令制国名「上野国《こうずけ》」「下野国《しもつけ》」に「ケ＝異」の基層・古層を留めながら。

花弁状間仕切り住居（新富町八幡上遺跡２号住居）
吉野ケ里遺跡の近くでも、定義に当てはまる住居が検出されている。四国・愛媛県でも、集落の中に１棟だけ。南九州との決定的な違いは、集落のすべてが花弁状間仕切り住居で構成されるか、集落の中の１棟にのみ見られるかである。住居構造のアイデアとしては、住居内を間仕切る発想はあった。土壁ではなく、アンペラ（筵《むしろ》）等で間仕切ることも想定したい。（写真提供：宮崎県立西都原考古博物館）

前史を成す墓制

それは、地域性の形成における画期でもあった。独自の地域性を育み、やがて弥生時代の中期後半を転換期として、南九州に特有な花弁状間仕切り住居が出現する。それと同時に、顕著な形では瀬戸内系の凹線文土器が搬入され、瀬戸内海を通じて近畿地域との交流が盛んになる時期であった。交流の活発化と固有性の顕在化、あるいは斉一化と個性化という異なる方向を示す地域性のあり方は、後の古墳時代においてもより鮮明な形で現れることになる。

花弁状間仕切り住居は、一部内陸部の都城盆地等においては存続するが、古墳時代の訪れとともに平野部を中心に、方形の竪穴住居へと斉一化する。また土器様式においては、庄内《しょうない》式から布留《ふる》式へと、高坏や小型器種など特定の器種に斉一的な方向がみられ、布留式甕《かめ》そのものの搬入例も増えているが、甕・壺の日常器種については、いわゆる成川式土器が象徴するように、むしろ在地性が顕著になっていく。

一方、墓制の面では、平野部においては周溝墓から古墳へと、その変遷をたどることができる。一ツ瀬川流域の川床《かわどこ》遺跡は、土器様式において庄内式から布留式への変遷を伴いながら、大規模な土壙墓群・周溝墓群として形成され、その後の新田原《にゅうたばる》古墳群、西都原古墳群の前史をなす存在である。こうした南九州の墓制の展開は、全国的な様相も斉一的ではないが、周溝墓の出現は遅れている。

弥生時代前期には、縄文時代からの伝統的な土壙墓の周りに、溝を巡らす方形周溝墓が誕生する。方形周溝墓も盛土を持つことが認められ方形低墳丘墓とも呼ばれる。しかし、これらは伊勢湾から東日本にかけて普及するが、北部九州では前期の例はあるが、広く普及することはなかった。円形の周溝墓も地域的展開を示す。弥生時代の墓制は、多様かつ地域性が顕著で、その点が古墳時代の古墳と大きく異なる点であり、そこに弥生時代と古墳時代を画する理由がある。

さらに、弥生時代後期に明瞭な墳丘を持つものが顕著になり文字どおり「墳丘墓」と呼ぶにふさわしく、この大型のものを「墳丘墓」の定義に限定する見解も出てくる。これには「円形台状墓」が加わる。溝は、生と死の結界であり、死生観は人の死という自然を超えて、首長の権威・権力の継承という新たな政治性と社会性を帯びたものとなり、墓はその現場となる。地山に埋葬施設を掘り込む周溝墓は、墳丘中に埋葬施設を設ける円墳・方墳へとつながっていく。形状的には円形・方形と共通するが、この地山下から墳丘中へと、埋葬施設が移行する点は、「黄泉の国」の定義を考えるうえで、「上巻」の章で問題にしたところである。

墓制の展開がみせるのは、弥生時代終末までの個性化の顕在と、古墳時代初頭における斉一化の動き、単に時系列関係において生起するのではなく、重層的関係として古墳時代を通じて形成され、その象徴が前方後円墳の存在であり、一方の在地墓制である地下式横穴墓、板石積石室墓（従来は「地下式」を冠し呼称してきたが、墓の在り方から省略する）が展開するのである。

そして、性急に、終焉を見通せば、古墳時代が準備した「中央」の成立は、南九州の地を列島弧の遠隔周縁の地として辺境化する。その結論の一つを先に述べれば、律令国家という中央集権的統一国家形成を歴史の帰結として前提とするが、果たして統一国家への道は必然だったか、けっしてそうとは言えない。現に列島弧の北部には国家形成に自己集団の将来を見ることのない人々が居て、彼らは俘囚《ふしゅう》の民（朝廷支配下に同化させられた人々）と位置づけられたし、南九州にも小地域単位での自立性の基、相互のネットワークによって地域社会を維持継承する歴史を刻む人々が居た。彼らは改めて再発見され「隼人」と呼ばれた。国家の形成が、人類の歴史にとって、唯一の社会の在り方ではない。この場合は、「この社会（地域）のかたち」である。

前方後円墳の成立

前方後円墳の発生は、こうした「周溝墓」に求められる。周溝が一巡するのではなく、一部が陸（土）橋として掘り残される。周溝は、生と死を分ける結界であり、陸橋は機能的には死者を葬るための通路であり、死者から次世代への継承の場ともなる。首長の死に際しては首長権の継承の場となり、儀礼の場としても認識されることになる。岡山大学にあり弥生・古墳時代研究を牽引した近藤義郎は、「首長霊継承儀礼の場」として前方後円墳をとらえる。

　埋葬施設を持つ円丘部の陸橋部分が、次第に方形状に一定の形状を備え、整備されていった形が前方後円墳となると、形状変化の上では理解される。ただし、「円形」と「方形」という形状に対して、「天は丸く、地は四角い」とする中国大陸の精神世界の意味付けも付与されていることは間違いない。複層する意味付けは否定できない。従って、初期的には小規模な方壇部が円丘部に取り付く形となる。また、埋葬施設を持つ墳丘が方形を成す場合は、「前方後方墳」となるが、具体的地域を概観する中で先に詳細に整理したが、この形式を採用する地域は山陰や東海・関東など、特色ある分布を示す。ちなみに、宮崎県・鹿児島県下（日向国）では、前方後方墳の存在は知られていない。

東平下方形周溝墓
隣接して円形周溝墓も検出され、川南においては十文字地区などでも、畑耕作の時期になると周溝墓の存在が、黒い輪となり姿を現す。ただし、その実態の詳細の把握はまだ十分とは言えない。（写真提供：宮崎県埋蔵文化財センター）

　周溝墓は、東平下《ひがしひらした》方形周溝墓（川南町）でよく知ることが出来るが、新田原古墳群の中の祇園原《ぎおんばる》古墳群の北側に隣接する川床遺跡（新富町）において、百九十五基の土壙墓と共に、十九基の周溝墓が確認されている。また、西都原古墳群周辺においても同様に、西都原台地の西側に位置する台地上の松本原遺跡でも、周溝墓の存在が確認されている。さらに、西都原古墳群では、第一支群の「円墳」（旧無号B墳・二八四号墳）からは、弥生時代後期から終末期の土器に特徴的な櫛描波状文の壺形土器や高杯、器台などが出土しており、「円墳」として現在認識されているものの中にも、古墳時代の円墳ではなく、弥生時代終末期に位置づけられる墳丘墓と理解すべきものも含まれている。

加えて、生活空間の面を含め弥生時代からの継続性を見れば、松本原遺跡（西都市）は集落を溝（濠）で囲う環濠集落で、本庄古墳群（国富町）の東側の塚原遺跡も環濠集落として認められており、前方後円墳を含む密集した古墳群が形成される前史には、拠点的集落としての環濠集落と周溝墓・墳丘墓の存在があり、古墳時代へと継承される。

また、古墳は単に土饅頭状に土を積み上げるのではなく、円墳であれば円錐台状に土を盛り、鏡餅のように円錐台状の盛土を、段状に積み重ねて築かれる。方墳の場合も同様であり、前方後円墳の場合は、そうした円墳と方墳を接続して築くという、複雑かつ精緻な設計で造られる。段状に築くことを段築と呼び、その段数によって二段築成などと呼ぶ。

最初の定型的な前方後円墳は、箸墓古墳（奈良県桜井市）とされている。墳長二七八メートルを計る最初の巨大古墳である。築成での呼び方では、表面観察や測量図による推定で、後円部四段築成で前方部前面四段築成（側面は無段）の前方後円墳と考えられている。ただし、レーザー測量の成果から、墳頂部端部にさらに小円丘が構築されているのではないかなど、新たな指摘もなされている。そうしたことも含め、その後継続する大王（天皇）陵の三段築成を基本とする前方後円墳の築成方法からすれば、極めて特異かつ複雑な築成方法から出発したと言える。

古墳時代の中の前方後円墳

前方後円墳の誕生の前史には、纏向遺跡（奈良県桜井市）での墳丘墓の検討から桜井市纏向学研究センターの寺沢薫によって提唱され、纏向型前方後円墳と呼ばれている墳墓の存在がある。北部九州では那珂《なか》八幡《はちまん》古墳（福岡県福岡市）など、関東地方では神門《ごうど》四号墳（千葉県市原市）などが指摘され、全国的に認められる。それは、弥生時代から古墳時代へ、地域ごとの濃淡はあれ、連続性を認めることである。

　この墳形の墳墓は、宮崎県においても檍《あおき》一号墳（宮崎市）や下屋敷《しもやしき》古墳（新富町）など、前方部の形状が小規模なものなどを考えることができるし、西都原古墳群の八一号墳や五六号墳などもそうした形状と見られる。

檍１号墳

大淀川の四筋に分かれた旧河川の現在の新別府川が、４本の砂丘列に突き当たり、一旦南下して西進して日向灘に注ぐ、その突端部に位置している。

　しかし、定型化された前方後円墳として箸墓（奈良県桜井市）を認定するのは、前方後円墳としての成立を奈良盆地に求めることである。それは、奈良盆地を拠点とした畿内王権の誕生を意味し、その成長とともに、列島弧に広く展開する政治的関係を前方後円墳が象徴することになる。「前方後円墳の時代」とは、基本的な墳墓の形である平面形が円形や方形ではなく、円形と方形の墳丘を合体した前方後円形が、世界的にも特異な形状を持ち、日本列島独自に創造された墳墓形式であり、古墳文化・時代を最も特徴づける存在であることを意味する。

　全国に所在する古墳の数は、約十六万基から二十万基を超えるとも見積もられている。前方後円墳、前方後方墳、円墳、方墳などの墳形が選択された。円形の丘と方形の丘を組み合わせた鍵穴形の前方後円墳は、近年朝鮮半島南西部において十五基確認されているが、日本列島において独自に生み出された墳墓の形である。

最も多く築かれた円墳ではなく、前方後円墳に特に注目するのは、前方後円墳が首長、その配偶者や子供に対して築かれた墳墓であるとする、仮説に基づく。すなわち古墳時代社会の頂点に立つ人物の墳墓が前方後円墳であり、前方後円墳の墳丘規模は、その被葬者の生前の権威・権力の大きさに比例するとみなせる。それは、単に被葬者の権威・権力だけを表すものではなく、古墳を築造する主体集団の勢力の大きさ、規模の大小の変遷は地域勢力の盛衰を表すものとも理解することができる。そうした仮説で古墳時代社会を理解し、そこに大きな齟齬が生じなければ、それは歴史の実態を表すものとして「定説」となり得る「学説」として評価することができる。

前方後円墳の規模から垣間見えること

前方後円墳の墳長について、少し断り書きを付けると、多くの場合は墳丘測量図を基に、見かけ上の墳端部を押さえて、計測した数字である。見かけ上とは、経年変化の中で墳丘が土に覆われ、堆積した土によって本来の墳端部は不明瞭である。現在、「墳長〜メートル」としている数値は、そうした見かけ上の数字か、発掘調査により築造段階の墳端部が確かめられた数字とが、混在している。どちらにしても、メートル以下まで報告されているものも、四捨五入してメートル単位で記述する。なお、前方後円墳の墳形がすでに失われ、その墳長は推定として示す場合は、「約」を付ける。

前方後円墳（前方後方墳、帆立貝形古墳を含む）は、五千二百二十九基を超える。その中で、規模の面で一〇〇メートルを超えるのは一割にも満たない三百六十基、一二〇メートル以上は百六十基、一三〇メートル以上は百十六基、一四〇《メートル》以上は九十四基、一五〇《メートル》以上は七十二基と少なくなり、一七〇《メートル》以上で五十六基と全体のわずか一《パーセント》ほどになり、二〇〇《メートル》を超えると三十六基（畿内に三十二基）となる。このことから、女狭穂塚（帆立貝形古墳の男狭穂塚も同規模）の四十八位の規模は、図抜けた規模と理解されるのである。

一〇〇《メートル》以上で全国を見渡すと、いわゆる五畿内（大和《やまと》、河内《かわち》、和泉《いずみ》、山城《やましろ》、摂津《せっつ》）に四六《パーセント》程度の百四十基が集中するが、それ以外十基を超える地域は、わずかに関東の上野《こうずけ》国（群馬県）、下総《しもうさ》国（千葉県北部、茨城県の一部）、そして中国の吉備《きび》国（岡山県、広島県東部）、九州は日向国（ここでは宮崎県に鹿児島県大隅半島を加えておく）だけである。

吉備・造山古墳

造山《ぞうさん》・作山《さくさん》古墳、ともに「つくりやま」と呼ばれ、列島弧第４位・10位規模の巨大前方後円墳は吉備王権の力を象徴するが、仁徳期の外戚としての立場は、日向と交差しながら、大きく分岐していく。

こうした規模の実態から見えてくるのは、大阪大学の理論派・都出比呂志が「前方後円墳体制」と呼ぶように、前方後円墳を頂点として、その墳形や規模による階層性を見い出すところにある。しかし、階層性ありきではない。また、微に入り細を穿つ規制や約束事があったとは思えない。そうした階層性が先行して存在し、その規制や許可のもとに前方後円墳の規模の大小が決定されたとは考えない。少なくとも三世紀後半から四世紀代においては、地域勢力の政治力・経済的力の諸関係が前方後円墳の規模に反映され、「見える化」されることによって、地域相互の勢力図が顕在化し、そして畿内王権との関係も構築されていく中で序列化が明確になり、五・六世紀を通して、その結果として階層性が確定していったとみる。

そのことを踏まえて、五畿内に巨大古墳が集中し、主導的位置を畿内王権が持ったことは、この数字からもうかがうことができるが、こうした巨大古墳の存在が、南九州に集中して築造され、また最大規模の男狭穂塚・女狭穂塚が西都原古墳群に築造された意味は、古墳時代の全体像の中で南九州の重要な位置付けや果たした役割が明確に示されていることを読み取ることになるのである。

九州の前方後円墳の分布

佐賀関・臼塚古墳

佐賀関半島の南の付け根部に位置する。臼杵市の地名の由来として、臼塚古墳の石人がある。阿蘇溶結凝灰岩を用い、円柱の上に短甲を模した石人、確かに一見臼にも見える。それが古墳の名となり地名となった。だが、「臼」と「杵」の理解は、鉱物等を擂《す》り潰す乳鉢（臼）と乳棒（杵）ではないか※、との指摘は祖母・傾山系の鉱山等の役割を考えた時、重みをもってくる。

九州島における前方後円墳は、大分県佐賀関《さがのせき》半島から熊本県阿蘇外輪山、そして熊本県宇土《うと》半島を結ぶ北部には、ほぼ万遍なく前方後円墳が分布する。まさに、佐賀関は「さかい（境）＋そく（塞）」、「境を塞ぐ」地域であり、宇土は「鵜戸神宮」（日南市）にも通じる「うど」、境を成す深く窪んだ谷に由来するもので、それらを結ぶラインが北部九州と南九州の境となり、分かつのである。臼杵—八代構造線は、文化の境界でもある。

その南九州には、西部の薩摩半島にかけては幾つか検証を必要とする古墳は存在するが、明確な前方後円墳は存在しない。一方、東部の宮崎県から大隅半島にかけては、一部は内陸都城盆地へ展開するが、日向灘の海岸線に沿う平野部に限定されて前方後円墳は展開するに過ぎないのである。しかも、その限定された中に、濃厚に前方後円墳が存在するのである。

東部とは、宮崎県の日向灘に面した平野部、北から五ヶ瀬川流域の南方《みなみかた》古墳群（延岡市）、日向市・富高古墳群、小丸川流域の持田古墳群（高鍋町）、川南古墳群（川南町）、一ツ瀬川流域の西都原《さいとばる》古墳群・茶臼原古墳群（西都市）、新田原《にゅうたばる》古墳群（新富町）、宮崎平野の中心を流れる大淀川流域の生目《いきめ》古墳群（宮崎市）、中流域の本庄古墳群（国富町）、南下して日南市・狐塚古墳・細田古墳群、串間市・福島古墳群、鹿児島県の志布志湾岸に面した大隅半島肝属平野の唐仁《とうじん》古墳群（東串良町）、神領《じんりょう》古墳群（大崎町）、塚崎古墳群、岡崎古墳群など、そして内陸部は、牧ノ原古墳群（都城市高城町・前方後円墳三基）、志和池古墳群（都城市・前方後円墳一基）、塚原古墳群（都城市高崎町・前方後円墳一基）の合計五基の前方後円墳の存在が知られるのは、唯一都城盆地の北辺の範囲だけで、決して広くはない地域に限定される。

宮崎県内に限り、国・県指定の古墳の数量について記しておくと、いわゆる高塚古墳だけではなく、開口あるいは陥没によって知られた横穴墓・地下式横穴墓を含めて指定総数は二千六十六基に及ぶ。特別史跡を含む国指定史跡の総数は九百二十一基（前方後円墳百二十基、円墳七百二十七基、方墳五基、横穴墓六十八基、地下式横穴墓一基）、加えて県指定史跡の総数は千百四十五基（前方後円墳五十七基、円墳六百四基、方墳一基、横穴墓四百二十五基、地下式横穴墓四十一基、その他箱式石棺など十七基）である。合計二千六十六基、前方後円墳百七十七基、円墳千三百三十一基、方墳六基、横穴墓四百九十三基、地下式横穴墓四十二基、その他十七基となる。未指定古墳や削平古墳の存在が指摘され、知られている。正確な数字は更新されていくであろうが、統計学的には、全体像の変更を大きく迫るものではないと考えてよい。次にも触れるが、いわゆる盛土を持つ古墳＝高塚古墳は、千五百十四基で、そのうち前方後円墳数百七十七基に注目したい。

［上］端陵　［下］端陵・石材

新田神社（薩摩国一之宮）の北西の中陵《なかのりょう》を挟み、さらに北西の丘陵頂部に立地する。中陵・端陵のいずれも可愛山陵に比定する説もある。埋葬施設の石材と見られる板石が残されているが、墳形（とすれば）は地山成形となり、前方後円墳としての企画性を認めることには確証は持てない。

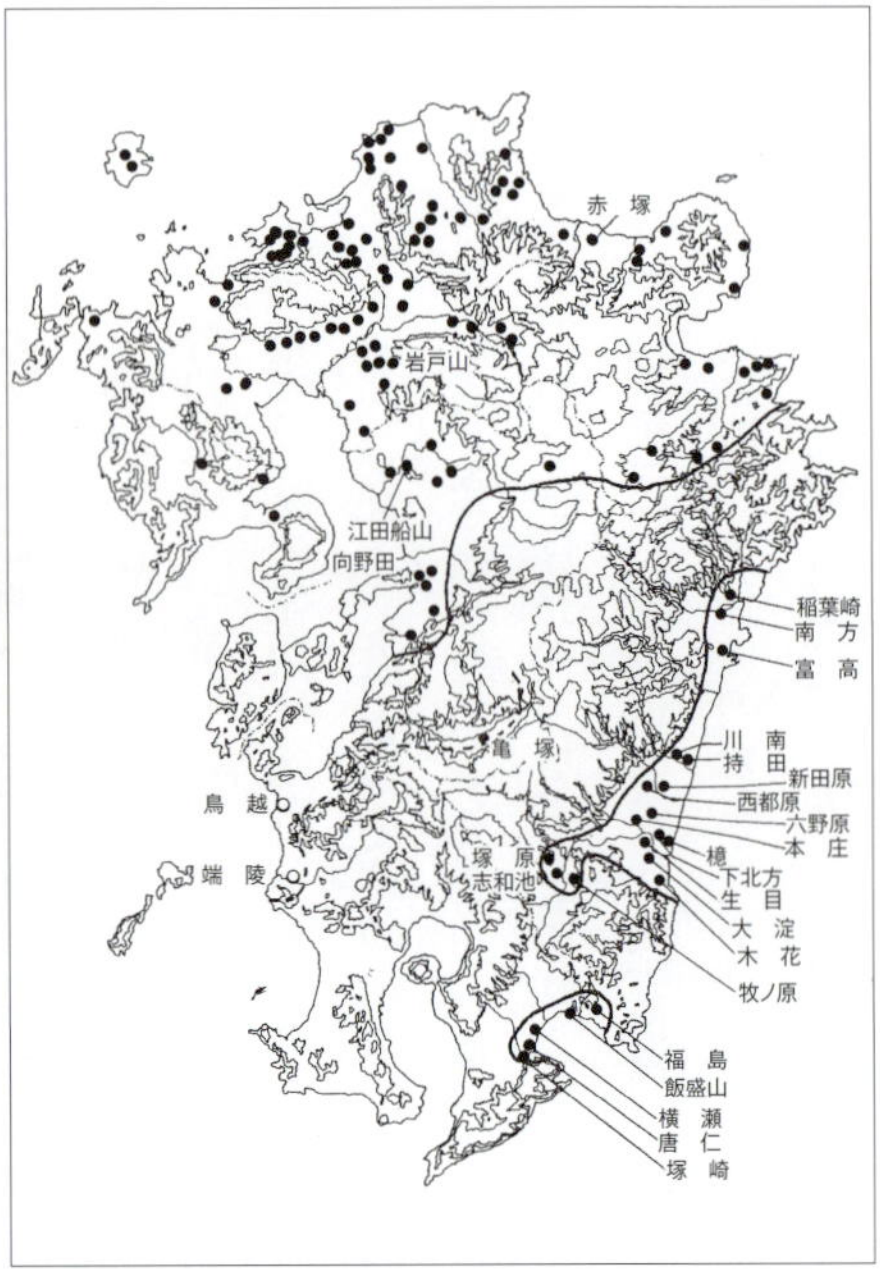

九州の主な前方後円墳の分布

高城・牧ノ原古墳群

都城盆地の北東部、盆地の入り口に位置する。この地が、要衝の地であるのは、中世の月山日和《がっさんひわ》城の存在にも現れる。現存する３基の前方後円墳から少なくとも３代にわたり、盆地一円を統括した首長であるが、平野部の諸県君家との（地域氏族間での）婚姻関係を想定すれば、髪長媛の母系の出自を考えてもよい。また、広義には「曾於」の一角として位置付けることも重要である。

人吉・亀塚１号墳

それぞれの古墳は、分断され周りは畑地と宅地で囲まれ、古墳の全景と古墳群の全体像を捉えることは難しい。「球磨」の王墓として理解したい。

西部は、熊本県南部から薩摩半島にかけてであるが、明らかな前方後円墳は熊本県人吉《ひとよし》盆地の亀塚《かめづか》古墳群（錦町）の三基（墳長四〇～五〇メートル）で、西側海岸に近い地域において、鳥越一号墳（阿久根市）や端陵古墳（薩摩川内市）などは高塚古墳であることは確かだが、前方後円墳としては可能性が指摘されるものの確定的ではない。

ただし、熊本県南部の人吉盆地の古墳群などは、その北部九州から南九州を南北につなぎ、また宮崎県内内陸部から西側への経路の中で重要な地理的位置から、押せておきたい。五世紀中葉以降と考えられる亀塚古墳群のほか、才園古墳群（あさぎり町）、横穴式石室を持つ円墳・鬼ノ釜古墳などは、高塚古墳の存在として重要な位置を持つ。

そればかりでなく、ここで付け加えておけば、約百五十基に及ぶと推定される板石積石室墓群の荒毛遺跡（下原田町）、唯一盆地内で確認されている六世紀代の二基の地下式横穴墓の天道ヶ尾遺跡（七地町）、外壁に浮彫の装飾を持つ大村横穴墓群・京ヶ峰横穴墓群などと多様な要素において、盆地の歴史的位置を示している。ここが、狗奴国の男王が都する所であり、熊襲国の「球磨＝クマ」の拠点的地域である。

富田茶臼山古墳
５世紀前半の四国最大規模の前方後円墳。陪塚として３基の方墳があったとされる。副葬品等はわからないが、埴輪には円筒埴輪のほか、家形埴輪や蓋《きぬがさ》形（貴人用の傘）埴輪などが出土している。

四国の前方後円墳の分布

四国の古墳の在り方を見ると、ここにも興味ある顕著な地域性を見い出すことができる。古墳の分布は瀬戸内海地域に集中し、とりわけ前方後円墳は高知県には存在しない。宿毛市の平田曾我山古墳を前方後円墳とみる説もあるが、確かではない。基本的に、「土左国」は前方後円墳を築造しなかった地域であり、古墳群も、物部川・仁淀川流域の広義の高知平野の限定された地域に集中する。その在り方は、九州では南九州の現在の鹿児島県と同じ様相である。

四国最大の前方後円墳は、「讃岐国」の地にあり、香川県東部に位置する五世紀前半の富田茶臼山古墳（墳長一三九メートル、さぬき市）で、また初期前方後円墳の三世紀後半には野田院古墳（墳長四五メートル、善通寺市）がある。

「粟国」では、吉野川流域に古墳群が形成され、下流域には三世紀末ないしは四世紀初頭とされる宮谷古墳（墳長三八メートル、徳島市）があり、三角縁神獣鏡の出土が知られている。

「伊豫国」の西端には、古式の前方後円墳として笠置峠古墳（墳長四五メートル、西予市）の存在が知られるが、東部では高縄半島西部と東部から燧灘《ひうちなだ》に面した地域に集中する。

地形的には、中央構造線と中国山地、九州山地によって区画される地域が地質的な違いであると共に、海洋との関係も含め、固有の風土を育んだことは、押さえておく必要はある。

北部九州と南九州の前方後円墳

『前方後円墳集成』全六巻（近藤義郎編、山川出版、一九九一・一九九二・二〇〇〇年）から、各県ごとの前方後円墳（前方後方墳、帆立貝形古墳を含む）の数字を挙げる。本書における前方後円墳に関する数値データは、これによるが、一部わたしの認識と異なるところについては、私見を加えているため数字に微妙に差が生じることになる。しかし、統計学的数字としては問題とならない範囲である。

福岡県二百五十七基（うち、前方後方墳六基、帆立貝形古墳二十二基）、佐賀県六十一基（うち、前方後方墳三基、帆立貝形古墳一基）、長崎県二十四基（うち、前方後方墳一基）、熊本県六十四基（うち、帆立貝形古墳二基）、大分県四十四基（うち、帆立貝形古墳一基）、宮崎県百六十五基（うち、帆立貝形古墳六基）、鹿児島県十九基である。

こうした前方後円墳数を、歴史的領域を踏まえての国の領域の整理については後に詳述するが、現在の福岡県の東部は、令制国での「豊前国」であり、その範囲に分布する三十二基は、令制国前では「豊国」に含まれることになる。また、令制国前の「日向国」は、現在の鹿児島県十九基と熊本県南部の球磨郡三基を含めてみておきたい。こうして令制国以前の国の範囲で整理すると、「筑紫国」二百二十五基、「肥国」百四十九基、「豊国」七十六基、「日向国」百八十七基となる。

なお、前方後円墳の存在については、集計漏れや未確認の存在も推測される。例えば福岡県では、「九州編」に記載されたのは百八十六基であったが、「補遺編」で七十基ほどが追加されたことになる。同じように、宮崎県でもその後、未確認であった前方後円墳の存在が指摘され、その十基前後を加えれば二百

横瀬古墳

平野部に端正な姿を見せる。周辺には陪塚もあったとされるが、現在は１基のみが残る。円筒埴輪、盾形埴輪が出土し、埋葬主体部は竪穴式石室で、一部が墳頂部に露出している。鉄器類が出土し、伽耶系陶質土器などの須恵器類の出土も知られる。

唐仁大塚古墳

前方部は大きく削平・改変され、本来の墳端部等を確定するのは難しい。後円部では良好に残されている周溝も、前方部では埋め立てられ明瞭ではないが、周辺の土地形状から推定することはでき、柄鏡形の前方後円墳として認めることはできる。

基弱を数えることになりそうである。

いささかこだわるが、それでも実は実数を確定するには、前方後円墳であるか確実でないものも含まれるなど、これからも不確定要素は残されることになる。ゆえに、確定的実数というより、確からしいという、一定の傾向を示す分には有効な統計的数字と理解したい。

そうした数字として、ともあれ「筑紫国」と「日向国」の前方後円数が、拮抗する数字であることを、ここでは確認しておきたい。

そのうち、墳長について不確定な要素もあるが、規模から十二位（墳長一二〇メートル以上）まで拾い上げると、後の令制国では女狭穂塚・男狭穂塚・生目《いきめ》三号墳（日向・宮崎市）・唐仁《とうじん》大塚一号墳（大隅・肝属郡東串良町）、岩戸山（筑後・八女市）・横瀬《よこせ》（大隅・曽於郡大崎町）・生目一号墳、石人山《せきじんやま》（筑後・八女郡広川町）・小熊山《こぐまやま》（豊後・杵築市）、亀塚古墳（豊後・大分市）、菅原神社古墳（日向・延岡市）、持田計塚（日向・児湯郡高鍋町）となる。この中で、六世紀前半の主役の一人・筑紫君磐井の奥津城とされる岩戸山古墳でも、第五位の大きさでしかない。

巨大・大型古墳の十二位中、八基が古代日向（日向・大隅）で、筑後二基、豊後二基となる。古墳時代において強大な力を有した地域は、九州島の中では、北部九州ではなく、男狭穂塚・女狭穂塚を頂

石人山古墳（石棺）　　石人山古墳（石人）

岩戸山古墳との築造時期から、築紫君磐井の２代前（祖父）の墓と推定される。横穴式石室の中には横口式組合式家形石棺が置かれ、石棺の蓋には、直弧文・重圏文が浮彫で刻まれ、朱彩も認められる。三角板の短甲と草摺が表現された武装の石人が一体残されている。

石塚山古墳（右）と苅田町歴史資料館（左）

周辺は削平され一段低くなっており、墳丘端部の確定は、現状では難しい。舶載三角縁神獣鏡の６種類・７面が現在残されるが、11面あるいは14面も出土したとも伝えられている。三角縁神獣鏡32面を含む鏡を36面以上出土して、小林行雄の同笵鏡論の一つの起点となった椿井《つばい》大塚山古墳（京都府木津川市）と同時期、古墳時代のはじめの豊国の位置付けを象徴する古墳である。

大分・亀塚古墳

別府湾を遠望する丘陵上に立地する、「海部王《あまべのきみ》」の墓である。

点とする南九州の勢力であった。

前方後円墳の変遷（生目古墳群と西都原古墳群）

まず、南九州の地で大型古墳を生み出したのは、大淀川流域の生目古墳群であった。一号墳は墳長一三六メートル、三号墳は墳長一三七メートル（以前は一四三メートルとされていたが、墳端部は見かけ上のものであり、発掘調査により確かな墳端部が押さえられた）、二二号墳は墳長一〇一メートルと三世紀後半から四世紀代を通じて、九州島の中では他に見られない墳長一〇〇メートル超えの前方後円墳を生み出していく。ただし、四世紀初頭の三角縁神獣鏡を含む七面の舶載鏡などを出土した石塚山古墳（墳長約一二〇メートル、福岡県京都郡苅田町）の存在は、墳丘規模は周辺が削平されており微妙であるが、周防灘に面した地理的位置などを含め、「豊国」の位置付け（日向への道筋）につながるものとして忘れてはならない。

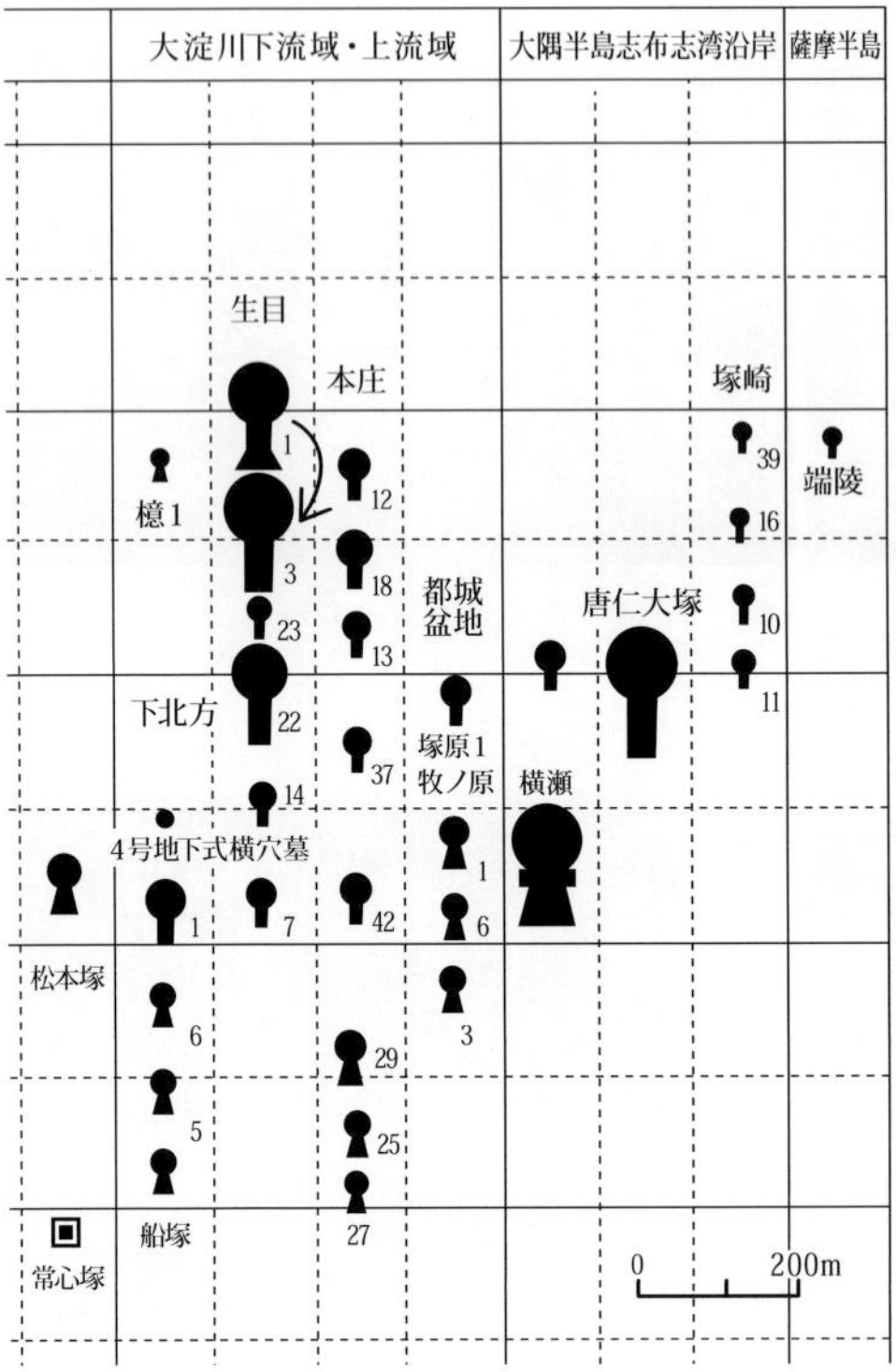

その頃、宮崎県下の古墳の三分の一が集中する一ツ瀬川流域の西都原古墳群では、三世紀後半に墳長五三メートルの八一号墳などから築造が始まり、四世紀代を通じ

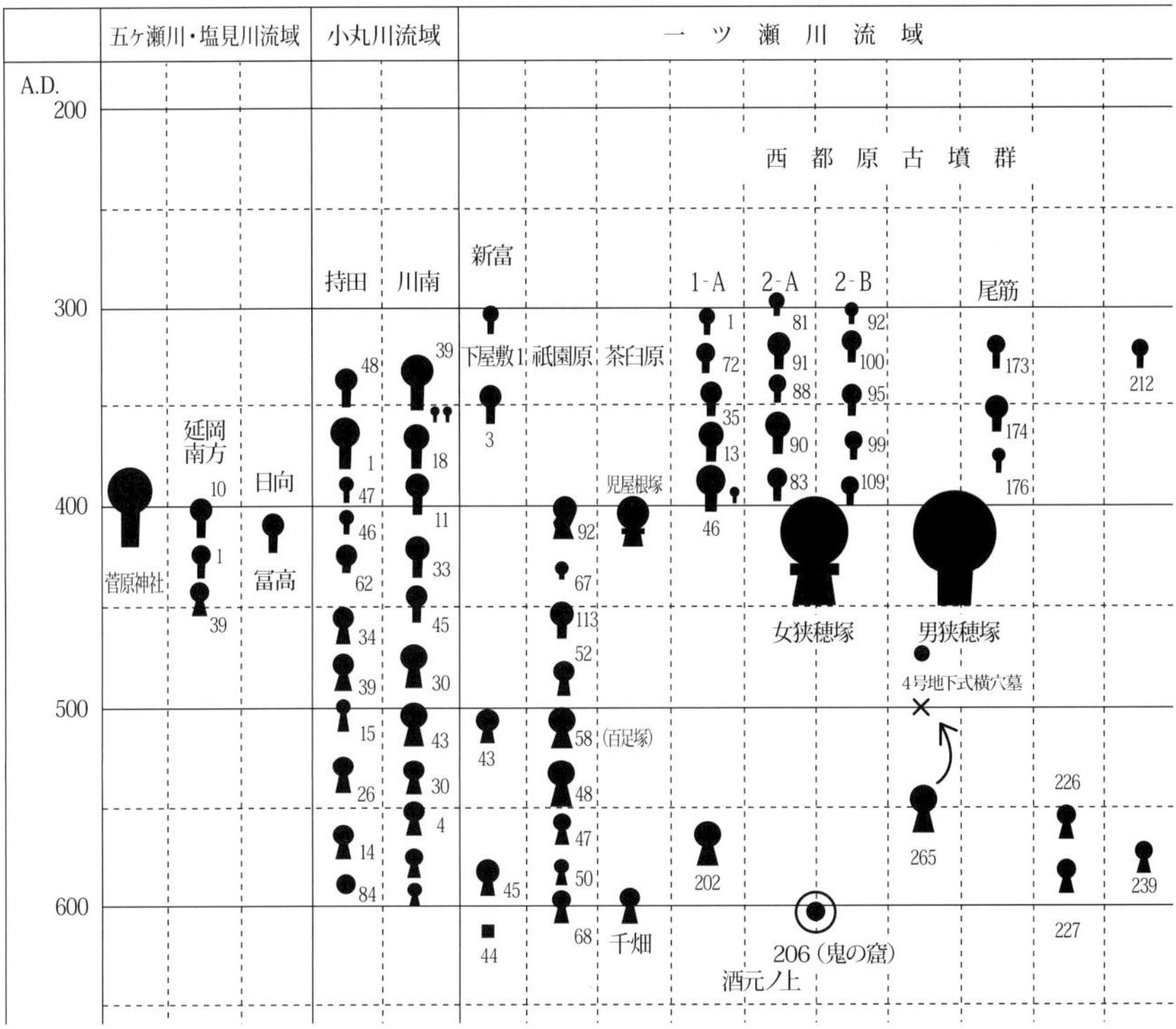

前方後円墳変遷図

あえて2005（平成17）年までに作成した変遷図をそのまま使用している。その後の発掘調査などの新たな情報によって、どのように修正・変更など詳細が詰められていくのか、その過程を留めたいと考えるからである。

１点目は図上には表れないが、男狭穂塚・女狭穂塚の築造年代観について、５世紀第２四半期（紀元425年前後）としていたが、出土埴輪の年代観から５世紀初頭と位置付けた方がよさそうである。としても、応神・仁徳期、すなわち諸県君牛諸井・髪長媛を被葬者とすることの時期幅の中にあり、変更はない。

次の２点については、検討の余地が出てきた。生目古墳群では、１号墳（４世紀前半）、３号墳（４世紀中頃）、22号墳（４世紀後半）と見ているが、１号墳は発掘調査の成果も含め、墳形に箸墓類型より新しい要素を指摘、また北側に位置する１・３号墳と、南側に位置する22号墳を２系統の首長墓系譜との見方も提案されている。しかし、１号墳と３号墳（発掘調査による新たな情報はない）の築造時期が逆転するか否か、その先後関係は確定的ではなく、また並行する２系列と見做す時期的要素も明確ではない。いずれにしても、４世紀代の３基の大型前方後円墳の考古学的検討は、未確定の要素を含んでいる。

次に、西都原古墳群の265号墳の築造時期について、発掘調査により造出《つくりだ》しの存在が確定され、５世紀代に遡らせる要素が認められた。この点については、変更が必要であるが、その歴史的理解については、本文に記したように、首長墓の系譜に断絶が生じることには変わりはない。

て墳長九六メートルの九〇号墳を最大、墳長三七メートルの五六号墳を最小として、すべて墳長一〇〇メートル以下の前方後円墳が築造されているに過ぎない。

一方では、生目古墳群では初期の二・三代は二系列の首長墓系譜を辿ることができるのに対して、西都原古墳群では主要部分（六〇メートル台の台地上）で三系列、周辺支群を含めれば五系列以上の首長墓系譜の「集合墓域」として、三百十一基の一割三十一基が前方後円墳（帆立貝形古墳の男狭穂塚も含む）という高い密度を形成する点で対照的である。

そして、五世紀に入ると、一転して生目古墳群の前方後円墳は縮小し、一系列が存続するのに対して、西都原古墳群では巨大古墳が築造される。生目古墳群を生み出した大淀川流域の宮崎平野が、その後も古代日向の中核として育ち得なかったのは、河川の管理と平野部の開拓が思うに任せなかったところに原因があった。

なお、初期大王の名前に、崇神天皇（十代）は「御間城《みまき》入彦《いりびこ》五十《い》瓊殖《にえ》」と記され、垂仁天皇（十一代）は「活目《いくめ》入彦《いりびこ》五十《い》狭茅《さち》」として、「入」の文字が採用される。「入＝イリ＝西」と後の「南」ではないが、同様に、「入・活目」が、生目古墳群と重なることは、意味があるであろう。

綏靖天皇は本当に第二代天皇なのか

「太歳」＋（干支）として表現される年代記述が『書紀』に見られる。「太歳」は本来、古代中国の天文暦学（木星に対する仮想の惑星）に由来するが、『書紀』編纂に際しては、天皇即位という極めて特別な年を表す用語として、漢籍では標準的に使用された用語ではないが、採用したとみられる。としても、幾つか首をひねるところで、太歳年が記されることがある。

その一つ、神功皇后紀の三カ所に見られることである。天皇位に就いていない神功皇后に天皇と同様の一章が割かれること自体、『書紀』の役割や性格が示されている。神功皇后に、特別な歴史的位置付けを与えていることは明らかであり、皇后から皇太后となることも天皇即位と同様に位置づけられるなど、その事績を特別な意識として、読み込むことで理解は可能である。

それ以上に、謎深い太歳年の問題は、綏靖紀に二つの太歳年が登場することである。冒頭の三〜四行、日向系の皇子・手研耳《たぎしみみ》が、異母兄弟の神渟名川耳《かむぬなかわみみ》（後の綏靖《すいぜい》天皇）らを除こうとした件《くだり》の行末に「太歳己卯」とある。さらに、その後、神渟名川耳は兄・神八井耳《かむやいみみ》と共に手研耳を逆に除こうとするが、神八井耳は胆力の無さゆえ討つことができず、神渟名川耳が手研耳を討ち、葛城の「高丘宮」を都として即位する、その年が「太歳庚辰」である。

後者が天皇即位年であることは明白であるが、前者を理解するには省かれたであろう記述を復元する必要がある、と思う。『記』で補えば、手研耳は神武天皇崩御の後、父の皇后であった媛《ひめ》蹈《たた》鞴《ら》五《い》十《す》鈴《ず》媛《ひめ》（伊《い》須《す》気《け》余《よ》理《り》比《ひ》売《め》）を自らの「嫡后」としたとある。「嫡后」とは天皇の正妻のことである。すなわちその時、手研耳は第二代天皇に即位したのである。

前者の太歳年は、そのことを表している。しかし、その即位に関する記述は、律令期の「上書き」で消去された。日向系の皇子の天皇即位に関しては、今一度五世紀後半に問題となるのだが、そのことは「下巻」の章で触れる。

「大分」は何故「おおいた」と読むのか

「大分」と書いて、何故「おおいた」と読ませるのだろうか。「分」を「いた」と読むのは、唯一の例である。このことについて、明確な答は示されていない。

その起源は、まず『記』に辿る必要がある。神武記に、神武天皇の子神八井耳が十九の氏族の祖となったとの二段割注がある。その一つに「大分君」があり、その訓は「おおきたのきみ」と読ませている。先の「おおいた」の訓の解答は、この「おおきた」から転じた訓として解決できる。従って、問題の本質は、「おお」とは何かであり、また「きた」とは何かであり、さらに「分」の文字が当てられた意味は何かである。

「碩田」として「おおきた」と景行紀の地名由来として記述されている。「碩」は、「碩学」の熟語でも知られるように、「大きく深い学問を修めた人物」として理解するように「大きい」との意があり、大きな平野＋耕作地（田）と表現したと伝えている。

しかし、この「大（おお）」は、「意冨（太・多）」とも表記される氏族※のこと、すなわち太安万侶の出身氏族である。そして、「きた」は字義としては「北」であり、「おお」「きた」とは、意冨（太・多）氏の原郷（本貫地）の「北方」の意味となる。さらに「分」は「別」と同義であり、「ワケ」姓が血統を分（別）けることと同じく、意冨（太・多）氏の本貫地から分（別）けて、あるいは分（別）かれて設定された領域と理解できる。

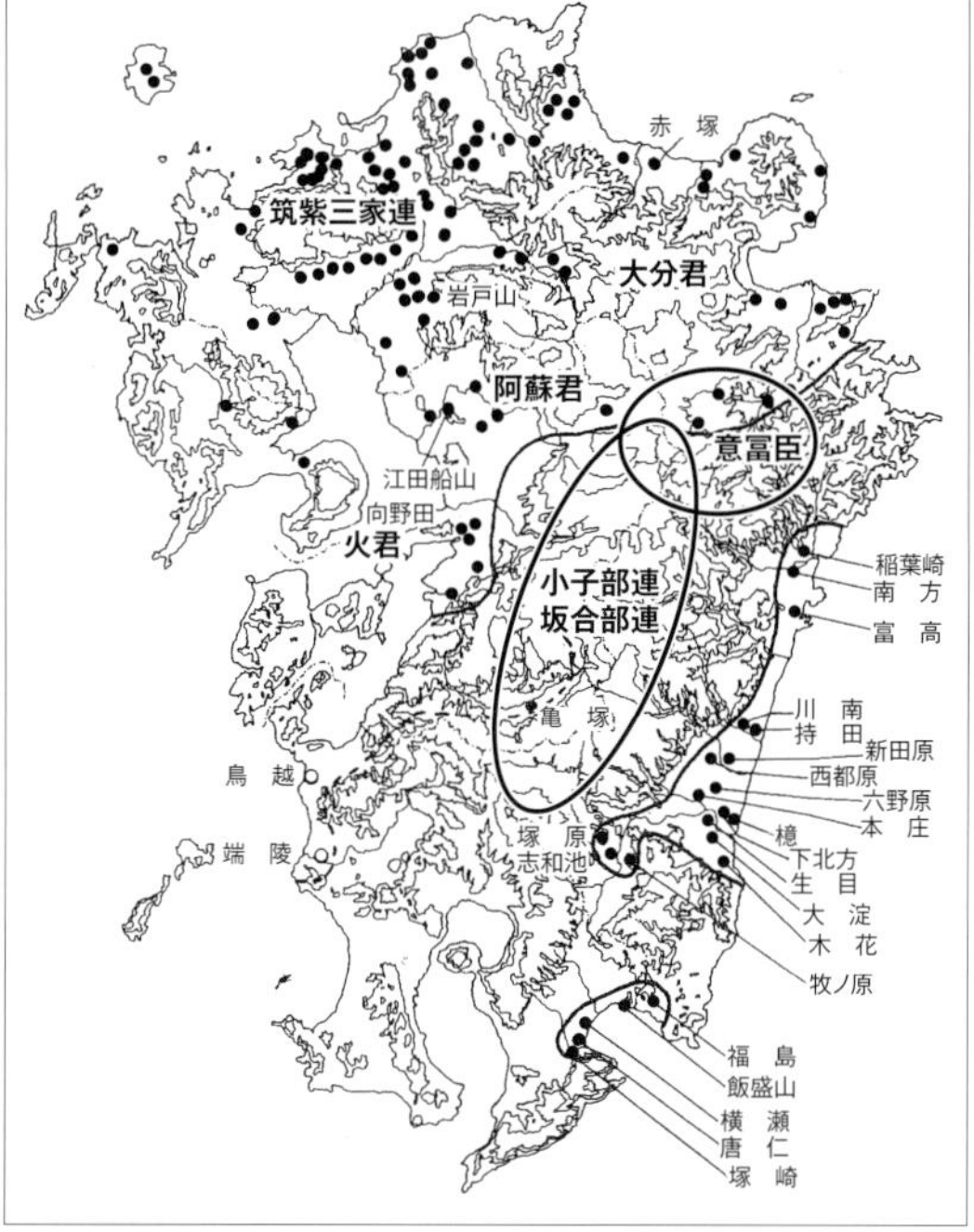

意冨・小子部・坂合部の本貫地

逆に言えば、「おおきた」の南に、意冨（太・多）氏の原郷がある。それは、現在の大分県側では大野川の上・中流域の豊後大野市・竹田市から宮崎県側は高千穂町・日之影町など祖母・傾山系を中心とする「山幸彦」の世界である。

十九の氏族を列挙する。意冨臣・小子部連・坂合部連・火君・大分君・阿蘇君・筑紫三家連・雀部臣・雀部造・小長谷造・都祁直・伊余国造・科野国造・道奥石城国造・常道仲国造・長狭国造・伊勢船木直・尾張丹羽臣・嶋田臣。幾つか地名につながりが理解できる氏族がいる。すぐに気付く地名としては、伊予・信濃・伊勢・尾張が挙げられるが、長狭も安房国（千葉県）の郡名に求められるかもしれない。少なくとも、列島弧の各所（四道将軍の範囲）に拠点を求めたことが見える。

問題は、特に筆頭氏族からの七氏族の内にある。意富が、太（多）氏を指すことは疑いがない。太氏が、皇別（天皇から分か〈別〉れた）の最古の氏族とされるのは、この記述による。小子部は、特に皇子の養育を中心に宮中の雑務を務めた品部としてあり、坂合部は、「境」とも記されるように「堺」にも通じ、大阪平野の一角に拠点を置いた氏族と考えられ、いずれも畿内王権に近いところで支える役割（近習）についた氏族と理解できる。しかし、この二氏族には、「隼人」あるいは南九州に結びつく逸話が残されている。

隼人との関係

小子部は、雷神に関係する祭祀を採り行ったとされ、その際の装束は「隼人」を想起させるものであった。また、平城宮跡・藤原宮跡出土の木簡には「小子部門」の文字が見られ、宮殿の十二カ所に設けられていたとされる門の一つの護衛に当たった。そうした護衛を担う「衛門府《えもんふ》」、後には「兵部省《ひょうぶしょう》」に属する機関は「隼人司《はやひとのつかさ》」であった。さらに、渡来系の氏族であり離散していた「秦」氏を招集する時、大隅隼人・阿多隼人を率いてことに当たった、とするのは『新撰姓氏録《しんせんしょうじろく》』（八一五〈弘仁六〉年、嵯峨《さが》天皇の命で編纂の古代氏族名鑑）の記すところである。

一方、坂合部については、海幸彦（火闌降命『書紀』）を祖とする「神別天孫」の七氏族の一つ（右京本貫）とする、また火明命（尾張連等始祖『書紀』）の系譜（左京本貫）もある（『新撰姓氏録』）。「さかい」すなわち

「境界」祭祀に携わり列島弧における南端、隼人の領域との「境」の祭祀に関わり、「下巻」の章で大きな問題として取り上げる日向系の宮家の総領である大日下皇子の子・眉輪王の死に際し、同時に死を迎える坂合黒彦皇子（允恭天皇の第二皇子、雄略天皇の兄）は「坂合」の名を持つ皇子であり、加えて帯同し、黒彦をかばい、死を迎える人物は坂合部連贄宿禰《にえのすくね》である。贄宿禰は、黒彦の養育を担う氏族で壬生部《みぶべ》（乳部）であった。こうして、大日下の子・眉輪王のそばには、常に「坂合」が居たのであり、坂合部は「近習隼人」の出自であろう。

墨書土器
左：「酒井」（芝原遺跡）、右：「秦」（上ノ薗第遺跡）

なお、「坂」＝「境」であり、黄泉の国の「黄泉比良坂」も、豊玉姫が塞ぐ「海坂《うなさか》」も、坂は塞がれる境で、「境界祭祀」は古代において重要なものであった。

補足であるが、『新撰姓氏録』では「日下部」は「神別・天孫・火闌降命」の氏族とされ、先の坂合部の例を見ても、氏族の系譜は複雑多岐に分かれる。しかし、それらは単なる異伝や作られた系譜ではなく、丁寧にその系譜を整理する研究を見れば、それぞれに理由がある。むしろ、血脈と本貫の地の広がりに、つまりは人間社会の広域の展開に、目を見張るべきだと思う。

「秦」「酒井」の墨書土器が南九州から出土している。両姓名は、豊前国に多く見られると指摘されているが、このことは、意富（太・多）氏、小子部、坂合部と皇別の氏族の筆頭に挙げられる三氏族が、祖母・傾山系周辺から展開していったことを示していよう。ただ、北部に展開するだけではない。九州山脈を南下して、それは「隼人」へとつながるのであるが、展開する一族もあった。「秦」は宮崎県都城市の上ノ園第二遺跡、「酒井」は鹿児島県南さつま市の芝原遺跡から出土している。一遺跡の例だけでの判断は、数量的な多寡を考慮する必要があるが、少なくとも統計的な一面は表されているとみて、「秦」は都城盆地から大隅半島へとつながり小子部へ、「酒井」は「坂合」であり薩摩半島の坂合部へ、すなわち大隅隼人は小子部、阿多（薩摩）隼人は坂合部の系譜をつなぐものである。本貫として場所的には、都城盆地とえびの盆地が拠点地域である。

そして、次に、ぞくぞくと北部九州に関係する地名を想起させる氏族が登場する。「火」は「肥」であり「肥国」、熊本県八代平野を中心とした領域、そして「大分」、次はそのまま「阿蘇」、熊本県阿蘇の外輪山を中心とした領域、さらに「筑紫」の「三家」は「三宅」であり「屯倉」、後の筑紫君磐井の乱の時、「糟屋の屯倉」は福岡県古賀市に想定されるが、福岡平野を中心とした領域が、具体的に想起できる氏族ということになる。つまり、神八井耳は、まず北部九州を中心にその領地を有し、その筆頭に存在したのが意冨（太・多）氏であった。その意冨（太・多）氏の存在を前提として、「おおいた」の謎を解くことができる。

「日向（ひむか）」の世界観

景行天皇以降、大王と日向の女性との婚姻関係の記述が連続してはじまる。真偽の問題は、どのように論じても抽象的な、それ自体が架空の論理になるしかない。擬制的であれ実質的であれ、どちらにしても示された婚姻関係は全体として事実であるとして、まず理解し、齟齬が生じるか否かを検証することでよい。

景行天皇の妃には、『記』では「美波迦斯毘売《みはかしびめ》」（御刀媛『書紀』）、『書紀』では、もう一人「日向髪長大田《おおた》根《ね》」が加わり、その子「日向襲津彦《ひゅうがそつひこ》皇子」がおり「阿牟《あむ》君」の祖とされる。「阿牟」は、現在の山口県であり、海上交通の権益に関係する役割を担った可能性がある。そして、御刀媛との間に生まれた豊国別《とよくにわけ》王（豊国別皇子）が日向国造の始祖となる記述は、二つの点で重要である。

一つは、「豊国」の地名が盛り込まれたその名前である。「別」は、例えば四世紀末の応神天皇の名「誉田別命」のように大王の名（諱《いみな》）にも見られる称号・姓の一つであるが、元（四世紀代）は血縁関係を「別（分）ける」ことにあった。つまりは、この場合、豊国から「別けて」日向国が誕生することを示していると読める。

遡って、『記』の国生み神話の中で、九州には四つの面があるとし、その時「熊曾国」とはあるが、「日向国」が見えないことは、この「豊国別皇子」の存在へとつながる。

「豊国」は、令制国としては「豊前国」「豊後国」に二分されたが、前者は現在の福岡県の東部の小倉北区・小倉南区・門司区から田川市・郡を含み大分県西部の中津市・宇佐市に及び、以東の現在の大分県域を後者とした時、「豊国」の範囲は相当広大なものであり、その地政学的位置付けは周防灘沿岸を中心として、瀬戸内海からの経路を一手に受け止めている。

それに対して「筑紫国」は、令制国としては「筑前国」「筑後国」に二分されるが、現在の福岡県の東部を除く地域の、前者は玄界灘を臨む北部、後者は有明海に面した南部であり、その地政学的位置も海外（半島）外交の北部と、内政的拠点としての南部として理解できる。それが「筑紫君」の力の源泉であり、東の「豊国」、西と南に展開する「肥国」との連合・調整が命綱であった。

「肥国」は、令制国としては「肥前国」と「肥後国」とされ、前者を佐賀県・長崎県、後者を熊本県とすれば、その範囲は広大であるが、分散的な印象が強い。ただし、「火国」とすれば阿蘇山を象徴とする現在の熊本県域に相当すると理解してよい。

広大な「日向国」が「薩摩国」「大隅国」、そして「日向国」に三分されたのは、地政学的には理にかなった分国であった。志布志湾岸の帰属は、内陸部の都城盆地との関係を想起しなければならないだろう。

畿内王権からの視線で、日向国は豊国の延長線上に認識され、位置づけられていた時系列的な（再）認識過程が示されている、とみてよい。先の地政学的位置から追認すれば、畿内から瀬戸内海を経由し、周防灘に直面し、豊国に上陸する経路の重要性であり、その逆は「神武東征」の経路として再認識される。宇佐神宮が畿内王権にとって、伊勢神宮と共に二大宗廟と位置づけられるのも、この地政学的位置をもって理解できる。

こうして見たとき、神話世界との齟齬が存在するように感じる。神話世界は、高天原・出雲・日向の神話から成り立つのに、その冒頭に「日向」の位置が示されていないことになる。しかし、『記』はこの一見齟齬と見える矛盾を解消している。

畿内王権の故地（皇祖発祥の地）が南九州であるか否か、事実であれ、理念としてであれ、聖地を故地とする聖性が必要であった、そのいずれであれ、天上世界の高天原に対置する形で、地上世界の聖地・日向の位置が必要であり、それが南九州であった。

熊襲の呼称は、畿内王権からの視線であるが、次に触れるが、決してそこは一枚岩ではなく、特に平野部に蟠踞する勢力は、弥生時代から瀬戸内海を通じて、神武東征の経路を底に秘め、畿内との交流を継続的に築いていた。だから、そうした認識が国としての南九州を「熊襲国」として表記し、聖地としての南九州は「日向（ひむか）」と表記することで、その強い世界観を明示したのである。

「熊襲国」から「日向国」へ

『書紀』において「日向国」の初出が、神武紀であることは意味がある。神話の「神代」から「人代」に世界を移した時から、世俗的な「国」の名として登場するのである。そして、その場所が南九州であることを明示することも必要であった。

しかし、そこはまだ「熊襲国」の地に拓かれた一角である。「再進出」と言うべきであろう。初出に次いで、景行紀において「熊襲」を討伐の後、初めて「日向国」が確定するのであり、「子湯県《こゆのあがた》」の「丹裳《にも》小野」において「是国也直向於日出方」と詠む「日向」の名の起こりを記すのは、国名起源に留まらず平定の宣言でもある。

実に景行紀は、さまざまなパズルを精緻に構成した記述として極めて秀逸である。平定と同時に、「日向」の地の御刀媛を妃とし、その間に生まれた「豊国別皇子」を「日向国造の始祖」とする。故地である「日向」への「再進出」の橋頭堡が「豊国」を通じて構築されたのであり、「熊襲国」の平定を踏まえ、「豊国」を通じて構築された橋頭堡から「別けて」「日向国」が確定された歴史的過程が、一連の時系列的記述の中に示されている。

しかし、日向国の統括は、直接的に遂行されたのではなく、在地勢力の「渠帥《きょすい》」梟帥《たける》である「諸県君」に委任された。「夷守《ひなもり》」の「石瀬河《いわせがわ》」の辺において「大御饗《おおみあえ》」を「諸県君泉媛」が献上する。確立した律令体制の濾過器《フィルター》を通して上書き記述されているが、実態は、南九州一円の代表権者たる「女王」泉媛と、大王家（景行天皇）とが同盟関係を結んだ瞬間であった。

「熊襲国」の実態、すなわち南九州の実態は、自律的な小地域の渠帥たち（八十梟帥）の同盟の上に擁立された首長が、南九州一円の代表権者となったが、それは世襲的な地位を意味しなかった。血縁関係及び親族関係を紐帯とするが、それは双系的なもので、父系・母系のいずれにも固定されることなく、擬制的関係も含めれば、むしろ時々の実質的な権威・権力の掌握者にその代表権者の地位を委ねることができた。

その実態を踏まえ、実質的唯一者に対してではなく、後に言う「諸県君」との称号（を冠するに相応しい渠帥）に対し、大王（天皇）は南九州の統治を委任したのである。四世紀前半代の女性首長「女王」泉媛から、四世紀後半から五世紀前半代には「牛諸井」へと、「諸県君」は擬制的な血縁関係も含め双系的な親族関係を結びながら、継承された。

そして、「日向国造」の地位に、豊国別皇子の孫「老男《おぎお(おきな)》」が就くが、「牛諸井」はその子とも孫とも伝えられ、いずれとも決しがたいが、少なくとも認められるのは「日向国造」＝「諸県君」とすることである。

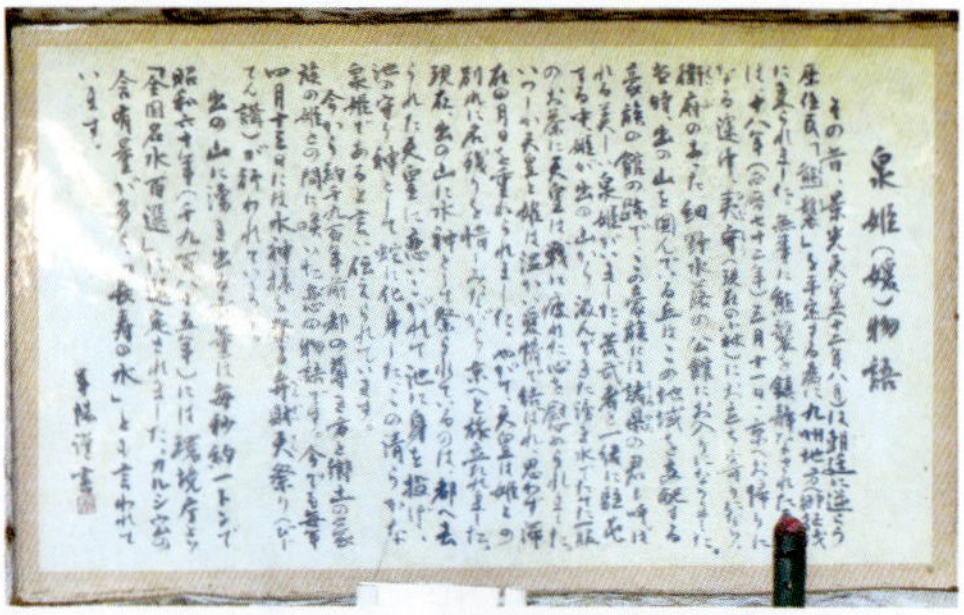

泉媛説明版
出《いで》の山公園の湧水の水汲み場は泉姫神社となり、その脇に忘れられたように説明版がある。悲恋の恋愛譚として派生伝承は伝えられているが、「諸県君」と言う古代日向の代表権者を主人公とするには、文字通り悲しい伝説である。

『記・紀』は古墳時代をどう総括したか

『記・紀』を以て畿内王権の正当化や大王（天皇）権を支持するために、と考える向きがある。事実、明治以降の近代国家における天皇制国家の唯一の根拠となったのは『記・紀』であり、その他にはなく、それを絶対的と見做してきた。従って、『記・紀』の否定から出発した戦後史学において、『記・紀』を取り上げることすら戦前天皇制への「保守化」と見做される。

しかし、わたしは『記・紀』を読めば読むほど、『記・紀』から浮かび上がるのは、むしろ畿内王権の脆弱さや、支配構造確立に向けて手古摺った姿であり、地域王権との拮抗した在り方など、決して安定的な国家形成への道筋などではない。八世紀初頭の律令国家の確立を以て「上書き」してもなお透けて見えてくる、畿内王権の地方的《ローカル》でか細い等身大の姿である。『記・紀』は天皇制を絶対化できる内容は持ち得ていないのである。

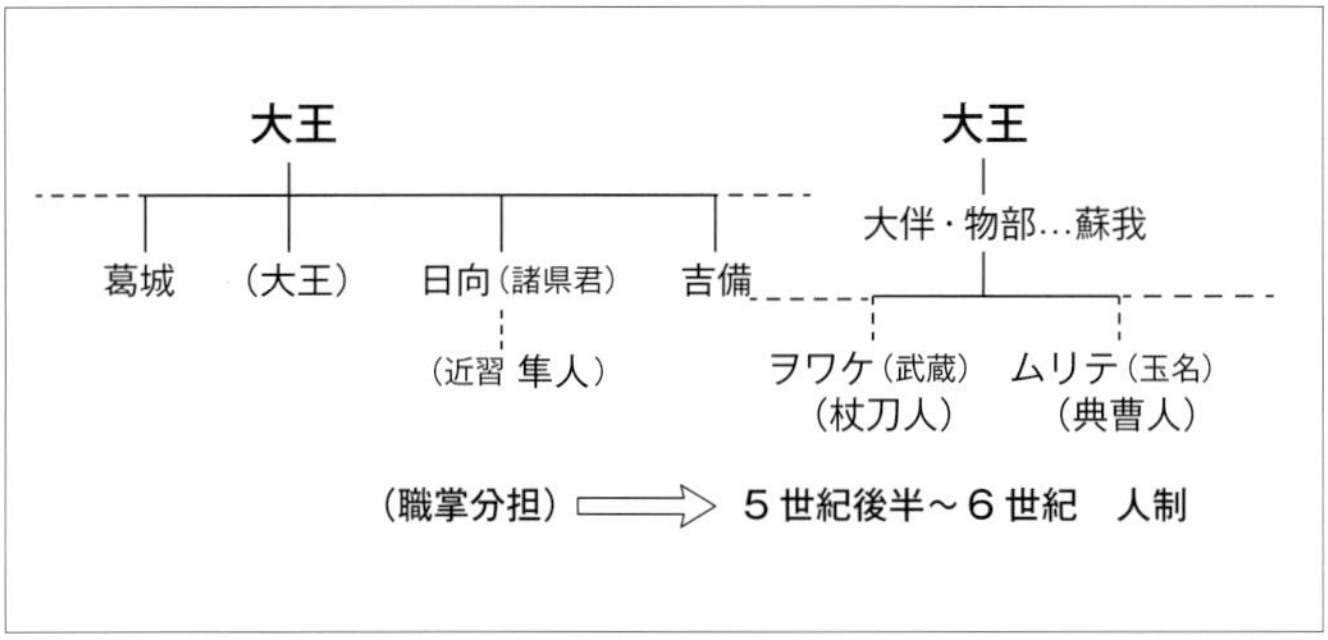

畿内政権の構成

４世紀代、畿内豪族の中での優位性を祭祀と墳墓造営を通じて確保し始めていたが、広域地域連合の中では大王家もまだ横並びの状態であった。５世紀前半代から、大王権は広域地域連合の中で、巨大前方後円墳の築造という政治的経済的な集中を通して、連合政権の相互関係の中で緊張感を高めながら、その地位を押し上げていく。５世紀後半には、制度的な位置付けを形成しつつ、大王 ― 畿内豪族 ― 地域豪族という序列で中央集権化を図るが、大王家自体は弱体化の危機を孕んでいた。その危機は、６世紀前半代において、大王家自体の体制整備によって克服され、列島弧の覇権の確立へと進むことになる。

　逆説的には、三世紀前半までの在り方を記したと考えられる『魏志倭人伝』の倭国の状態が列島弧全体の状態として、少なくとも四世紀代にも引き継がれていた。体制確立への道筋が見えてきたのは、四世紀末の応神天皇から仁徳天皇の時代であり、有力地域王権との連合体制となった。しかし、その段階においても、実質的には五世紀前半段階まで、大王位の継承権は地域王権とまだ相対的であった。

　大王権の体制整備における画期は、五世紀後半段階の雄略天皇の段階で、この時期、地域勢力との連合の上位に、大王家と、その外戚となる有力畿内豪族とに権力の集中化が図られ、と同時に地域の王権は大王権に一元化され、相対的に自立した王権から畿内王権を構成する畿内「政権」の一端を担う職掌分掌（大阪市立大学の古代史研究者・直木孝次郎などが「人制」と定義した官人制度）へと整備されることになる。

『記・紀』は、地方的な畿内王権の、地方的な神話と歴史の書である。むしろ『記・紀』を遠ざける人ほど、『記・紀』の幻想に囚われた人々である。邪馬台国が畿内王権に直結するとの考えは、その最たる思考回路である。

血族・氏族・系譜

『書紀』や『阿蘇文書』に引かれた『肥後国風土記』逸文「阿蘇の郡」に見るように、景行天皇の征西の折に阿蘇の地で四方を見渡し、人影もないため「この国に人はいるのか」と問うた時、人間になって現れた二柱の神は「阿蘇都彦・阿蘇都媛」と名乗る。つまり、この二柱の神こそ、在地の祖先神であり、古層を成すヒメ・ヒコ制の神である。こうした事例は少なくはなく、神武東征で宇沙（佐）に至る時、「宇沙都比古・宇沙都比売」（『記』）が登場するように、列島弧において普遍的な古層を成すものであった。

そこに、神武天皇の子・神八井耳命から「皇別」の十九氏族に分かれたとする始祖伝承に集約され、その一つ阿蘇君の祖となる神八井耳命の子・健磐龍命が阿蘇都彦に「上書き」された。これを「作り話」として消去することはできない。真の血族か、擬制的血族か、が問題ではなく、そうした関係に位置づけられたことに真実がある。血族関係は、それほどに確たるものではなく、父系血族・母系血族、そのどちらでもある共系の双系血族、そして姻族（婚姻関係で生じた血族関係）などは擬制的血族も包摂し得る。同族として「認知」されれば同族である。多くの氏族に分かれたとされる「物部氏」など、氏族とは「認知」された血族である。決して、「嘘」や「作り話」ではないのだ。

双系制の母系的系譜は、例えば海神の神のむすめで姉の豊玉姫から妹の玉依姫へと、あるいは日向における神武天皇と吾平都媛との関係や景行天皇と御刀媛との関係も、母系によるいわば「妻問婚《つまどいこん》」の在り方を示している、と考えられる。その中で、父系的に再編され、継承されていったのが大王（天皇）位であった。しかし、女帝の存在が示すように、母系的系譜も併存したのである。

高千穂と阿蘇

『続日本後紀』八四三（承和十）年条に「高智保皇神」とあり、式内社一之宮の都農神社の祭神と共に「皇神」との神格に位置づけられ従五位下を授けられたと記している。高千穂地域の在地の祖先神であり、そこに神武天皇伝承が「上書き」され、神武天皇の兄・三毛入野命に重ねられた。

阿蘇地域と共に、「智保」郷として一体的な交流の中で、共通の始祖神として、「阿蘇津彦」は神武天皇の孫・健磐龍命、一方「高智保皇神」は神武天皇の兄・三毛入野命として、いずれも祖先を辿れば、神武天皇につながり、さらに天孫瓊瓊杵尊へと神話世界が「見立て」られていくことになる。特に、阿蘇地域では天孫降臨神話へと遡らないのは、在地祖先神としての「阿蘇都彦」「阿蘇都媛」の存在が、確たる始祖神話として奉ぜられていたからに他ならない。一方、高千穂地域は日向国の一角として天孫降臨神話へと結びついていった。

ただし、式内社の列に加えられなかったのは、こうした阿蘇との関係も含み、「高智保皇神」を始祖と

高千穂神社

五間社《ごけんしゃ》流造《ながれづくり》の本殿には、神像や伝承を表した彫物が施され、国の重要文化財（他に伝源頼朝奉納の鋳鉄製の狛犬１対）に指定されている。二上神社や三ケ所神社（五ヶ瀬町）、さらに草部吉見神社などは、何れにも見事な彫物が施されており、柞原八幡宮（豊後国一之宮、大分市）を含み、江戸時代中期の仏師等の交流が見えてくる。

鬼八塚（首塚）

三毛入野命は、荒ぶる神・鬼八の体を３つに切って、三カ所に埋めたと伝える。町内に、首塚・胴塚・手足塚として祀られている。


する始祖神話が優先されていたためである。

鬼八が、山岳地域を飛び回るのも、山岳地域のネットワークが反映されたものである。

神社祭祀の起源と変遷について、度々いろいろな角度から論じているが、式内社の少なさの意味の一つとして、高千穂神社を考えてみたい。天孫降臨神話の場として南の霧島連山の高千穂峰を祀る神社として霧島神社は諸県郡所在として、式内社に数えられる。それに対して、高千穂神社は式内社の列には加えられないが、伝によれば式内社の上位に列せられたとされ、そのことは高千穂神社の大本の古層にある祭神、祭祀に秘密がある。現在の高千穂神社の祭神には、瓊瓊杵尊を中心として天孫降臨にちなむ祭神が居並ぶが、創祇（神祭りのはじめ）に奉ぜられたのは、神武天皇の兄・三毛入野命であった。神武天皇の孫健磐龍命を奉ずる阿蘇神社と同じように、である。阿蘇神社における直接の祖先神、まず奉ぜられるのは阿蘇津彦であり、地付きの祭神に健磐龍が祖先神として「重ね書き」される。阿蘇氏の直接的な祖先神は阿蘇津彦であり健磐龍である。高千穂神社では、そこに『記・紀』神話及び説話が付与され、父・神武天皇が奉ぜられる。さらに、遡及して天孫瓊瓊杵尊や祖母（豊玉毘売）などの神話世界の小宇宙が現実の土地の上に「見立てられ」奉ぜられる。

神話の時系列ではなく、祭祀の時系列のことである。「智保郷」として高千穂・阿蘇が共有の文化圏を古墳時代から築いていたことは、実証されている。高千穂・阿蘇が直近の神々として奉じたのは、神武天皇とその兄弟やこの世代であり、これが高千穂・阿蘇の祭祀の古層を成している。従って、高千穂神社が神武天皇の兄・三毛入野命を奉じたことも、そうした文化圏の中で生まれたことである。

基本的に、式内社は神話世界を中心にその神社祭祀を取り上げたが、神話世界ではなく「人世《ひとのよ》」の神武天皇に始まる祭祀はその選択肢に入らなかったのである。だが、一方で天皇制古代国家における祭神として神武天皇以下に奉ぜられることによって神となる。「人世」の人物たちは、死すことによって神となった。

神話は、世界のすべてを、不可視の心象の中で理解しようとする、極めて人間的な「精神的の営み」から生まれる。科学が、世界のすべてを、物理を材料に理論的に理解しようとする、極めて人間的な「論理的な営み」であるのと対照的である。この精神と論理は、時々において激しく対立し、衝突したかのように見える。具体的には、「宗教」と「政治」という形で、特に世界宗教は、極めて激しく。

祖母山信仰と阿蘇山信仰

高千穂の祭祀・信仰が複雑な様相を持つのは、東に祖母山があり、西に阿蘇山があるといった二つの山岳信仰にある。祖母山は天孫降臨を頂点とする「神世《かみのよ》」の世界、阿蘇山は神武東征から派生する「人世」の世界が「見立て」られている。

実は、祖母山と阿蘇山をめぐる世界の形成は、考古学的に復元することができるのだ。弥生時代後期に「山の土器文化」が顕著な展開を見せるようになる。大分県側の大野川上・中流域から、宮崎県側は高千穂・日之影にかけて、つまり祖母・傾山系周辺に、平野部の薄い器壁の土器に対して、明らかに分厚い器壁を持ち、胎土（土器を形作る粘土）には多くの砂を含み、砲弾のように尖底の甕形土器が突然登場する。

弥生時代が始まって歩調を同じくして展開してきた土器文化が、壺形土器は変わらず平野部と共通しているにも拘わらず、甕形土器が際立った個性を示すのである。その理由は、おそらくこうである。壺形土器が貯蔵などに用いられるのに対して、甕形土器は煮炊き等に日常使いが頻繁であり、それゆえ生活様式が反映されやすい。甕形土器は、山の生活様式に適用する形へと創造されたのである。先の尖った底は、地面に突き立て用いた。周りから火をかける。尖底から胴部の下半分にかけてはきれいで、煤が胴部の上部にこびり付いていることから、その使用法が復元できる。平底の壺形土器は据え置かれて使用されるが、尖底の甕形土器は分厚く丈夫で、山々を移動しながら炊事に用いられた。

大野川上・中流域の「山の土器」

伝統的な生業である狩猟・採集に加え、陸稲農耕や焼き畑に依拠した「山の生活様式」が、平野部を中心とした水田農耕社会が安定するに従い、水田農耕社会の原理と異なる個性を逆に際立たせることになった。古墳時代の斉一化された土器文化が及ぶまで、祖母・傾山系周辺に共有化された山の土器文化があり、そうした中で、共有した始祖神話の原型を育んだ。その始祖神話が、日向神話の一角を成し、先にも触れたように、神武天皇の子・神八井耳命を祖とする意富臣・小子部連・坂合部連といった皇別の氏族の源郷となっていったのである。

水田農耕が盛んであったとするのは実態的ではない。むしろ水田農耕は優位ではなく、そのことがかえって水田農耕への信仰を高め、神武東征の動機づけ《モチベーション》の一つ「よいところがある」といった半面として、水田農耕には向いていなかった山の生活があるのである。しかし、その生活が水田農耕社会に比して困窮したものであったとかは当たらないであろう。それは生活としては十分成り立っていたが、未来予想図を思い描いた時、将来展望から経済的発展は勿論であるが政治的な動機もより強かったとみられる。

高千穂と阿蘇をつなぐ

古墳時代になり顕著になるのは、令制国で言えば肥後国との関係である。「肥後型横穴墓」と呼ばれる特徴的な形式の横穴墓がある。阿蘇溶結凝灰岩の上部の比較的軟らかく掘削しやすいところに造墓するが、その内部構造は複雑で、ベッド状に区画し遺体を納める窪んだ屍床《ししょう》や頭部を乗せる枕部などを、左右に、あるいは奥壁寄りに加えて「コ」の字に配置して掘り込んでいる。平野部に分布する蓮ヶ池横穴墓（宮崎市）などが平坦な床面であるのに対して、顕著な特徴である。

横穴墓から言えるのは、古墳時代の五世紀代頃から明確に形成されていった結果、「智（知）保」の郷名が阿蘇から高千穂まで含むように、阿蘇との一体感が形成されたことがわかる。鬼八伝説は、阿蘇から

草部吉見神社

「日本三大下り宮」（鳥居から下った場所に社殿）の１つとされる。ほかは、鵜戸神宮と一之宮貫前《ぬきさき》神社（群馬県富岡市、物部氏の祖神）である。隣接地には、日子八井耳の陵の伝承地がある。

猪掛祭

2016（平成28）年１月の高千穂神社での猪掛祭の様子。

高千穂にかけて伝わるが、鬼八は高千穂では豪族の首長として人を襲う「荒ぶる神」であり、三ケ所・諸塚・米良、肥後の八代から阿蘇へ、さらに祖母山へと逃げ回り、ついに三毛入野命により二上山で斬りつけられ、最後を迎える。

阿蘇では、鬼八は健磐龍命の家臣、矢を採ってくる役割であったが、百本目を横着にも爪先で蹴り返したため健磐龍に殺される。それを恨んで阿蘇谷に霜を降らすようになったと伝える。農作物が不作となり、その霊を慰めるため霜宮神社に伝える「火焚き神事」を行うようになった。農耕に関わる「荒ぶる神」である。ともに祟り神となりそれを慰霊することは共通している。高千穂では「猪掛け祭り」につながる。

詳細の違いはあるが、どうやら鬼八伝説が、高千穂と阿蘇をつないでいること、神武の兄の三毛入野命と神武の孫の健磐龍とつなぎ、神武天皇へと結びつけていることに行き着く。阿蘇郡高森町に鎮座する草部吉見《くさかべよしみ》神社は、神武天皇の子日子八井耳命（『記』）を主祭神としており、高千穂から阿蘇へとつなぐ経路に存在する。「草部（くさかべ）」は、社伝では宮居の壁を束ねた草で建てたとする、「草香」始祖神話の一つを示している。伝説・伝承に異伝が混在することは常であるが、根幹となる部分は必ず残されている。鬼八と呼ばれることになった「荒ぶる神」「祟り神」こそ高千穂・阿蘇の在地信仰の土着神であり、それはことに農耕に不適をもたらす存在であり、その克服が祭祀として昇華された。阿蘇の霜神社の「火焚き神事」は「焼き畑」神事を思わせるし、「猪掛祭」は文字通り「山の神」へ猪を供犠《くぎ》（神霊に供える）するのである。いずれも山間部での生活習俗に根付いた祭祀を起源としたものである。

　こうした基本的な山岳信仰は九州山脈の山々を情報網《ネットワーク》で結び、南の霧島連山とつながる。降臨形式の始祖神話を持つ血縁集団は、霧島連山を取り囲む都城盆地からえびの加久藤盆地、鹿児島県大口盆地など周辺盆地に点在していた。こうした地域にも、「山の土器文化」がある。

火焔土器・馬高縄文館

南九州のシンプルな貝文土器（縄文施文の土器はほとんどなく、貝殻で模様を付けるのが南九州縄文のアイデンティティである）を見慣れていると、火焔土器に込められた情熱には圧倒されるばかりである。しかし、それは閉鎖される冬のストレスからの、岡本太郎流にいえば「爆発」であることを見る必要がある。

歴史が変わるという証拠

　こうして特徴的な「もの」が顕在化することがある。代表的にイメージする上で唐突に時代をさかのぼるが、例えば、縄文時代の火焔土器は、代表的な縄文土器として知られるが、決して、普遍的な縄文土器ではない。縄文時代でも中期（約五五〇〇〜四五〇〇年前）、地域は東日本の長野県信濃川流域・新潟県阿賀野川流域である。東日本で遺跡数がピークに達し、地域色が顕著になるその一例であり、一つの時代が画されたことを意味している。

　少し、本書の対象時代に引き寄せれば、弥生時代では、特徴的な凹線文土器や矢羽透かしが、中期末（紀元前後）に唐突に、そして急速に分布を広げ、西日本の瀬戸内海沿岸の岡山県や愛媛県が中心となる。この土器は、南九州にも分布し、後期への一時期を画する土器となる。瀬戸内海を拠点とし、経路とした交流が新たな時代を迎えたことを知らせている。

また、九州の弥生時代では、熊本県球磨郡免田町（現あさぎり町）から型式名が付いた免田式土器、中でも壺形土器は長頸で算盤玉形の胴部といった特徴的な器形を作り、幾重にも弧線を重ねる文様を施されていることから重弧文土器とも呼ばれるが、この土器も中期末に登場し、西九州から宮崎県側には南北二つに分かれ北は高千穂から五ヶ瀬川流域を下る。南はえびの盆地から都城盆地、大淀川を下って宮崎平野へと分布を広げる。これらは、紀元前後の時期、少なくとも西日本において時代が動いたことを知らせている。

中期末は紀元元年前後、三世紀中葉の弥生から古墳への変革に向けた前史を成す重要な一つの画期として認識しておきたい。

列島弧全域を見渡せば、先の火焔土器のように、そうした遺物をまだまだ指摘できるが、話題が広がりすぎるので、南九州へと焦点を絞っていけば、そうした指標として時代の画期を映すのは土器に限ったことではなく、弥生時代では、南九州にのみ中期末から後期初頭（やはり紀元前後の時期だ）に誕生する花弁状間仕切り住居の存在もそうであるし、古墳時代では、古墳時代が始まって百年以上も経過した四世紀末から五世紀初頭に内陸部を震源地としながら急速に南九州の東側の地域に展開する地下式横穴墓の存在も、片や住居という「生」の空間、片や墓という「死」の空間と、全く世界観の表出を異にしながら、ある時期、ある場所に、顕著な「異形の世界」が誕生し、急速に広がるというメカニズムに目を凝らさざるを得ない。

宇佐神宮のヒメ・ヒコの空間構成

宇佐神宮を訪れて、不思議に思うことがある。上宮には、西方から入る。そこは本殿の正面ではない。「一之御殿」側の側面に、まず出会うことになる。そこから正面に回り込むことになるが、正面から左手の「一之御殿」が八幡大神（応神天皇）、中央の「二之御殿」が比売大神、右手の「三之御殿」が神功皇后、とそれぞれを御祭神とする。

［上］宇佐神宮・上宮　［下］宇佐神宮・百段

宇佐氏は市の名前に、辛島氏も宇佐神宮から駅館《やっかん》川を渡ったところに地名を残している。地域氏族の氏神から国家的祭祀の場への「上書き（時に重ね書き）」の歴史的過程を知る上で極めて重要な神社である。

金富神社

国道10号線脇に鎮座するが、かつてはその東は周防灘に面していたと思われる。山頂に鎮座する宇佐神宮の元宮とする説の根拠は、海に面したその地理的位置にあるように思う。

左・右のどちらを上位とするかは、古代中国においては「右」が上位であったとされ、それも王朝によって「左」が上位に入れ替わったともされる。しかし、日本においては六四五（大化元）年の左大臣・右大臣の定めで明確になるが、少なくとも左を上位と考えていた。宇佐神宮の場合、祭神の側からみた左右となれば、上位の左は三之御殿であり、下位の右が一之御殿となる。加えて、南面した祭神から、日の昇る東が三之御殿、日の沈む西が一之御殿である。つまり、逆転しているのである。正真の中心は二之御殿、南方の南大門から百段《ひゃくだん》（階段）を登り、正面する南中楼門《みなみちゅうろうもん》（勅使門《ちょくしもん》）の奥に鎮座するのは、比売大神である。応神天皇を第一位とする新たな序列※によって、本殿の構成には基層・古層を残しながら、御殿の序列が「上書き」されているのである。

　宇佐神宮の初源は、在地氏族の宇佐氏の磐座信仰にあり、南の御許山《おもとさん》山頂の奥宮にある巨石を祀るものであった。その上に、同じ在地氏族の辛嶋《からしま》氏（渡来系の韓嶋であり、海人として宗像氏と信仰を共有した）の比売大神信仰、すなわち宗像三女神である多紀理《たぎり》毘売・市寸島《いちきしま》比売・多岐都《たぎつ》比売を祀ることが「重ね書き」された。さらに、五七一（欽明天皇三十二）年の託宣、顕現した八幡大神は「誉田天皇広幡八幡麿」と名乗り、誉田天皇＝応神天皇が、小椋山《おぐらさん》（亀山）山頂に鎮座し、祀られることになる。伊勢神宮に並ぶ天皇家の古代の二所宗廟《そうびょう》の一つとなり、現在では全国四万四千八幡宮の総本社の始まりである。

　伝えられる社殿の造営は、七二五（神亀二）年に一之御殿、七三三（天平五）年に二之御、八二三（弘仁十四）年に三之御殿とする。一方では、八幡造《はちまんづくり》の建築のもとは、二之御殿の脇殿・北辰《ほくしん》神社の様式であったとし、やはり初源は中央の二之御殿にあり、古来の祭祀空間（祭祀場）から、本格的な建築物としての社殿の整備が進められたのが、上記の年代であったと理解するのであろう。ちなみに、宇佐神宮から北西へ約四〇キロの金富《きんとみ》神社（福岡県築上《ちくじょう》町）は、原始八幡神創祀遺跡として伝え、不思議な空間構成を持つ境内がある。

こうした宇佐神宮の形成過程を見ると、神仏習合の宇佐八幡宮弥勒寺（神宮寺）の存在も含め、改めて歴史的な「上書き（時に重ね書き）」の在り方を考えさせられる。

中央・比売大神、左・神功皇后、右・応神天皇とする本源的な序列は、女性を優位とする「ヒメ・ヒコ制」の在り方を示している。同様なことは、「阿蘇都彦・阿蘇都媛」を祀る阿蘇神社にも見ることができる。現在では「一の宮」を「阿蘇都彦」、「二の宮」を「阿蘇都媛」とするが、参る側から一の宮は向かって左側、二の宮は右側、しかし、祭神の側から言えば、上位は左つまり向かって右側の「阿蘇都媛」であり、下位に左側の「阿蘇都彦」が祀られているのだ。

阿蘇神社
2016（平成28）年４月の熊本地震は、この見事な神社建築を崩壊させた。それは、神話的世界の自然への畏怖を思い知らせるものであった。人々はそこから立ち上がってきたことも、同時に知るのである。

ここでも「上書き」と共に、男性優位の父系の序列に再編されたのである。ただし、宮の位置に手を加えることをせず、本来の基層・古層を壊すことなく継承するところに、逆に祭祀の凄みを感じるのである。

ヒメ・ヒコ制

かつて高群逸枝は「姫彦制というもの」（『女性の歴史』〈上〉、講談社文庫、一九七二年）において、優れた視点を示した。ヒメ・ヒコ制とは、古墳時代において制度化されていたものではなく、制度的と見做せる慣習について定義していることである。

あらかじめ「ヒメ・ヒコ」の段階的に見通しておくと、①祭祀と政治の混然一体的分担（未分化・性的分業）、②祭祀＝姉妹、政治＝兄弟で分担（ただし同一空間、同床共殿）、邪馬台国の卑弥呼と佐治する弟、③祭祀＝姉妹、政治＝兄弟で分担（空間の分離独立）、伊勢神宮の創祇、斎宮と斎王、④政治＝兄弟優位（祭祀の従属化）といった段階が想定できる。

ここでは、キョウダイによる祭事と政事を以てする統治・経営は、基本的には男女のキョウダイであり、人間関係性の中の本源的関係＝血縁関係にあり、禁忌《きんき》と社会性（閉鎖型の社会の自壊）、さらに血縁から地縁（家族から社会組織）、母系から双系・並行する父系（理論的変遷としては）による変遷を見通すことから始めたい。

人間関係の中で、キョウダイだけが唯一の血を分けた、裂くことのできない関係である。夫婦関係は、禁忌によって血を分けた存在ではなく、親子関係も父系・母系に裂かれる存在である。この過程での大きな要点は、キョウダイ間の性的な関係が禁忌の対象とされることである。夫婦関係は、この禁忌によって血縁関係から除外される。そして、この婚姻関係によって、全く異なる血縁関係からなる親族という「血族」を生み出す。これが、氏族の核となる。この意味でキョウダイ間の性的な関係によって血縁をつなぐことは、他の血縁関係との結合によって社会を広げるのではなく、閉鎖的な社会を構成することになる。この閉鎖は、自壊するしかない。キョウダイ間の禁忌は、この自壊を超えるためである。

伊弉諾・伊弉冉というキョウダイによる世界の創造という「国生み・神生み」の神話は、ここに立つのである。対偶による対幻想の、国家意識という共同幻想への同致である。ヒメ・ヒコというキョウダイによる世界の統治・経営は、ここに始まる。

このことを、邪馬台国の終末と畿内王権の始動から、確認しておきたい。卑弥呼は、鬼道をつかわし、弟がそれを「佐治」した。祭祀と政治は、姉と弟に担われたが、同一の宮殿において、分離しがたく機能した。ただし、この「ヒメ・ヒコ制」は、男女のキョウダイ（広く男女による分担）によって祭事と政事が担われる「ヒメ・ヒコ制」の一段階（同床共殿）に過ぎない。

つまり、最も初源としては、男性・女性の別なく、相互に祭祀と政治を担う形が想定される。基本は、キョウダイ原理である点だけである。「兄弟」は「姉妹」とも互換的で、『記・紀』の中で、女性の場合も「兄弟（え・おと又はと）」の字を当てて表現されるところに表れている。最も古層には、男女相互に互換性を持って、祭祀と政治が担われる状態が想定される。母系制の段階においては、女性が社会的中心をなし、男性が呪術的役割を持つ。中国大陸の雲南省の「女人国」モウソ族では、そうした古層を今日に継続している。

祭事と政事（まつりごと）

双系的段階では、女性が祭祀を担うこともあれば政治を担うことも、また男性においての互換も同様である状態が想定でき、はじめて父系的段階において女性＝祭事（祭祀）、男性＝政事（政治）といった分担が明確化されることになる。それは、弥生時代の開始を画する「水田農耕」がもたらした「地縁」という人間関係による社会変革の一つ「父系」的な権威・権力の誕生から、「稲作以前」から基層を成す「母系」的社会と並行して、「双系」的社会の中で、双方の色合いの強弱によって幾つかの段階を経過することを意味することになる。

そうした諸段階の中で新たな時代を切り開いたのが、実質的初代大王・崇神天皇であった。祭祀と政治

元伊勢内宮皇大神社

本殿の背後400㍍ほどに天岩戸神社、3㌔ほど離れて元伊勢外宮豊受大神社、これらを合わせて元伊勢三社。遷座変遷の地の神話的磁場を、今も感じることができる。

の場を相互に独立の場として、笠縫邑《かさぬいむら》で天照大神の祭祀を、磯城宮においては政治を、とした。「ヒメ・ヒコ制」の新たな段階（斎殿・宮殿の分離独立）である。大王（天皇）は宮殿において政治を、天皇の皇女（同母・異母いずれであれ次代天皇の姉妹関係）が、伊勢神宮に奉ずる天照大御神と神々の祭祀を、斎王として斎宮を御所として司った。

少し神話の「散在」の意味も考える上で、伊勢神宮に天照大御神が鎮座するに至る過程を見ておきたい。「同床共殿」を常とし、日向の地で化生し、宮殿内において祀っていた天照大御神を奉ずるに相応しい聖地を求める。その後の遷座について『記・紀』は簡略で詳細には記さないものの、建治・弘安年間（十三世紀）に編纂された『倭姫命世記《やまとひめのみことせいき》』には詳しく、ほかに幾つかの伝承記録が残されている。笠縫邑を皮切りに、神霊を託された崇神天皇の皇女・豊鋤入姫命《とよすきいりひめ》は丹波国、倭国、木乃（紀伊）国、吉備国などへ、次いで垂仁天皇の皇女・倭姫命《やまとひめ》も伊賀国、淡海（近江）国、美濃国、尾張国などへ遍歴のすえ、伊勢国にようやく最上の鎮座地を得ることになった。丹波国（福知山市）の皇大神社、豊受大神社、天岩戸神社は「元伊勢」伝承地の一つである。適地を求めて彷徨する神、神話伝承の地の散在、また神社の設置や分社など、多くの神話伝承の地が各地にあり、祭神を奉ずる神社が各地に置かれるのも、どれが本貫であるか、という問いすら意味を成さないことを教えている。

その前段として、先の箸墓古墳の被葬者論を今一度持ち出せば、倭迹迹日百襲姫命を巫女的存在として矮小化し、巨大古墳の被葬者から引きずり下ろすことはできない。百歩譲って巫女的存在としても（そもそも矮小化の対象でもないのだが）、「巫女」は祭祀を司り当該地域社会の最高位に君臨する、そうした「ヒメ・ヒコ制」の一段階があった。

それは、邪馬台国の卑弥呼的「ヒメ・ヒコ制」の段階であり、それゆえ両者を同一人物とする説が提出されるのは、ある意味素直な見方なのかもしれない。ともあれ、それを「ヒメ・ヒコ制」の新たな段階を開いたのが崇神天皇であり、垂仁天皇において完成した。この段階は、少なくとも伊勢神宮の祭祀という意味であり、「ヒメ・ヒコ制」の段階としては、やがて推古天皇をはじめとする「女性天皇」によって更なる段階を迎える。

ただし、この女性天皇の存在は、八世紀後半の孝謙・称徳天皇（同一人物の再即位＝重祚《ちょうそ》）まで六人八代、さらに十七世紀前半の明正天皇、十八世紀後半の後桜町天皇まで八人十代を数えるが、いずれも「男系女子」とされている。としても、女性の社会的地位の高さと、天皇存在が祭事（祭祀）と政事（政治）を不可分に担うところに世界史的に特質を認め、また「女帝」の存在が同時代的に顕在化する東アジア社会の中でも特異な立場を形成することを見据えながら、「ヒメ・ヒコ制」が息づくことを、この「国のかたち」として理解したい。

琉球・沖縄に見る基層・古層

「イザイホー」と呼ばれる祭祀が、琉球・沖縄にある。「男は海人《ウミンチュ》、女は神人《カミンチュ》」と言われ、「おなり神」とは妹（おなり）が兄（えけり）を霊的に守護するものと位置づけられる。兄を持つ妹が「おなり神」となる儀式であるが、血縁関係の兄がいない場合はいとこなどが代わりとなる。兄（男性）の守護者の妹（男性の血族の女性）が神格化され、まさに「ヒメ・ヒコ」の関係である。久高島（沖縄県南城市）で生まれ育った三十歳以上の既婚女性がその資格者であり、神女（神職者）となるための就任儀礼でもある。十二年ごと午《うま》年・旧暦十一月十五日から四日間行われていたが、一九七八（昭和五十三）年を最後に途絶えている。

この「最後」のイザイホーに先立つ一九六六（昭和四十一）年に、火焔土器に衝撃を受け縄文文化への強い精神的回帰を表明したあの芸術家・岡本太郎が立ち会っている。「『何もないこと』の眩暈」と評した鮮烈な沖縄体験（『新版　沖縄文化論』中公叢書　二〇〇五年）。岡本にとっては、縄文文化も琉球・沖縄文化も、列島弧固有の本源的生命を感じさせる日本文化の基層・古層（忘れられた日本）と認識されていった。

こうした琉球・沖縄の信仰は、アニミズム・祖霊信仰であり、その精神世界は、ニライカナイ（他界観念）、太陽神（ティダ）に象徴化される。

イザイホー

（岡本太郎『新版　沖縄文化論』中公叢書 2005年）
「最後」のイザイホーの記録映像は、ユーチューブでも見ることができる。神と交信し、体現する「おなり神」、一世代の継承が空白となって年月が過ぎ、やがて40年を経過する。４巡目のイザイホーは、2026年に訪れることになるのだが…。

琉球王国の琉球神道においては、聞得《きこえ》大君《おおきみ》（チフィジン）はノロ（祝女）の最高神女であり、国王の「おなり神」（王族の女性）である。王朝にとって最高の「御嶽《ウタキ》」とされる「斎場《セーファー》御嶽」を掌管し、また首里城内の十の御嶽の儀式を司った。この位置付けも「ヒメ・ヒコ」の対偶を表している。ノロは、按司の肉親（姉妹、妻など）の祝女で、ユタは民間の巫女として、その地位と役割があった。ユタは、個的存在としてのシャマンであるが、ノロはやはり「ヒメ・ヒコ」という対偶の存在である。

幻想論から言えば、ユタは自己幻想を共同幻想と、ノロは対幻想を共同幻想と同致させることになり、その意味で、ユタの方がグスク時代に遡り、基層となる、より本源的な祭祀の存在を示すもので、ノロは北山・中山・南山に分かれた三山時代の国意識が成立して誕生した古層を示すものであり、さらにチフィジンは世界史的国家意識の中で再編されていった新層の祭祀形態と理解することができる。

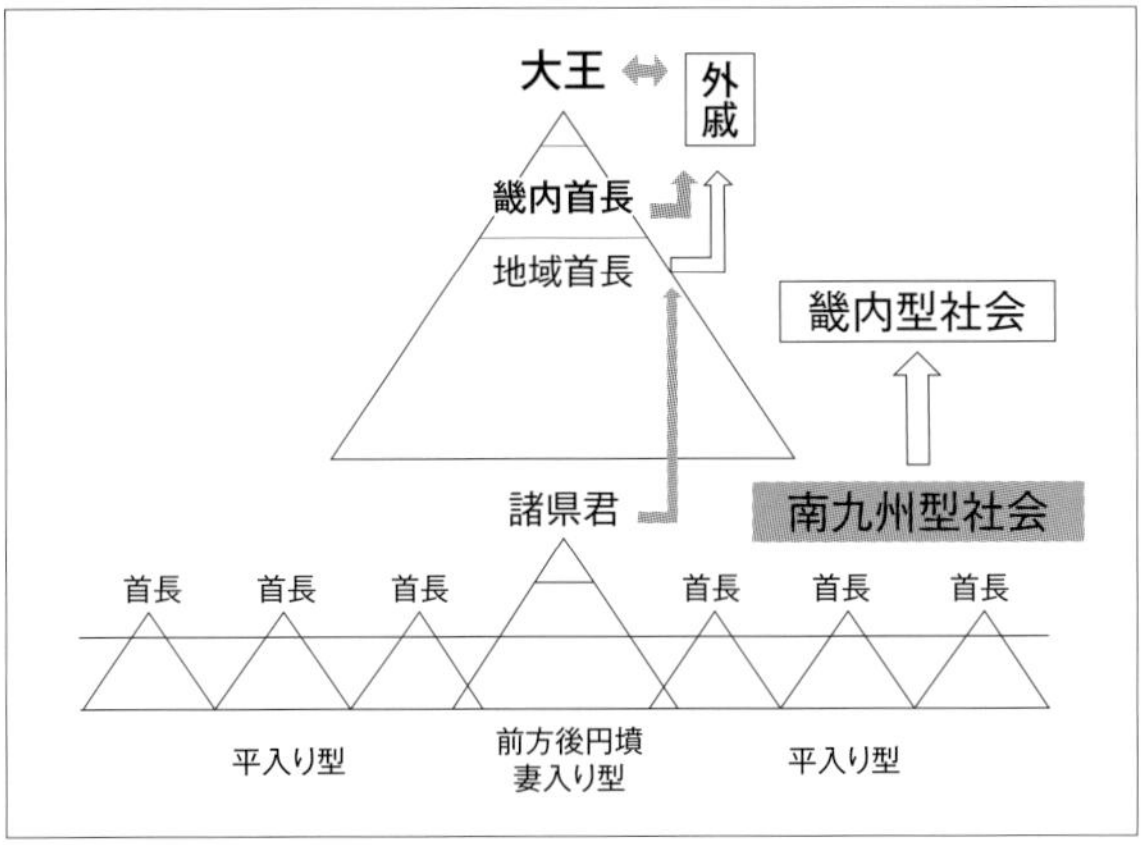

「畿内型社会」と「南九州型社会」

「畿内型社会」と「南九州型社会」

畿内を、大王が頂点にたつ大きなピラミッド形の中央集権社会の構築を目指した「畿内型社会」とすれば、南九州は、平野部でやや大きなピラミッド形の社会が構成されたが、その平野部も基底では同様に、内陸部では小地域・群単位ごとで首長を戴くとしても、ピラミッド的ではない社会を構成し、横並びのそれらに横串を刺すように連合が形作られる「南九州型社会」と定義することができる。

ただし、『記・紀』では熊襲征伐についての記述は、天皇自ら（『紀』）と倭建《やまとたける》（『記』）の物語と、大きく異なるが、この南九州型社会については、『記』ではなく『書紀』に明確に記述されている。景行紀十二年十二月、熊襲征西の件《くだり》に、その熊襲の社会は「厚鹿文《あつかや》」「迮《そ》鹿文」の二人が「渠帥者《きょすい》」（イサオ）であり、「八十梟帥《やそたける》」が居たと記している。この理解は、「八十梟帥」は個人名ではなく、「八十」＝「多く」の「梟帥」（畿内王権から見て異集団の「首長」を指す普通名詞と渠帥から転じた）であり、その中の首長＝「渠帥」（渠は「かしら」の意の普通名詞）である。その表現はかの『三国志』のなかでも用いられ中国大陸においても首長を意味し、列島弧固有の用語ではない。また、その立場にある人物として「厚鹿文」「迮鹿文」二人の個人名を挙げるが、彼らは「熊襲梟帥」との称号も持つ統率者である。小集団の首長である「梟帥《たける》」（梟はたけだけしい意）は同盟的関係によって結ばれ、それらを束ねる二人の兄弟は首長の首長としての「渠帥」である。こうした社会は、南九州型社会として示した構図として理解できる。

小碓尊《おうすのみこと》（命）が、献上された「梟帥」という熊襲の称号を受け入れ日本武尊《やまとたけるのみこと》（倭建命）と名乗るのも、固く信じられた「同胞」である自らの出自によるものであろう。

と、同時に加えて気になる記述がみられる。すなわち、二人の兄弟には、二人のむすめ「市《いち》乾《ひ》鹿文」「市鹿文」がいた。兄「厚鹿文」のむすめと理解することが多いようであるが、文脈的にもはっきりと兄弟いずれのむすめであるのかは明らかではない。この二人の女性、姉は父「熊襲梟帥」の暗殺に加担し、「征伐」を手助けしたにも拘わらず「不孝」の者として殺され、加担しなかった妹は「火国造」を賜る、という不条理な運命を辿る。この兄弟とむすめ・姉妹との関係も、「ヒメ・ヒコ」の一つの在り方として理解できる。

彼ら男女キョウダイに共通する「鹿文」の名も、固有名詞としてより普通名詞として理解すべきであろう。「鹿」は神の使いの動物であり、熊襲においても聖なる象徴性を持つものであった。そして、「文」は刺青《いれずみ》であろう。「鹿」をモチーフとした刺青と理解する必要はなく、鹿の如き神聖性を表す刺青を施している者の意として「鹿文」は理解できる。

こうした「ヒメ・ヒコ」キョウダイの構図は、さらに同じ景行紀十八年三月の件《くだり》にも登場する。景行天皇が夷守に至った時、「兄夷守」「弟夷守」の二人の兄弟と、天皇への食事、大御饗《おおみあえ》を献上する「諸県君泉媛」が登場する。この兄弟も「石瀬河」流域の小集団の首長＝梟帥であり、その諸々の小集団の首長の連合体を束ねる人物に与えられる称号こそが「諸県君」であり、その称号を冠せられたのが女性首長である「泉媛」であった。泉媛は、夷守兄弟の姉妹（擬制的であれ）であったと考えられる。これも「ヒメ・ヒコ」の一段階、女性が祭祀・政治共に担う最高の統率者「諸県君」に位した時期である。景行天皇と諸県君泉媛の関係は、婚姻関係ではない。擬制的「ヒメ・ヒコ」の関係であり、それ故大御饗の献上は「服属儀礼」ではなく、熊襲世界の統治の「依託儀礼」と理解するのである。

ちなみに、後にも詳述するが、この「諸県君」の称号は、泉媛（本人や親族いずれとも断定する必要はない）と、景行天皇と御刀媛との間に生まれた豊国別皇子（同じく、広く行われた南九州の勢力間で実態的婚姻、擬制的であっても）との婚姻関係を交えながら、双系的な系譜をつなぎながら、仁徳天皇の妃となる「髪長媛」の父「牛諸井」に継承されることになる。

その後の十八年夏の件《くだり》、「熊縣」に至った時にも、「熊津彦」として「兄熊」「弟熊」の「兄弟二人」が登場する。このように、熊襲の社会においては、多くの小集団単位の中で、集団統治において、キョウダイ原理により兄弟で渠帥となることが基本的に記され、記述の上では断片的であるが、その対偶の存在として女性（姉妹）が存在したとみられるのである。しかし、それは南九州のみならず列島弧の基層を成すものでもあった。

伍の章　「隼人」の誕生

「隼人」は日向系の宮家

応神天皇と日向泉長媛との間に生まれた「大羽江」「小羽江」（『記』）については、仁徳天皇と髪長媛との間に生まれた「大日下」「若日下」のように、『記』に示された「御名代」の設定や、多人長が記した「弘仁私記」やその他の異伝を採録した記録などにも、具体的な事跡についての記述は残されていない。しかし、大日下・若日下たちが「日下宮家」（あるいは、広角の視覚で新たな古代史像を構築する龍谷大学の平林章仁は「日下宮王家」と称した）と位置づけられたのと同じく、「羽江宮家」と称すべき位置付けを持っていた、と考える。もちろん、応神天皇と仁徳天皇を同一人物視し、その事跡が二分化されたとする説も示されるが、そうであったとすればより一層、「日下宮家」を日向泉長媛の皇子たち大羽江・小羽江にも重ね合わせ、「羽江宮家」の存在は確かなことに思える。

実は、その幻の「羽江宮家」を解く鍵は、「隼人」にあった。「隼人」は「ハヤ・ヒト」で、「ハヤ＝ハエ」が起源である、と考えて良い。「ハエ」は「南方また南風」のことである。「南風」が名前の起源となるのは、「海上交通（海事）」に関係している。風を読むのは航海・海上交通に関わる海人の知恵で、南九州からの航海において極めて重要な風を象徴しているのである。「南風＝ハエ」は「東風＝コチ」とは異なり、古代までは遡らないと隼人研究の第一人者の中村明蔵は指摘するが、「コチ」と対の呼称であることに疑いはなく、倭言葉の初源まで遡ることに問題はない。

結論を先に述べれば、大羽江・小羽江の「御名代《みなしろ》」(的なもの)として、「人(制)」が設定されたのである。ただし、「人制」の範疇に入れるのか否かについては、後述する。

「羽江」(『記』)とするも、「葉枝」(『書紀』)とするも、音を当てた漢字には意味はなく、倭言葉である「ハエ」に意味がある。つまり、南九州(南方また南風)=日向の血を引く皇子たちを表した名前である。そして、職掌の上からは、その日向系の皇子を政治的・経済的・軍事的に支えるための軍事・海事集団についても、その呼称は向けられている。彼らは、直接は大羽江・小羽江に仕えたが、それは畿内王権・政権の中枢であり、畿内王権そのものにも「近習《きんじゅう》(近くに仕える)」することに他ならなかった。

その後の展開まで先取りすれば、最終的な「上書き」が中華思想による「夷狄《いてき》」を表す「隼=南方を象徴する鳥」の字を用いることであり、その中で応神天皇の血を引く有力な宮家の一つ「ハエ(隼人)宮家」(あるいは「ハエ(隼人)宮王家」)が(一見)歴史の闇に埋没したのである。

実は、『八幡宇佐宮御託宣集』が、隼人の誕生についての謎解きを伝えていた。「上巻」の章の冒頭に触れた柳田國男の神話の定義に擬《なぞら》えれば、二人の皇子の存在の忘失を防ぐため、神のお告げ「御託宣」という形で歴史と名前(御名代)を残し、伝えようとしていたのだ。

八幡宇佐宮の御託宣

宇佐神宮に縁故の深い神を祀る摂社《せっしゃ》に、若宮神社がある。現在は、八幡神・応神天皇の子・仁徳天皇を若宮として、そのほか四所権現として庶子（異母）キョウダイの四柱が祀られている。実は、その中に、応神天皇と日向泉長媛との間に生まれた大葉枝皇子、小葉枝皇子（宇佐神宮では『書紀』と同じ表記を採用している）が含まれるのだ。それは、何故か。

『記・紀』では、この兄弟に関して誕生後の事跡の記載は全くない。だが、宇佐神宮には、国指定重要文化財となっている平安時代の作造の木造神像五躯（若宮神体）として、大鷦鷯命《おおさざきのみこと》（仁徳天皇）坐像と共に、大葉枝皇子坐像、小葉枝皇子坐像、雌鳥皇女《めとりひめのみこ》坐像、隼総別皇子《はやぶさわけのみこ》坐像を伝えている。これら木造神像五躯を御神体として祀るのが、上宮本殿《じょうぐうほんでん》を出て下宮本殿《げぐうほんでん》に下る途中、参道の分かれ道の突き当たりに鎮座する若宮神社である。

『八幡宇佐宮御託宣集』「若宮部《わかみやのぶ》」に登場する若宮神は、実に興味深いことを伝えている。若宮四所権現の祭祀の誕生は、八二四（天長元）年、大神朝臣蘊麻呂《うんまろ》の母（酒井〈坂合〉姓の女性である点も意味がある）に「荒垣の外に隠居したる神」を祀るよう託宣があり、八五二（仁寿二）年に社殿を造営し、若宮神を祀ったとする。それだけでは、一つの祭祀の始まり譚に過ぎない。それが興味深いのは、「隼人征伐」に重ねられていくことである。蘊麻呂の「何の因縁《いんねん》に依るものか」との問いに、「若宮の老神宇礼《うれ》・久礼《くれ》」が隼人を征伐したことを挙げる。この宇礼・久礼、共にヒメ（女性）である。

「隼人征伐」とは、先立つ七二〇（養老《ようろう》四）年、宇佐宮に祈り託宣を受け、南九州・隼人の地の五城を制圧し、最後の二城（曽於乃石城《そおのいわき》、比売之城《ひめのき》）を攻め、多くの隼人を殺戮し、翌七二一年、一年半に及ぶ戦いは終局する。曽於乃石城、比売之城（「ヒメ」とするこの城の名前の由来には桂姫との名を伝え、女性首長の存在を示している）は、いずれも現在の鹿児島県国分市に比定される。

その四年の後、七二四（神亀《じんき》元）年、殺戮した隼人の霊を鎮めるため「放生会《ほうじょうえ》」を奉仕せよとの託宣を

曽於乃石城から錦江湾を望む

今は、観覧車の回る国分城山公園となり、城取りを現地に確認することはできない。比売之城は、北西の天降《あもり》川と支流手篭《てこ》川に挟まれた台地先端に位置する。周囲の包囲が狭まる中、錦江湾に浮かぶ桜島を、彼女たちはどう見たのであろうか。

宇佐・若宮神社

５つの坐像が祀られている。宇佐神宮に写真撮影または写真提供をお願いしたが、国の重要文化財であるものの、御霊移しをしていない御神体そのものであるので、現状では難しいと許可を得ることはできなかった。ただ、近いうちに別の形で、その坐像に出会う機会があるかもしれない。

受ける。宇佐神宮では、「大隅日向隼人」と表現されることが多い。『扶桑略記《ふそうりゃくき》』でも、養老四年九月、「大隅・日向両国乱逆」で多数を殺し、「大神託宣」を受け諸国での放生会が始まると記している。

隼人征伐に関係する記事は、その後も七四八（天平二十）年にもみられるなど尾を引く。『御託宣集』では「若宮部」のみならず「菱形池邉部《ひしかたいけのべのぶ》」など各所に「隼人」の関連の御託宣が記され、隼人の棘《とげ》が永く喉の奥に突き刺さったままのように思われる。

年号なしの御託宣の中にも、「薩摩国鹿児嶋明神」が宇佐宮に対して「隼人と云ふ神来つて、我が国を打ち取らんと欲ふ」と申し述べ、それに対して「若宮の老神宇礼・久礼」を将として隼人の征伐に向かわせる、とある。この「宇礼・久礼」も、仁徳天皇と共に、また「若宮四所権現」の二柱とする伝も残されている。その他、「持国《じこく》天・増長《ぞうじょう》天・広目《こうもく》天・多聞《たもん》天」の四天王を当てるなど、「若宮四所権現」が神々の姿となり示現する「本地垂迹《ほんちすいじゃく》」には、諸説が伝えられる。

しかし、これらは「諸説」と言うべきものではなく、時期時期による「上書き（時に重ね書き）」として、信仰の変遷史として理解すべきで、その基層にあるのは「或記云《あるきにいう》」として伝える大葉枝皇子、小葉枝皇子、雌鳥皇女、隼総別皇子の四柱を祀ったことである。

御託宣が伝えようとしたもの

大葉枝・小葉枝が、「若宮四所権現」の中の二柱であった。八幡神を応神天皇とすれば、その皇子が登場するのは当然であるが、その八幡自体、日向国で「竜女を娶り御子四所を生む」と伝え、そこに神話化の構造が見られることは重要であろう。では、他の二柱、隼別皇子《はやぶさわけのみこ》・雌鳥皇女《めとりひめのみこ》とは誰であるのか。この二人、詳細な事跡が『記・紀』に記された、真の主役というべき存在である。

応神天皇から仁徳天皇（応神天皇と仲津媛の子）への皇位継承は、決して順調ではなかった。応神天皇が、継承者として指名したのは、宮主宅媛《みやぬしやかひめ》との間に生まれた菟道稚郎子《うじのわきいらつこ》（若宮四所権現に宇礼・久礼と共に加える伝もある）であった。その妹に矢田皇女《やたのおうじょ》と今一人、それが雌鳥皇女である。その菟道稚郎子は、大鷦鷯尊《おおさざきのみこと》（後の仁徳天皇）と皇位継承を譲り合い、最後は自殺する悲劇を迎える。そして、仁徳天皇は菟道稚郎子の姉妹には執着する。最初の皇后・磐之媛（葛城襲津彦のむすめ）の死後、その磐之媛の死も矢田皇女との関係に起因するとされるが、ついには矢田皇女を皇后とする。

しかし、悲劇は、それ以前にある。矢田皇女の妹・雌鳥皇女を妃としたいと食指を延ばしていたのである。その仲立ちを依頼されたのが、応神天皇と糸媛との間に生まれた異母兄弟の隼別皇子であった。だが、この隼別皇子と異母兄弟の雌鳥皇女とは、既に契りを結んだ仲であった。そして、『記』によれば雌鳥皇女は、「オオサザキ（スズメ目ミソサザイ科の鳥・ミソサザイの古名）」より「ハヤブサ（タカ目ハヤブサ科の鳥）」の方が強いであろうと、仁徳天皇への謀反を隼別皇子に持ちかけたとしている。

異母兄弟間の複雑な婚姻（性的）関係（これが対幻想）と皇位継承（これが共同幻想）は、すべて悲劇へと向かう。謀反を責められた隼別皇子・雌鳥皇女の二人は、伊勢神宮への逃避行、だが仁徳天皇の追手に殺される。この殺害、殺す側の恨みが強いのか、殺される側の祟りが強いのか。仁徳天皇からすれば謀反であるが、応神天皇からの皇位継承からすれば、菟道稚郎子の妹・雌鳥皇女にも正当性はあった。それ故に、仁徳天皇の矢田皇女と雌鳥皇女への執着があったのだ。いずれにしても、どちらの側にとっても、鎮魂は必要であった。

そうした隼別皇子と雌鳥皇女と共に祀られた大葉枝・小葉枝、二十人（『書紀』）、二十六人（『記』）いるとされる応神天皇の子供たちの中で、「選ばれた」四柱、なぜこの四柱なのか。隼別皇子・雌鳥皇女については、『記・紀』に詳細に記された事跡を通して理解できた。一方、大葉枝・小葉枝の具体的事跡は、どこにも見当たらないが、あるいは抹消された事跡かも知れぬ。この二人が主役となるのは、「隼人」との関係において他にないのだ。

結論を先に記したように、次代の大日下・若日下、そして眉輪王と同様、畿内王権内部において日向系の勢力の大きさゆえに、その存在は、どちらに転んでも、御名代としての「隼人」誕生も含み、畿内王権・大王家にとって神話世界では同胞であれ、現実の政治世界の中では無視できない存在となったのである。そう考えた時、皇位継承に関して、次代において大日下やその子・眉輪王が不条理な死を迎えるように、いずれも障害となり、それゆえの悲劇を迎えた皇子・皇女たちであったのではないか。それは、自らの宮家の呼称でもある「隼人」、「人制」（「～人」と呼称する倭言葉が起源であり、そう制度的に定義する必要はないのかも知れない）の初源として、殺戮された「隼人」の放生会の御託宣に託され、「若宮四所権現」として祀られるのは、祟り神として畏怖され、祀られたのではないか、と思うのだ。

『記・紀』には事跡の記載のない大葉枝・小葉枝の二人の皇子も、「隼人」に支えられた「ハエ（隼人）

宮家」というべき存在として畿内王権の中枢に存在した。「ハエ宮家」に仕えることは、畿内王権そのものを構成することであり、履中天皇の件《くだり》に宮廷内に存在する「近習隼人」が登場するのは当然である。『記・紀』ともに、「熊襲（曾）」が登場する最後は仲哀天皇（十四代）の神功皇后の件《くだり》で、「隼人」が登場する最初が、神代の火照命（海幸彦）の件《くだり》を除けば、仁徳天皇（十六代）の子・履中天皇（十七代）の件《くだり》であるのは、畿内王権の記憶と記録の中で必然なのである。つまり、応神天皇（十五代）の代に、「隼人」の誕生があることを伝えているのだ。

さらに、『記』では大羽江・小羽江の二人の皇子と、皇女としてもう一人・幡日《はたび》之《の》若郎女《わかいらつめ》を記すが、「隼人」は、日向系宮家の祖先神となる火照命（海幸彦）につながる存在であり、畿内王権の大王家にとっては、邇邇芸命にはじまる同胞であり、それ故、「隼人」の怨霊は一層、畏《おそ》るべき対象となったのである。また、大日下皇子、眉輪王も共に、祟り神として祀る必要があったはずである。決して、火照命（海幸彦）の件《くだり》に登場することや履中期に登場することも、後代から遡及させた「潤色」や「造作」などではない。

「隼人」の定義とは

ここまできて、「隼人」は少なくとも三系列で理解する必要がある。系列は何一つ、一つではない。その一つは、火照命（海幸彦）を始祖とする「神別（神から血脈を分けた伝承を持つ）」の氏族としての「隼人」である。諸県君もその血脈をつなぎ、その神聖性において外戚となり、皇位継承の列に加わる皇子たちをもうけた。彼らは、常に大王と同胞であった。また二つに、それを一体となり「近習」して支える「皇別（天皇から血脈を分けた）」の「隼人」たちがいた。同時に、その出自の地となった南九州在地の勢力、神別・

皇別の「隼人」からすれば、先住の勢力である南九州の人々も包括して、また「隼人」と呼称されることになる。それが、天武朝から明確になるとしている「隼人」、畿内王権によって新たに再編された、宮廷警護の職掌などを担う「隼人」であり、また最終的に反乱伝承を持つ「隼人」である。

俘囚の民「蝦夷」と決定的に異なる、隼人の夷狄《いてき》の民としての位置付けは、ここにある。「蝦夷」は、神別の列に加わることなく、また外戚として畿内王権そのもの（中枢）を担うことはなかった。

応神天皇の代には、大羽江（葉枝）・小羽江（葉枝）の「ハエ宮家」を、仁徳天皇の代には、大日下・若日下の「日下宮家」を支え、その軍事的基盤を構成する。軍事的集団としたが、杖刀人《じょうとうびと》が軍事的官人であり、隼人は海事・軍事（対外交渉を含む）を中心的な職掌としていた。さらに、その軍事力を背景として諸産業（機織り・牛馬生産）にも及び、また中国・半島との対外交渉にも当たった。それは勿論、一人日向出自の隼人だけではなく、畿内王権そのものとして、葛城氏や吉備氏などとも共にあったのは勿論である。

しかし、その位置付けが揺らぐのが、「人制」が制度的なるものとして明確化されていく雄略天皇の時代であり、諸県君家の外戚としての座が失われることで、直接天皇家直属に編成されることになる。この時、狭義の役割として宮廷の警護と祭祀を司る集団・職掌として整理が明確化されることになった。そうなると、畿内王権直属に編成された隼人と、母集団としての南九州の人々も包括的に「隼人」として呼称され、異化されることになる。それが、天武朝に於ける「隼人」呼称の顕在化というものであった。

「隼人」には、瓊瓊杵尊の子・海幸彦を祖とする「神別」の隼人（「ハエ宮家」＝「隼人」の始祖《はじめのおや》、『記』では「阿多」を本貫）と、神武天皇の子・神八井耳を祖とする「皇別」の隼人（南九州在地の「隼人」の祖《おや》）が存在することになる。神別の隼人は、平野部を中心に後の諸県君・日向国造家とつながる系譜を持ち、皇別の隼人は、先にも触れたが「小子部」「坂合部」の系譜となる隼人である。そして、さらに南九州在地の隼人である。特に、皇別に組織化された先住・在地の隼人が、畿内王権に軍事的職掌をもって構成される集団となっていった。

なお、畿内（現在の京都府京田辺市、奈良県五條市、大阪府八尾市など）に移配（強制移住）させられた隼人、とかいった表現も後付けの「上書き」であり、応神期以降の同時代的には、日向系の宮家に仕え、それは畿内王権にも近習することになる隼人からの系譜をひく隼人の意味として理解すべきである。

「隼人」は、生来の色付きの人間（人種や民族、これも決して生来のものではなく歴史的・政治的に形成される存在であるが）を指し示すものではない。定義された職掌に就いた南九州出自の人々や、南九州在地の人々を「隼人」と呼ぶことにしたのである。阿多や大隅を冠する隼人は度々登場するが、「日向隼人」の表記は一度で、しかもその段階はまた大隅を含む領域での日向であり、日向は隼人から除外されたと、現在の隼人論の到達点を示した永山修一は指摘する。しかし、畿内王権が隼人と呼べば「隼人」として色付けされるのである。名付ける側の論理が優先する。

隼人を夷狄の民として負の心象《イメージ》とするのは、律令初期におけるいわゆる「隼人の乱」による「まつろわぬもの」という最終的な「上書き」のためである。そこでは、基層・古層は消去されたかに見える。その心象から遡及して隼人を考えるため、天武朝期における隼人呼称という隼人論の隘路に彷徨ってしまった。だが、「薩摩隼人」などと勇猛果敢の美称として隼人の呼称が今日まで息づいてきたのは、消去されたかに見える神別・皇別の氏族としての隼人の存在が、確かな基層・古層として継承されてきたからに他ならない。「隼人」が同時代的に語られるのは天武朝以降である。それは、文献的に正しい。しかし、それは流行（時流）的な呼称の問題であり、「隼人」と呼ばれることになった南九州出自の宮家や海事・軍事集団、そして在地勢力の実態を捉えることとは別である。厳然として、古墳時代を通じて彼らは存在していたのである。

「人制」の補足

「隼人」は、古墳時代・四世紀後半代には実存した。「人制」としての隼人については、畿内王権の中の日下宮家等「日向」の存在を早くから論じている堺女子短期大学の塚口義信も着目しているが、「人制」について補足すれば、「杖刀人」（軍事）、「典曹人《てんそうびと》」（学事）などと同じく、五世紀後半には明瞭になる「人制」と定義される官人制度であり、その萌芽となる職掌に基づく呼称であって、軍事・海事集団に対して名付けられたものであった。特に四世紀末から五世紀初頭には、外戚としての日向系宮家を持ち、その日向系宮家を支える軍事・海事集団は、同時に畿内王権の中において軍事的役割を果たす集団であった。その中で、その長となる人物は、墨江中王《すみのえのなかつみこ》（履中天皇の弟）に「近習」する隼人「曽婆訶里《そばかり》」（『記』）あるいは「刺領巾《さしひれ》」（『書紀』）も多くの隼人の一人であり、履中天皇の件《くだり》（不実を理由に殺される）に登場することになる。

一方、杖刀人・典曹人といった呼称は、『周礼《しゅらい》』は周の官人制度を記し、実際は戦国時代（紀元前四世紀から三世紀）以降に整えられた書と考えられているが、そこに「〜人」といった官職が見え、こうした中国王朝の官人制度を参考としたものとの指摘がある。「隼人」などは、「毛人」でも触れたように、もとより列島弧固有の自然発生的な倭言葉としての呼称と見た方が良い。

特別な職掌に対してだけ用いられたものではなく、先の「杖刀人」や「典曹人」は『書紀』には記されていないものの、「雄略紀」（五世紀後半）には「手人《てひと》（機織りの職務）」「宍人《ししひと》（鳥獣の肉を調理する職務）」などが記されており、諸々の職掌に対して呼称され、制度としての「人」制の編成が動き始めていたことが理解される。また、「伴造《とものみやつこ》制」「部民《べみん》制」「伴部《ともべ》制」など、詳細な検証と定義が行われているが、「部民」を定める御名代は、皇子・皇女の名を伝えるための「部」と、職掌につけられる「部」があり、後者と基本的には職掌につけられる「人」とは、一部重なるところがある。

制度としての「部」については、「下巻」の章で整理するが、幾度も強調することになるが、「制度」とは、後付けであり、同時代において制度化を目的的に定め、文献上においても制度として記されたものと、歴史の研究成果として制度的なものと理解され「～制」と定義されるものがある。いずれの場合でも、自然発生的・任意的・慣例的であれ、その基層・古層へと「初期化」し、制度あるいは制度的と定義されるに至る時系列的（歴史的）過程を明らかにすることが歴史研究である。その意味で、特に「人制」と定義される基層・古層に、列島弧固有の「隼人」の誕生を見るのである。

隼人舞の誕生

『日本書紀』「神代下」の第四「一書曰」には、「隼人舞」誕生の件《くだり》と詳細な所作を記している。

「於是、兄著犢鼻、以赭塗掌塗面、告其弟曰『吾汚身如此、永為汝俳優者。』乃挙足踏行、学其溺苦之状、初潮漬足時則為足占、至膝時則挙足、至股時則走廻、至腰時則捫腰、至腋時則置手於胸、至頸時則挙手飄掌。自爾及今、曽無廃絶。」

「是《ここ》に、兄、著犢鼻《たふさき》して、赭《そほに》を以《も》て掌《たなうち》に塗《ぬ》り、面《おもて》に塗りて、其《そ》の弟《おとのみこと》に告《まう》して曰《まう》さく、『吾《われ》、身を汚《けが》すこと此《かく》の如《ごと》し、永《ひたぶる》に汝《いまし》の俳優者《わざをきひと》たらむ』とまうす。乃《すなは》ち足を挙《あ》げて踏《ふ》行みて、其の溺苦《くるし》び状《かたち》を学《なら》ふ。初め潮《しお》、足に漬《つ》く時には、足占《うら》をす。膝に至る時には足を挙ぐ。股に至る時には走り廻《めぐ》る。腰に至る時

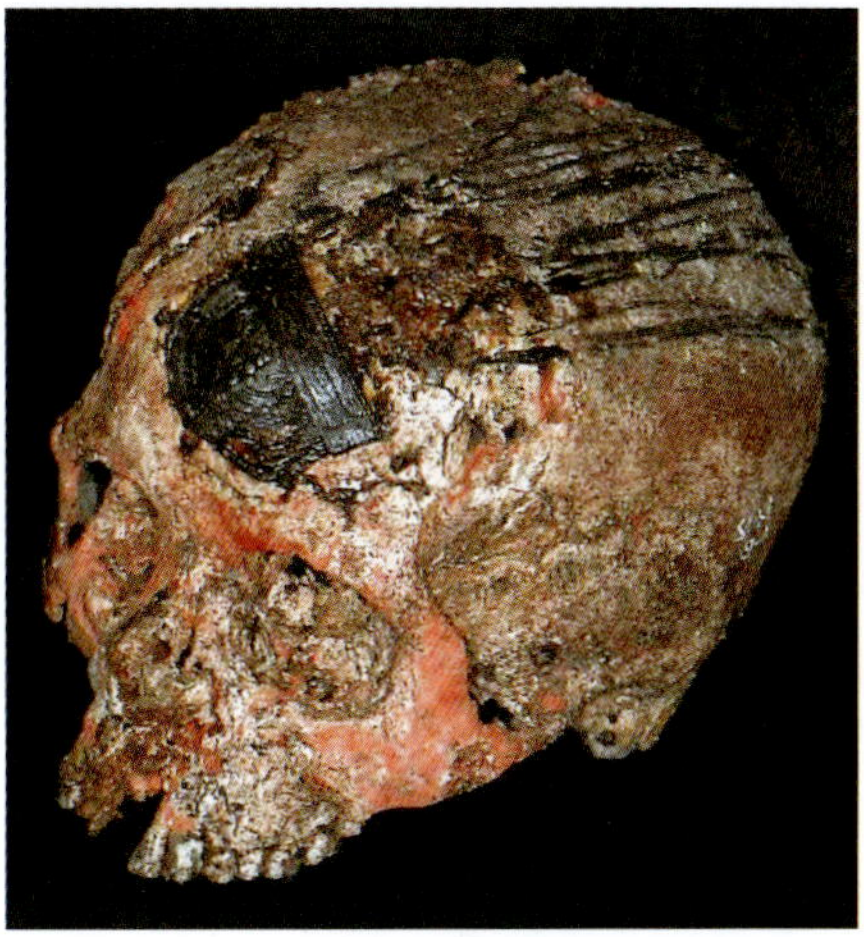

被葬人骨（女性）
上の原９号地下式横穴墓（小林市須木）
顔面部分には朱が残されているのが分かる。竪櫛が頭骨に付着した女性人骨は「古墳島田（髷《まげ》）」に大きな竪櫛を１本挿し、男性人骨は角髪《みずら》に小さな竪櫛を９本挿していた。頭部上方の玄室の壁に、刀子《とうす》が呪符のように突き立てられ、被葬された男女はまさに「ヒメ・ヒコ」である。

には腰を把《もち》ふ。腋に至る時には手を胸に置く、頸に至る時には手を挙げて飄掌《たひろか》す。爾《それ》より今に及《いた》るまでに、曽《かつ》て廃絶《やむこと》無し。」「以赭塗掌塗面」「赤土を手のひらに塗り額に塗り」で思い浮かぶものがある。「赭」とは、赤色顔料のことである。

地下式横穴墓から頭骨や全身が赤く塗られた被葬人骨が出土している。実際は、白骨化後に頭骨を赤く塗ったのではなく、死化粧《しにげしょう》として顔面を弁柄《ベンガラ》（酸化鉄赤色顔料）で塗ったものが、身体の腐乱に伴い、頭骨の顔面部分に「塗ったように」遺存したと考えられる。頭髪に覆われていたであろう、頭頂部から後頭部には弁柄が付着していないことが、そのことを教えてくれる。手足を含め、全身に弁柄を認める例もある。ただし、すべての被葬者に赤色顔料が遺存しているわけではない。その頻度は高いが、渠帥・巫《かんなぎ》といった立場の人物に施される葬送の祭儀の一つであったと見ておきたい。まさに「掌に塗り、面に塗り」といった行為が、「私はこの通り身を汚した」「身を汚す」こととされるのは、葬送の祭儀として伝承されていたためであろう。地下式横穴墓を築造した人々のこうした習俗が、隼人の祖とする海幸彦の行為に重ねられたのである。

隼人の戦いと祟り

ここに見られる要素は、海幸＝隼人であり、また手足を海水に浸す行為は、波に溺れるさまを表したとされるその所作は「隼人舞」に通じるものがあり、そこに巨人伝承として弥五郎が隼人の渠帥として見立てられていったものと考えられる。鹿児島神宮が伝承する「隼人浜下り」もその一つの現れで、先の放生会と結びつきが共通するものであろう。都城市山之口では「浜殿下り」と「殿」を加える。

弥五郎どん祭り・浜殿下り
丘陵上の的野正八幡宮で祭祀を行い、階段下から一の鳥居までの御神幸《ごしんこう》。

「溺苦之状」、溺れ苦しむ形（所作）とは、「上書き」され、変換されたものである。このことは「弥五郎どん祭り」の「浜殿下り」でも補強される。

再度の確認であるが、伝承では、隼人の乱の制圧を踏まえ、隼人の怨霊を恐れその放生会（神仏習合の殺傷を戒める儀式）を行うように、との宇佐八幡の御託宣が下される。七二四（神亀元）年のことである。

現在、宮崎県都城市山之口的野正八幡神社、日南市田ノ上八幡神社、鹿児島県曽於市大隅町の岩川八幡神社の三カ所に伝承される「弥五郎どん祭り」は、この放生会に起源すると伝える。巨大な弥五郎（隼人の渠帥）の人形を引いて練り歩く行事・御神幸は、「浜下り」と呼ばれる。何故「浜下り」と呼称するかについては、明確な謂《いわ》れを伝えていない。しかし、その謎解きは、明瞭である。

宇佐八幡での放生会の重要な神事は、隼人の霊がニナとなって農作物を荒らすため、ニナや貝を海に放つ神事であり、それで怨霊を鎮めた。ここでは、農作物を荒らすことに結びつき、農耕祭祀でもある。これも「上書き」である。ただし、それは違和感のないものである。

同じく「浜下り」と呼称する祭事は、琉球諸島から奄美群島にも分布する。旧暦三月三日、潮の干満の差が最も大きくなる大潮の時、干潮時に広がった浜に出て海産物の豊漁を願い魚貝・海藻等海の幸を採る風習があり、そこでは海水で手足の汚れをはらい、身を清め健康を祈願する神事が行われる。この琉球諸島から奄美群島に分布する「浜下り」が、基層・古層を成す祭りであった。琉球・沖縄昔話に、蛇の子を身ごもった娘が海で子供を流し身を清めたとする蛇＝竜神信仰が見受けられる点も記憶にとどめておきたい。

大潮の時とは、潮の満ち引きが「潮満玉」「潮干玉」として象徴化され、海幸・山幸神話の背景がそこにあるし、身を清める行為は、伊弉諾尊の禊祓いであり、海の潮の流れは山幸彦を海神の宮に導き、神武東征において導きをする海流の神格化「塩椎神（塩土老翁）」につながるものである。固定化された水ではなく、流動する水が、新たな世界《ステージ》へと誘い押し上げるのである。

また、潮の満ち引きに応じた手足の所作は、次の隼人舞の謎解きにもつながるのである。

「浜下り」と理解できる祭りは、東北地域にも見られ、「お浜下り大祭」とする十二年ごとに神輿に潮水を備える日吉神社（福島県南相馬市）や「浜下り神事」とする女神・男神を祀る神輿が潮水で禊をし、御旅所で出会い潮垢離《しおごり》を行う大滝神社・鹿島神社（福島県広野町）の祭りが目に付く。

南九州では、「きりしま隼人浜下り」は鹿児島神宮（鹿児島県霧島市）の祭りで、まさに隼人の放生会、隼人舞につながる祭りである。帖佐八幡神社（鹿児島県姶良市）の「浜下り」は、山から神輿を下ろし、海岸の御門神社まで行列を行う。神話の「上書き」による祭りであるが、高千穂神社（高千穂町）の「浜下り神事（春季大祭）」は、高千穂峡の「おのころ池」で神輿が三回廻り禊を行う祭事が行われている。

いずれにしても「浜下り」の祭祀などは、海の民に共有されたものであった。中国・南北朝時代、梁の武帝の勅命により五〇八（天監七）年から五一六（同十五）年にかけて編纂、増補改編された『経律異相《きょうりついそう》』が、「海幸・山幸神話」のベースとなっているとの指摘は確かである。だが、それをもって「海幸・山幸神話」が、全くの借り物の神話であるかのような整理は、歴史的な考察ではない。

六世紀前半までに蓄積された海洋民の交流を通じて、諸県君一族の始祖神話として海幸・山幸神話は、確かに南九州の地に息づいていた。その神話を『古事記』の中に構成する時、先行する記録として『経律異相』が纏められており、絶好の教本として採用されたに過ぎない。その事は、借り物であることとは違う。そして、その『経律異相』自体、広く海洋民の間に共有化され、しかし、それぞれの集団によっては固有な意義を組み込まれた多様な神話の中の、その一部を書き留めたものに過ぎない。

度々指摘しているように、中国大陸の「南朝」地域と南九州は、長い交流の歴史を有している。江南を領域とする梁と南九州の間で、神話が共有されているのは当然である。逆に言えば、神話の共通性は、南九州と中国江南地域との交流を証することである。

隼人舞の復元

西都原考古博物館の展示構想の中で、「隼人舞」の復元を考えた。宮内庁式部職楽部には国風歌舞《くにぶりのうたまい》（雅楽・宮廷歌舞）が伝えられ御神楽《みかぐら》・東遊《あずまあそび》・和舞《やまとまい》・五節舞《ごせちのまい》・久米舞《くめまい》などは現在も継承されている。その他にも、国栖奏《くずそう》・筑紫舞《つくしまい》・諸県舞《もろかたまい》・隼人舞など、いわゆる風俗歌舞《ふうぞくかぶ》があった。宮地嶽神社（福岡県福津市）では、確からしさは保留して、年一回十月に「筑紫舞」が奉納されている。また、吉士舞《きしまい》と呼ばれる風俗歌舞も、日下宮家と関係して、記憶にとどめておきたい。

その中で、『延喜式』には「隼人舞」について、「弾琴《ことひき》二人、吹笛《ふえふき》一人、撃百子《ほうしうち》四人、拍手《てうち》二人、歌《うた》二人、舞《まい》二人」の構成で舞われていたことが記されているが、その所作や楽曲などの実際については「無形」であり、書き残された記録はない。

そこで、現在に伝わる雅楽や、また宮崎県下にも広くそして数多く伝承される神楽や、埴輪等が断片的に知らせる古代楽器（琴など出土遺物もあるが）の復元などを通して、考えてみたが、その姿は悠久の歴史の彼方であった。

その時、イベントプロデューサーとしても活躍し、雅楽の源流を追求していた能楽師（狂言方和泉流）の五世・野村万之丞《まんのじょう》に、当初マネージャーを通してであったが、共同研究の相談を持ち掛けた。野村万之丞自身も「興味あるテーマ」として考えている、との良い返事が返ってきた。具体的な打ち合わせの日程を、としながら、その後何故か、連絡が途絶えた。西都原考古博物館の開館も迫り、そのことに忙殺もされたが、腰を据えたいテーマであるので開館後に継続して、とこちらからの催促は控えた。

西都原考古博は、当初予定は秋の開館であったが、前倒しで二〇〇四（平成十六）年四月の開館にこぎ着けた。その二カ月後、新聞紙上で野村万之丞の訃報に接した。享年四十四歳、おそらく床に伏す間もない死ではなかったかと思う。死後、大名跡《みょうせき》の八世・野村万蔵を追贈された。野村万之丞であれば、どのように隼人舞にアプローチし、どのように復元し得たのか、叶わぬ宿題となった。

その後、西都原考古博では、韓国の博物館との共同研究・交流とともに、台湾の博物館との共同研究・交流を進めることを考えた。その視線の先には、中国大陸の江南地域を見通してのことであるが、南九州の古代史を考える上で、東アジアの中での海上交通・交流は欠くことのできない課題であった。その中に、もちろん「隼人舞」の宿題が残されていた。

西都原考古博で共に仕事をした吉岡けい子は、教職を退いたのち、神楽や古代音楽への関心を、具体的な音楽活動等を通じて情報発信し続けている。そこで、隼人舞の復元の課題を持ち掛けた。

隼人舞の源流は、通説として疑わないいわゆる「服属の舞」などではないこと、「海幸・山幸神話」と同様に中国大陸江南地域や東南アジアへもつながる海上交通・交流の中で共有されたもの、との二つを討議《ディスカッション》したが、手繰り寄せたその姿は、確かなものになったと思う。

直感の一つ、一つの言葉について基本的な見解を含めて表明しておけば、「服属」という言葉についてである。畿内王権と地域豪族との関係を示す場合、この言葉は余りにも検証なしに、現在も使われている。わたし自身も、安易に使っていた。しかし、基層・古層において、畿内王権と地域豪族とは相互に相対的な自律的な権力構造を有し、その均衡・拮抗関係にあった、と見ている。大王（天皇）の位自体、絶対的なものではなく、相対的なものに過ぎなかった。「服属」という単語こそ、律令体制による「上書き」の最も象徴的な単語の一つだと思う。「服属」の舞などではなく、「久米舞」がそうであるように、「戦い」の舞なのである。

今一つの海上交通・交流による共有化は、何を置いても当然の項目である。

「そこで兄はフンドシをして」とある。「犢鼻《とくび》」とは「ふんどし」と解される。海洋民に共通する「ふんどし文化」に着目し、「海上の道」の先に、ニュージーランドのマオリ族の「ハカ」（世界ラグビーチームの雄

「オールブラックス」の試合前の儀式《セレモニー》は有名）を見い出し、琉球・沖縄諸島の「エイサー」（盆の時期に踊られる祖先の霊の送迎の祭りであるが、海上祭祀が源流）へとつなぎ、相撲の「四股《しこ》」（『書紀』天武十一年の大隅隼人と阿多隼人の相撲は象徴的な宮廷儀式）につないで見い出すことのできる「所作」は、隼人舞の基本所作の一つとして間違いない。「そこで足をあげて踏みならし」とは四股の所作を思わせる。

「始め潮がさして足を浸してきたときに、爪先立ちをした。膝についたときには、足をあげた。股についたときには走り回った。腰についたときには、腰をなで回した。脇に届いたときには手を胸におき、首に届いたときには、手を上げてひらひらさせた。」とは、琉球・沖縄の「浜下り」の大潮の海で手足を清める際の所作にも通じ、「エイサー」の躍動する舞の所作も思い起こさせる。

舞の復元はどこまで行っても推論の域を出ないが、確からしいところに、来ている。その詳細は、吉岡けい子自身が（既に二〇一五年、西都原考古博で台湾の舞踏家による試演は行ったが）、記録化される形で、問うことが一番なので、それに譲りたい。

下巻《しもつまき》

〔人世の五－六世紀〕

壱の章　地政学

畿内の地政学

グラウブルク・ケルト文化博物館

ドイツ・ヘッセン州。斬新な博物館建築の右手、林の中の古びた建物は、ナチス・ドイツ時代の研究所である。ドイツにおける歴史研究は、常にあの時代の歴史観と向き合っている。ケルト族が築造した墳丘墓群の遺跡博物館は、ケルト族の神話、ナチス・ドイツの歴史観、現代の墳丘墓の研究、という３つの課題を抱えている。

地政学は、政治現象と地理的条件との関係を研究する学的体系を言うが、ナチス・ドイツの政策に活用された学史の暗部を有する。しかし、地域の地理的位置やその関係性を含む地理的条件は、生起する社会動態の政治現象を理解する上で、以下に触れるように決して無効ではない。

何故、現在では鄙びた風情をみせる奈良盆地が、古代国家の誕生の地となったのか、とまず問いを発する。決して、すべての決定要因ではないが、地理的な立地及び周辺との地理的関係、そしてその土地が持つ経済的基盤が地政学的な要素ということができる。その場合、現在（今）の地理的景観を捨て去る必要がある。まず、当時（時代・時期の変化・変遷を含めて）の状態に初期化《リセット》して考えなければならない。

奈良盆地を考えるには、まず大阪（河内）平野の様子を理解しておきたい。細かな時間尺は省略するが、大阪（河内）平野が、まだ平野ではなかった時代がある。古く遡れば、およそ古墳時代においても、現在の大阪湾はさらに河内湖として、内陸までを海の底に沈めていた。現在の難波辺りまで上町台地が南北に砂洲状に延びて河内湖の入口となり、いわゆる難波津となっていた。そして、河内湖の東奥に当たる、現在の東大阪市日下（後に日向との大きな関係が生じる土地である）の目の前まで、船を乗り入れることができる

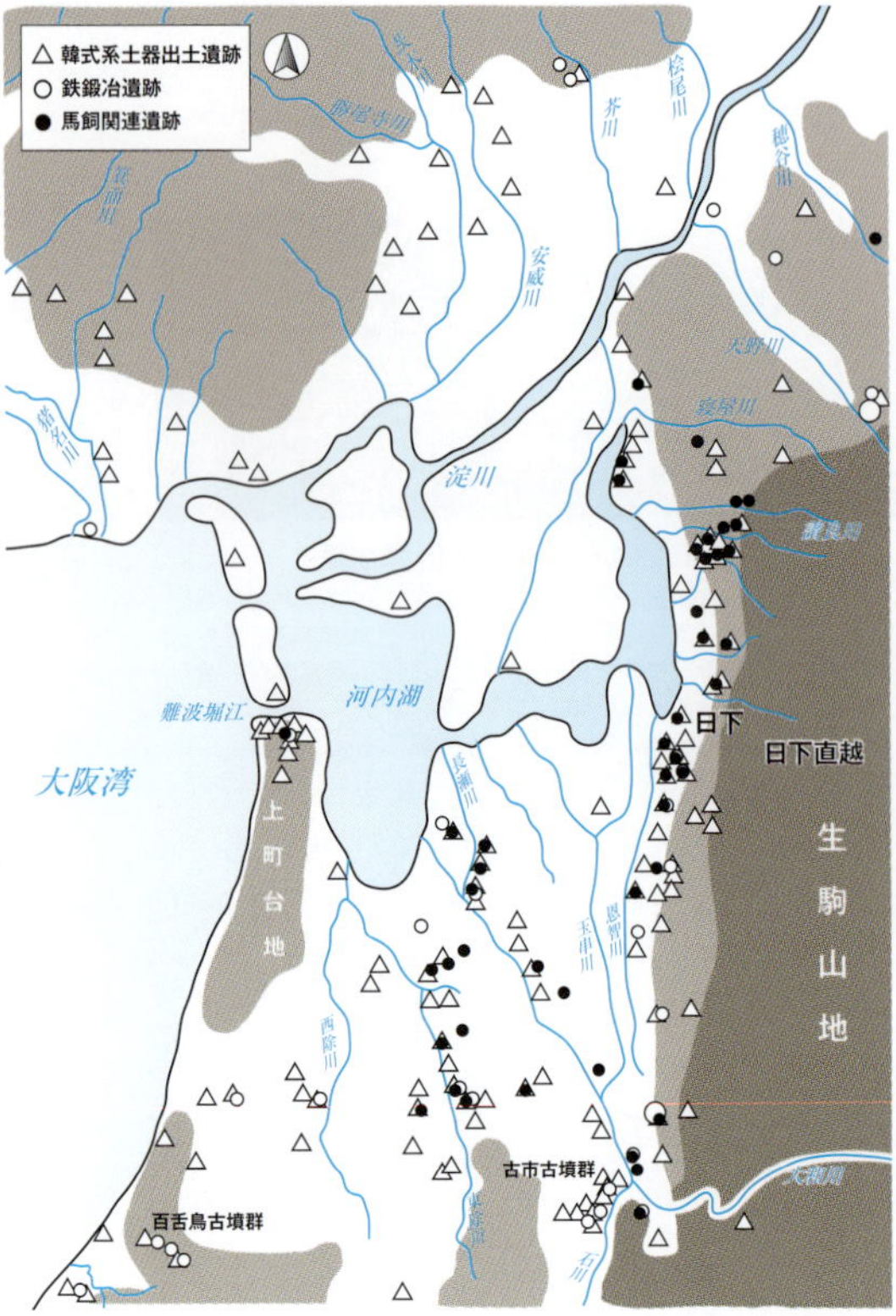

河内湖周辺の遺跡

河内湖遠望

瓢箪山駅から東大阪市立郷土博物館への坂道。振り返ると、大阪平野が展望できる。かつては河内湖が、この坂道の下に広がっていた。

時期があった。

次第に、湖が土砂の堆積で埋め立てられていき、また人工的な土地改良の手も加えられ、現在の平野となった。こうした大阪平野の開拓の歴史的過程は、仁徳天皇が河内湖と大阪湾をつなぐため造ったとされる運河「難波の堀江」はもちろん、さらに時代を下って、例えば十六世紀末に豊臣秀吉が築かせた大阪府枚方市から延びる文禄堤（その延長線上には宇治川のいわゆる太閤堤がある）も、この河内湖の北部の淀川（この河川名、日向国の中央を流れる大淀川と無関係ではない）の氾濫への治水対策でもあったように、長い歴史の時間幅《スパン》の中で、見つめておく必要がある。

つまり、弥生時代から古墳時代にかけては、現在の大阪平野は海上交通の要衝としての役割はあった。しかし、湖が陸化していき幾筋もの河川の間の微高地や高台が生活基盤（集落や耕地）となるが、経済的基盤を集中化するには、まだ脆弱な土地であった。こうした脆弱な土地の開発は、巨大古墳（大王陵）から構成される内陸寄りの古市古墳群、海岸寄りの百舌鳥古墳群の築造という形でも示される、とみてよい。

それに対し奈良盆地は、適度な生活基盤を準備する土地であった。そして、初期大王陵や畿内有力豪族の墓域としての古墳群が誕生する。内陸部に初期畿内王権の基盤が据えられるのは、大阪平野も含むこうした地政学的位置がある。

ちなみに、古墳時代の列島弧（青森・北海道や琉球・沖縄を除き）における推定人口は、四百五十万人程度と見積もられる。現在の人口統計で全国九位の福岡県の人口が五百十万人ほど（十位の静岡県は三百七十万人と少し開きがある）であるから、多く見て福岡県ほどの人々が列島弧に広がっていた、と想像力を広げておきたい。少なくとも、当時の地域における人口の粗密を考慮しても、現代の人々の溢れる様子は、頭から除いておく必要がありそうである。

北部九州の地政学

そして、畿内地域とともに、弥生時代から古墳時代にかけて、主役級の役割を果たした北部九州の地政学はいかなるものであったのか。その最大の地理的位置の持つ要素は、中国大陸・朝鮮半島との「近さ」である。その点、畿内地域は「遠かった」、こうした距離感も大きな要因となってくる。つまりは、畿内地域では、情報網《ネットワーク》がそれを補い、克服する鍵《キー》の言葉《ワード》となる。

玄界灘に臨む初期稲作を受容した福岡平野から南下して山地に囲まれた盆地的地形の八女《やめ》丘陵、そこを流れる矢部川は有明海に注ぐ。南北の海をつなぐ、長大な平坦地もあり起伏もある地勢は、北部九州の歴史を育む母体である。大陸・半島との距離は遠くなるが、包み込むように有明海を抱え込む熊本県八代平野・宇土半島、福岡県筑後地域、佐賀県東南部、長崎県島原地域の位置も、内海とするがゆえに、また特有の地政学的彩《いろどり》を見せる点も、考慮に入れておくべきであろう。そして、八代平野は、広大に過ぎる。邪馬台国と狗奴国の鬩《せめ》ぎ合いは、この平野である。それは、北部九州と南九州と、と置き換えてもよい。

八代平野・向野田古墳

宇土半島の付け根部に位置する前方後円墳（墳長約90㍍）。竪穴式石室内の舟形石棺に被葬されていたのは火君としての女性（成人）首長。内行花文鏡・方格規矩鏡・禽獣《きんじゅう》鏡、勾玉ほか玉類、車輪石（碧玉）、刀剣類、鉄斧・刀子などが出土している。

少し時間軸を明確にしておけば、列島弧の歴史の大きな節目は、「稲作以前」と「稲作以後」である。自力の農耕の祖形となる栽培は、縄文時代においても形を見せてきた。可食植物の管理から栽培は、基本的には天水にたよる畑作として形成されていく。これに対して、人工的な土地改変を伴う農耕は、水田農耕として誕生する。ただし、畑作の延長にある米作り、「陸稲」も稲作の一形態として忘れてはならない。

水田農耕は、より管理的に稔《みの》りを保証するために、耕地の開拓を必要とした。初期的には、水を調整できる低地を利用したが、天水ではなく、高いところから低い所へと流れる水を管理し、時に水を調整・遮断するために灌漑《かんがい》を要し、耕地の高低を計画的に作り上げる。そうした行為は、コメの可食という食の問題を超えて、社会組織化と権力の一元化を促し、血縁的紐帯を超えて地縁的利害の調整者として首長の誕生を促していく。列島弧の中で、いち早くこうした社会変革を迎えたのは、北部九州の持つ地政学的位置ゆえであった。

そして、そうした稲作の導入は、長い間、北部九州を玄関口として実現したと考えられてきた。だが、そうではなかった。

今から約一万年前（紀元前八〇〇〇年）頃、中国大陸長江流域で始まった水田農耕は、数千年の時を経て黄河流域へと北上し、この北上が熱帯・亜熱帯を故郷とする稲作りの可能性を広げ、温帯のやや寒冷な地域に適合した稲が、紀元前一〇〇〇年頃にかけて耕作地としてやや過酷な土壌を持つ朝鮮半島を、今度は南下する中で、畑作の陸稲への対応と幅を広げ、栽培技術や食文化も含め、紀元前八〇〇年頃（ないしは紀元前一〇〇〇年までの間）に海を渡ったところに、列島弧における米作りの初源があった。

しかし、その玄関口は、北部九州だけではなかった。同時期、南九州にももう一つの玄関口が開かれていたのだ。北九州の初期稲作遺跡は、板付遺跡（福岡県福岡市）・菜畑遺跡（佐賀県唐津市）に代表されるが、南九州では宮崎県内陸部の都城盆地の坂元A遺跡や黒土遺跡（共に都城市）などが、同時期の遺跡として確認されてきている。むしろ海岸線に近い平野部ではなく、内陸部の盆地に初期稲作が認められるところにこそ意味がある。

つまり、いきなり全面展開ではなく、稲作を受け入れるに相応しい適度な地域にまず根を下ろすのであり、それが地政学的位置の一つの条件である。故に、この内陸部、その後（長い歴史の時間幅の中では）、時代の節目（戦国期や幕末にも）となると、九州地域の動静の裁決権《キャスティングボート》を握り続けるのである。

坂元Ａ遺跡出土遺物
石包丁（左上）・打製石鍬（左中）・突帯文土器

さらに、このことは列島弧内に、もちろん留まらない。朝鮮半島との関係にも、多元的な視点を要求する。北部九州と南九州の稲作の玄関口は、その経路《ルート》が半島においても多元的に存在することを示している。結論的には、半島東南部地域から日本海側の出雲、北部九州へ、半島西南部地域から南九州へと経路を結ぶ大きく二つの経路があった。

そして、他ならず、これは南九州の東アジアの中での、か

大陸・半島との交流経路

つ列島弧の中での古代日向の地政学的位置を現しているのだ。列島弧の中でと言えば、南九州の東側は畿内地域へ顔を向け、直接的には周防灘を出入り口とし、北部九州の東側（豊国）につながり、西側は有明海に開きながら北部九州の西側（筑紫国）につながる。南九州には、二つの面（『古事記』風に言えば）がある。この東西を横断して、南九州社会が存在するのだ。

この東と西を結ぶ位置に都城盆地がある。広く見れば、西側からの内陸部への入口にえびの盆地（鹿児島県大口盆地・熊本県人吉盆地が連携する）が位置し、都城盆地へとつながる。

また、南からの経路では、薩摩半島から北上し大口盆地へ、大隅半島から北上し都城盆地へとつながる。この内、大隅半島からの北上は、東側の海岸線を北上する経路は、大隅半島肝付平野から串間市・日南市南部へは共有するが、日南市北部（旧北郷町・鵜戸）は海岸線へ断崖絶壁となり迫り出した山稜（岩壺山・谷之城山などの山々）が行く手を阻み、海岸線を寄港しながらの経路が活用されたとしても、西側に迂回する位置に都城盆地が現れてくる。こうして、都城盆地の地政学的位置を象徴するのが、内陸部に唯一築造された前方後円墳の存在であり、それゆえ幾度か時代時代の節目の裁決権を握るのである。

そして、何よりも重要なのは、薩摩半島・大隅半島ともに、相互交通の海上交通の要衝としての港を有する点である。北部九州が朝鮮半島南部・東南部・中国大陸北部（後の北朝地域）との距離感を近くするのに対して、南九州が朝鮮半島西南部・中国大陸南部（後の南朝地域）、加えて琉球列島を経由し東南アジアへの経路を開く位置は、南九州の海外交渉の色彩をより強くしている点は、強調して過ぎることはない。

日向国の古墳の記録

ことに円丘と方壇が結合した、決して単純ではない墳墓の形状には、二つの円球をつなげたような瓢箪や水面に浮かぶ船に擬《なぞら》えるなど色々な名称が付与され、江戸時代後期の国学者蒲生君平《がもうくんぺい》は、一八〇一（享和元）年に『山陵志』をまとめ、宮車《きゅうしゃ》（天子の車）から発想し「前方後円」と呼称した。発想自体は考古学的見地に基づくものではなかったが、「後円部」に基本的に埋葬主体部を設け、「前方部」は埋葬に至る祭祀的場として理解すれば、その命名には違和感はなく、現在もその名称が採られている。「前方」（埋葬される事例があるとしても）は死者の世界への前提を成し、「後円」（埋葬の場としての）の死者の世界へと至るのが、基本思想である。

江戸時代後期はまた、国学の隆盛とともに、古物への関心も高く貴重な記録類も残された。それらは当時の人々の認識と、その文化的位置を示しているが、『山陵志』も神話と結び付いた陵墓比定のために活用される資料の一つとなった。そして、一八〇〇（寛政十二）年の桂川中良《かつらがわちゅうりょう》『桂林漫録』は、古甲冑・古刀・勾玉・瓦偶人（人物埴輪のこと）など古物（考古資料）を全国的な視野の中で取り上げ、日向国についても記述を残し、一七八九（寛政元）年の白尾国柱《しらおくにばしら》『日向古墳備考』は、日向国内の古墳を絵図等の記録に留めた代表である。

個別、西都原古墳群については、一八二五（文政八）年に児玉実満《じつまん》が『笠狭大略記』を著し、男狭穂塚・女狭穂塚などを記録に留めた。その後、一八三二（天保三）年に中村忠次『日向可愛山陵図書』、一八五二（嘉永五）年に本部定就《ほんぶさだより》『日向山陵考略』など、江戸時代末期における西都原古墳群についての認識を示している。明治に入っても『取調書』といった形での記録化もなされ、一八八四（明治十七）年の平部嶠南《ひらべきょうなん》の『日向地誌』でも詳細に触れている。また、記録という意味では、イギリス人ウィリアム・ゴーランドが一八七二（明治五）年から一八八八（明治二十一）年まで滞日する中で、ランドマーク的存在である鬼の窟古墳の横穴式石室の構造を含む略測図を描き紹介したことは特記される。

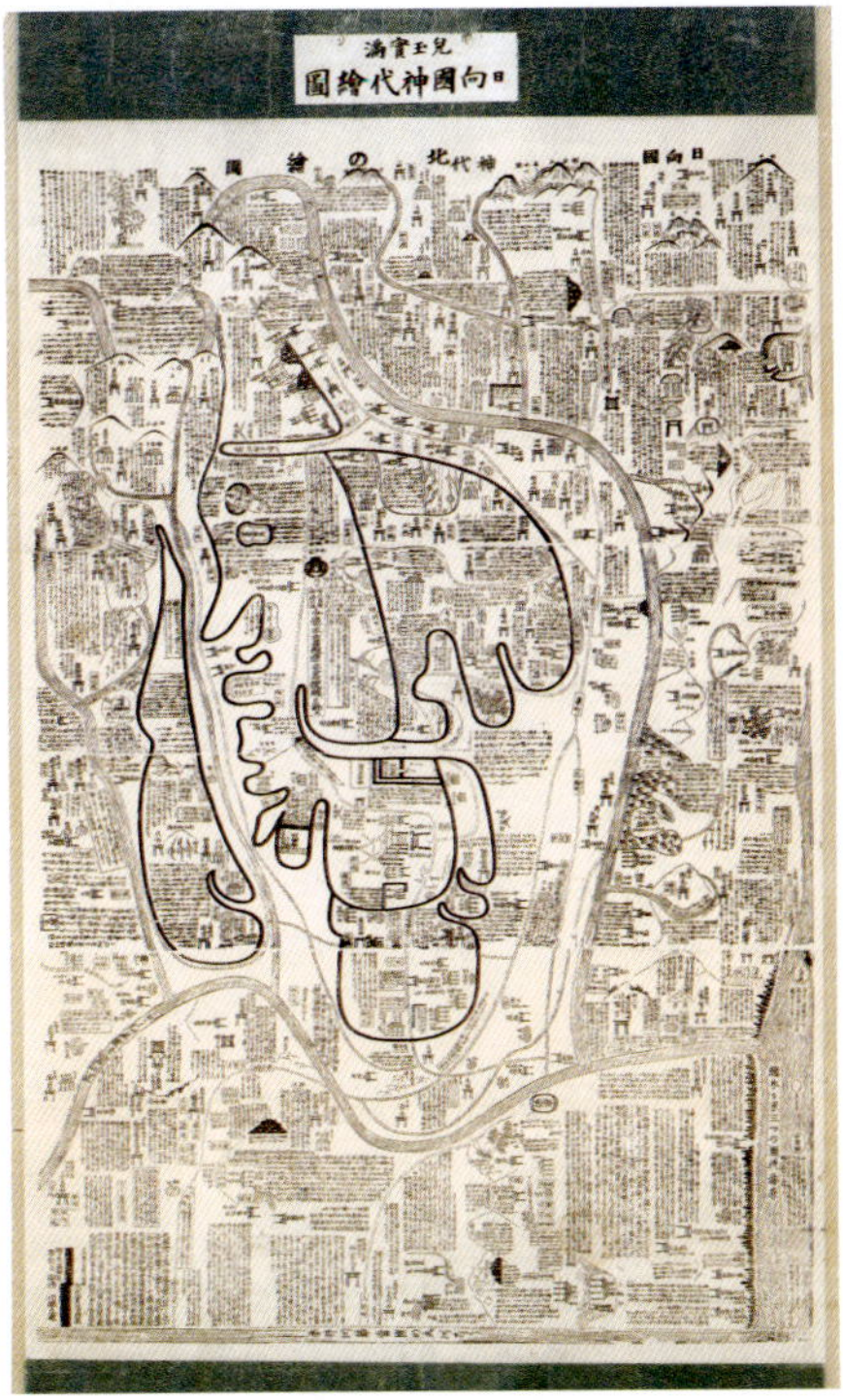

『日向国神代絵図』
（写真提供：西都市教育委員会）児玉実満が『笠狭大略記』を絵図化。西都の地を中心に南は小戸神社（大淀川北岸）、北は銀鏡神社（龍房山）、東は日向灘、西は剣柄稲荷神社周辺まで、神社所在地を主に記しながら、現実の土地の上に神話伝承の世界が展開する。

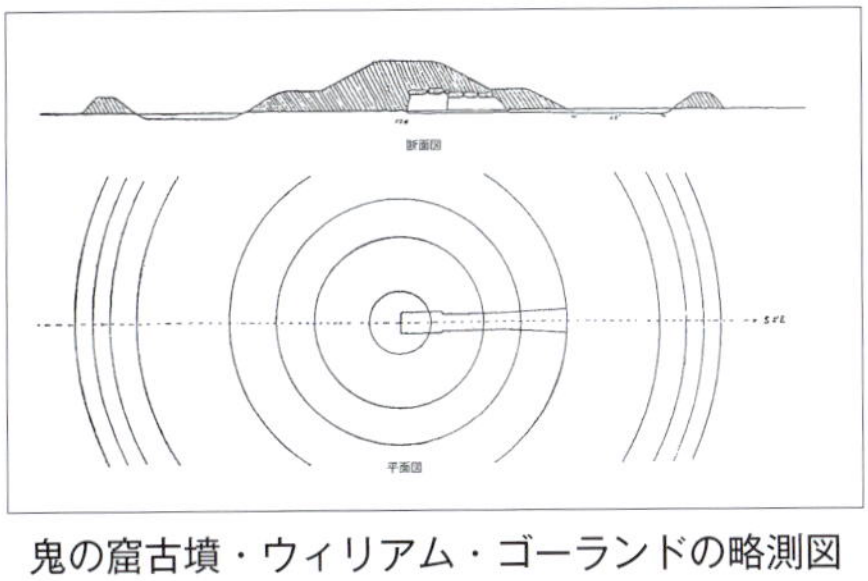
鬼の窟古墳・ウィリアム・ゴーランドの略測図
（上田宏範校注・監修『日本古墳文化論―ゴーランド考古論集』創元社 1981年）

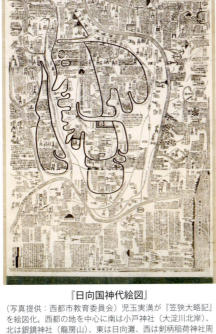

西都原古墳群

西都原古墳群全景空撮（写真提供：宮崎県立西都原考古博物館）

西都原古墳群

西都原古墳群は、宮崎県のほぼ中央を貫流する一ツ瀬川の右岸に位置する、東西二・六キロ、南北四・二キロに分布する古墳群の総称である。日向灘の海岸線から約一三キロの内陸部に位置する。一ツ瀬川流域の段丘礫層の上にアカホヤ火山灰や火山起源の土壌が堆積し、台地＝「原《はる》」を形成。北西部の標高一一八メートルの高取山《たかとりやま》を最高位として、南北に延びる標高六〇～八〇メートル級の台地。男狭穂塚・女狭穂塚の陪塚《ばいづか》一六九、一七〇号墳は、高取山の裾部に広がる八〇メートル台の高台に位置し、その南側には一七三号墳（前方後円墳）などの小規模な古墳のまとまりが形成されている。

男狭穂塚・女狭穂塚は、一六九・一七〇号墳から立地的には低位に位置し、斜面地を切り取った土量を盛土として築造されている。緩やかな斜面は、東西一・五キロ、南北二・七キロ六〇メートル台の台地につながり、西都原古墳の中心的な密集部が形成されている。さらに東と南には標高三〇メートル台の中間台地が広がり、小規模単位の古墳群が形成される。さらに、それを取り囲むように標高一〇メートル以下の沖積地がひろがり、南部には前方後円墳を含む西都原古墳群の最南端の一群が分布する。

現在の指定台帳上の古墳の基数は三百九基、これに陵墓参考地の男狭穂塚・女狭穂塚の二基を加え、公式基数は三百十一基としている。しかし、指定漏れや、耕作等により削平された古墳の存在まで拾い上げていくと、少なくとも三百二十五基を数えることができる。また、これまでに確認された地下式横穴墓は、五十基を数える。

しかし、これらの古墳・地下式横穴墓を一括して、一つの古墳群として理解することは、実は適切ではない。標高六〇メートルを超える洪積台地、標高三〇メートル前後の中間台地、標高一〇メートルの沖積地に分布する立地を踏まえ、まず沖積地及び中間台地に分布する七十一基を支群単位で把握することは容易である。古墳群南端、沖積地に築造された前方後円墳一基を含み鳥子支群には四基が残されている。日向国分寺の所在する尾筋地区は、前方後円墳四基を含む十八基からなる支群である。その北部に広がる中間台地には、前方後円墳二基を含む二十四基の鷺田支群、さらにその北に円墳二十五基の堂ヶ嶋支群が分布する。

そして、台地上の二百五十基余り、西側の寺原地区に分布する二十八基を、十七基の寺原第一支群、十一基の寺原第二支群と捉えた上で、標高六〇メートルの台地の東縁辺に一見分かちがたく密集する、南から前方後円墳七基と円墳の群集する第一古墳群、その北の前方後円墳十基が連なる第二古墳群、最北の前方後円墳一基と円墳の群集からなる第三古墳群と呼び習わされた密集地帯は、如何《いか》に読み解かれるべきか。

台地の縁に四世紀代の前方後円墳が、縦列駐車をするごとく並ぶさまは圧巻であるが、同時期の集落跡は標高三〇メートルの中間台地において検出されており、同時期古墳群を築造し続けた人々は、この中間台地に

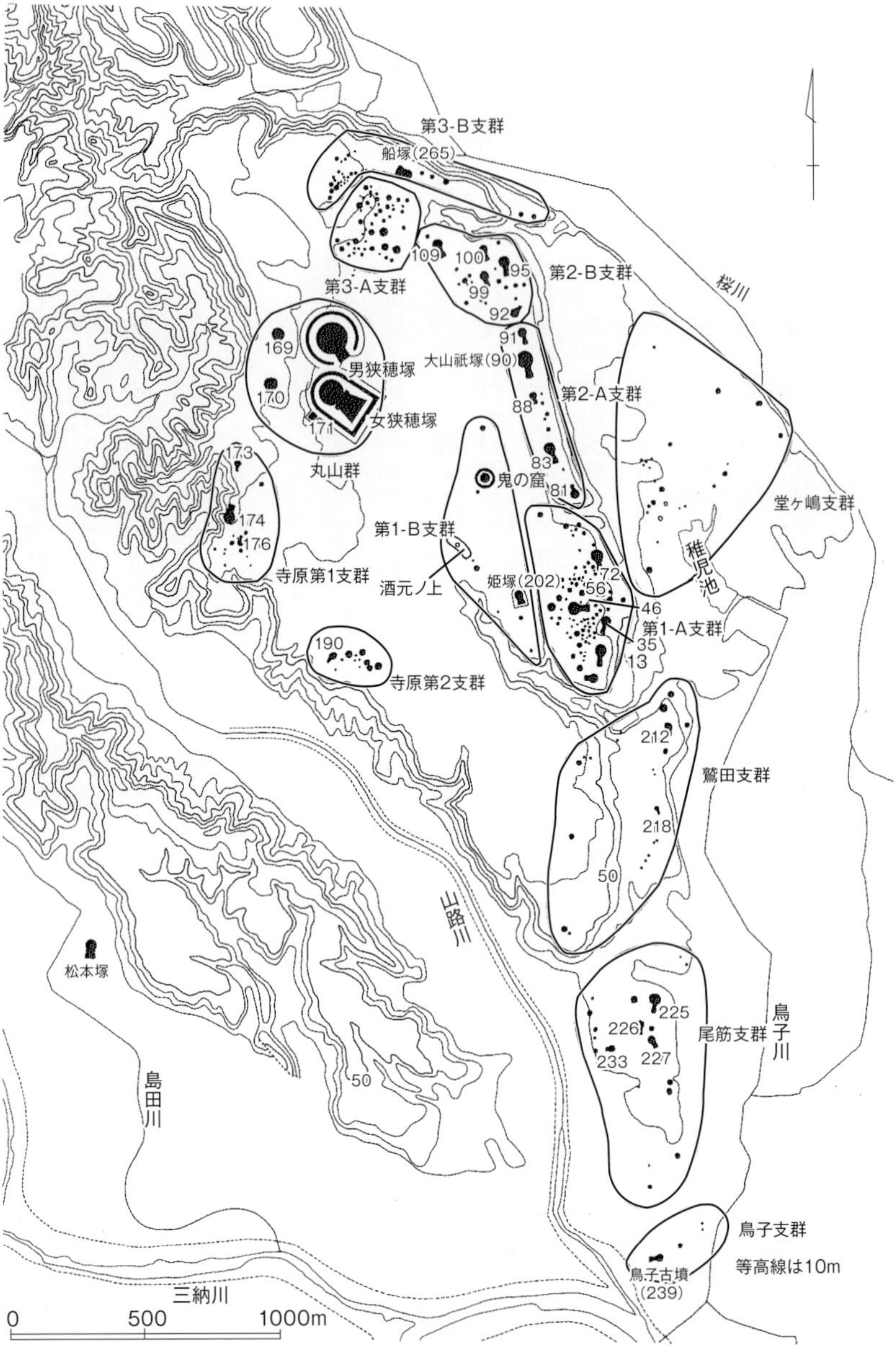
第3-B支群
船塚(265)
第3-A支群
109
100
95
99
92
第2-B支群
桜川
91
大山祇塚(90)
169
男狭穂塚
170
女狭穂塚
171
88
第2-A支群
83
丸山群
鬼の窟
81
173
174
176
第1-B支群
堂ヶ嶋支群
稚児池
酒元ノ上
寺原第1支群
姫塚(202)
72
56
46
第1-A支群
35
13
190
寺原第2支群
212
鷺田支群
218
50
山路川
松本塚
225
226
233
227
尾筋支群
鳥子川
50
島田川
鳥子支群
等高線は10m
鳥子古墳
(239)
三納川
0
500
1000m

西都原古墳群分布図

生活を営み、見上げるとそこに自分たちの祖先の奥津城が居並ぶといったさまを見、祖先とつながっていたのである。こうした景観考古学的な評価は、そうした古墳時代の世界観を構成する、生の世界と死の世界を視覚情報《ビジュアル》的に示している。

しかし、西都原古墳群の歴史的位置付けは、巨大前方後円墳の存在と同時に、長大な玄室を持つ地下式横穴墓の共存において、はじめて主体的誇示を示すのである。

前方後円墳の墳形と立地の変遷

前方後円墳は、特に「前方部」の形状に時期的な変化・変遷が現れ、その特徴が示される。最初期の前方後円墳の前方部の前面は、三味線の撥《ばち》のように開く形状を示す。次の前期の段階では、前方部は平行に細長く、その高さも低く、柄のついた鏡のような形から、柄鏡形前方後円墳と呼ばれるが、西都原古墳群をはじめとする南九州の墳形の特徴の一つでもある。

巨大古墳が築造される中期になると、前方部の前面が広く後円部径と等しくなるようになり、またその高さも後円部の高さに近くなる。後円部と前方部とのくびれ部に造り出しと呼ばれる壇状の突出部が発達する。後期になると墳丘規模は縮小するが、前方部前面は後円部径より広くなり、高さも高くなる傾向になる。

また、段築の在り方も、おおむね三段から二段へと段数を減じるが、前方後円墳では後円部が三段に対して、前方部が二段に築かれるものがある。西都原古墳群では、発掘調査の確認で一三号墳（墳長八〇メートル）や四六号墳（墳長八四メートル）は後円部三段・前方部三段築成であり、そのほか表面観察からは七二号墳と一七四号墳（墳長七一メートル）が前方部三段と判断される。

一方、一〇〇号墳（墳長五七メートル）・一七三号墳（墳長四〇メートル）は後円部三段・前方部二段であることが発掘調査で確認され、柄鏡形前方後円墳では最大規模の九〇号墳（墳長九六メートル）も含め、その他のすべての前方後円墳も前方部二段築成とみられる。このことから、前方部三段の前方後円墳は、第一支群に集中し、他はわずかに寺原第一支群の一七四号墳に限られることが知られる。

そうした墳形の変化を、一つの物差しとして、古墳群築造の変遷をとらえ、そこに地域社会の歴史的変遷を重ねて理解することができる。前方後円墳は首長（及びその近親者）の墓と考え、その規模の大小は被葬者の権威・権力に比例すると想定すれば、被葬者の存在に留まらず、前方後円墳を築造する地域の人々の勢力の反映とみなすことができる。こうして、前方後円墳の変遷は、首長墓の変遷であり、規模の大小

前方後円墳の変化

100号墳：前方部２段築成・後円部３段築成、低平な前方部

13号墳：前方部・後円部ともに３段築成

202号墳：前方部・後円部ともに２段築成、後円部に等しい高さの前方部

の変遷は、当該勢力の盛衰の反映であり、また前方後円墳築造の中断や断絶などは、当該勢力の解体や復活などとの理解が導き出されることになる。

また、墳形の変化のみならず、古墳の分布、立地にも変化が見られる。一ツ瀬川をはさむ西都原古墳群と新田原古墳群とでは、その違いが鮮明に示されている。

三世紀後半から四世紀代にかけて、西都原古墳群では標高六〇メートルの台地の縁に添うように、前方部の低い柄鏡形前方後円墳が縦列駐車するように築かれる。五世紀前半の男狭穂塚・女狭穂塚は、西側高取山から派生する標高八〇メートルを前後する高台を裁断し、その土量を用いて巨大古墳を築造する。台地の中央は、古墳の空白地帯として残されることになる。

それに対して、新田原・祇園原古墳群においては台地の縁に築かれた五世紀代の霧島塚（一一三号墳）以降、六世紀代においては台地の内側の平坦地を中心に前方後円墳は築かれる。その多くは、横から見るとフタコブラクダのように、前方部と後円部の高さが拮抗する前方後円墳である。

陵墓参考地を測量・探査する

男狭穂塚は、謎多き不思議な古墳であった。円丘の部分は、ほぼ正円に近い形をしているし、東半分の壕や外堤の形もはっきりしている。問題は、前方後円墳なら前方部に当たる四角いはずの部分が、何とも心もとない形をしているのだ。最も整った前方後円墳の形をしている女狭穂塚と比べれば一目瞭然である。とはいえ、よく残されていると思われる東半分の形から推定すると、女狭穂塚のようにしっかりした形の前方部ではなく、柄鏡形の細長い前方部がもともとの形であった。その前方部が、女狭穂塚を造るために壊された結果、不整形な前方部になったのではないか、ともっぱら古くから研究者は考えていた。

しかし、釈然としない疑問が数々残されていた。壊されたとすれば、女狭穂塚に近い方に細長い土手状の高まりが残されているのは何故か。円丘部側には、二重に壕が巡らされているのに、前方部側の壕がはっきりしないのは何故か。女狭穂塚も二重に壕が巡らされていることが確認され、男狭穂塚の壕と重なってしまうのではないか、などなど。つまり、男狭穂塚と女狭穂塚は、相互に独立した古墳として造られたのに、その造られた順序や形に謎を残すに至ったのは、何故かである。そして、何よりも日本列島の南端にこれほどの巨大古墳が造られたのは何故か。しかも、こんなに近接して。

こうした謎が残されているために、女狭穂塚が九州で一番大きな前方後円墳であることは誰もが認めるところではあったが、取り方によっては女狭穂塚より男狭穂塚の方が大きくなり、何せ墳形に確信が持てないので、あおりをくって女狭穂塚も道連れに、この両古墳、著名な研究者の規模比較の一覧から抜け落ちるなど、正しい評価を受けてこなかった。列島弧の南端に位置する重要な古墳にとって、そうした扱いは不幸なことであった。もちろん、日本古代史の理解のためにも。

西都原古墳群では、宮内庁管轄の陵墓参考地の立ち入り等に新たな局面を切り開いてきた。陵墓及び陵墓参考地は、「皇霊の静謐《せいひつ》と安寧《あんねい》」を保つため厳に立ち入り及び調査等は制限されていた。その中で一九九七（平成九）年に、自治体単独で初めて陵墓参考地の詳細な測量調査を実施することができた。それが実現したのは、西都原古墳群全体について縮尺二五〇分の一、等高線二〇㌢《センチ》の詳細な測量図の作成を進めていたが、盟主墳である男狭穂塚・女狭穂塚については一九二六（大正十五）年測量、一九二九（昭和四）年製図の、縮尺一〇〇〇分の一、等高線一㍍《メートル》の測量図しか持ち合わせていなかったため、古墳群としての全体像を理解するため、不可欠な基礎資料整備の必要性について、宮内庁が格別の配慮を示した結果であった。陵墓はもとより陵墓参考地にもこうして踏み込むのは、全国でも初めてのことであった。そして、大正時代の等高線一《メートル》の測量図からは読み取れなかった両古墳の形が、等高線二〇《チセンチ》の詳細な測量図によって踏み込んで判断できるようになったのである。

だが、千六百年ほどの時を経て、当初の姿は土の下に埋もれ、厚い面紗《ベール》に覆われていることには変わりはない。確からしさに一歩近づいたけれど、まだ推定の域を出ない、という宿題は残されたままであった。

築造された当初の姿を、直接掘らないで確認する科学的な良い方法がある。宮崎県では、永い間、地中探査という最新技術の蓄積に力を入れてきたが、それを以《もっ》て再び陵墓参考地に踏み込むことになる。採用したのは地中レーダー探査と呼ばれる方法。これに電気探査を加えて検証することにした。前者は電波を、後者は電気を地中に流して、地中を通過する、あるいは反射する反応をとらえるもの。自然に堆積した土を通過するのと、人工的に手を加えた場所や、異質な物質があるとそこで反応が変化することになる。それぞれに、少しばかり得手不得手や特徴がある。だが、地中レーダー探査は、広い範囲を面的にとらえるのに適しているし、宮崎県の火山灰の堆積した土壌には効果的である。

こうした蓄積が、二〇〇四（平成十六）年から三カ年の陵墓参考地に対する地中探査の実施につながっていった。これも、西都原古墳群全体の地中探査による地下マップの作成の一環として、先の詳細な測量調査の結果においても、なお謎（宿題）として残された男狭穂塚・女狭穂塚の周壕等の切り合い関係を、直接的な発掘調査によらず、地中探査によって確認しようとする目的で設定したものであった。地中探査の結果、謎解きの輪郭がはっきりしてきた。

調査の結果

ともあれ、先の測量調査及び地中探査は大きな成果をもたらした。では、地中探査の成果によって、男狭穂塚・女狭穂塚の謎の何が解き明かされたのか。

男狭穂塚の形は、帆立貝のような四角い部分（方壇部）が小さな古墳であること。基底石（根石）と呼んでいる人頭大の石列の反射と思われるものが確認できた。謎を深める結果になっていた細長い土手は、十六世紀代に「四半的《しはんまと》」（伊東氏固有の弓術）の的場の堤として手が加えられたという伝えも明らかにされ解決した。

男狭穂塚の壕は、方壇部の前面まで、つまり一周する形では巡らないこと。これは、壕が埋もれているならば異なる反応が見られるが、まわりは自然の土の反応が続いていることが確認された。そして、そのことは同時に、女狭穂塚の二重目の壕も男狭穂塚側までは巡らず一七一号墳（方墳）に接する反対側だけに造られていることが明らかになった。

その一七一号墳から女狭穂塚の後円部にかけて、通路となる「渡り土手」がやはりあったこと。これは、現地では今は不明瞭になっているが、通路状の異なる反応を見たことで明らかになった。また、女狭穂塚の左右非対称に見える「造り出し部」は、もともと非対称であったこと。これも、やはり根石の石列の反応によって確かめられた。

根石の反応を追えば、両古墳とも本来の形からすると、土に埋もれている分、二メートル《メートル》前後小さく（墳端部の捉え方では大きく）見えること。現況で判断する墳端部では、男狭穂塚・女狭穂塚とも同規模の墳長一七

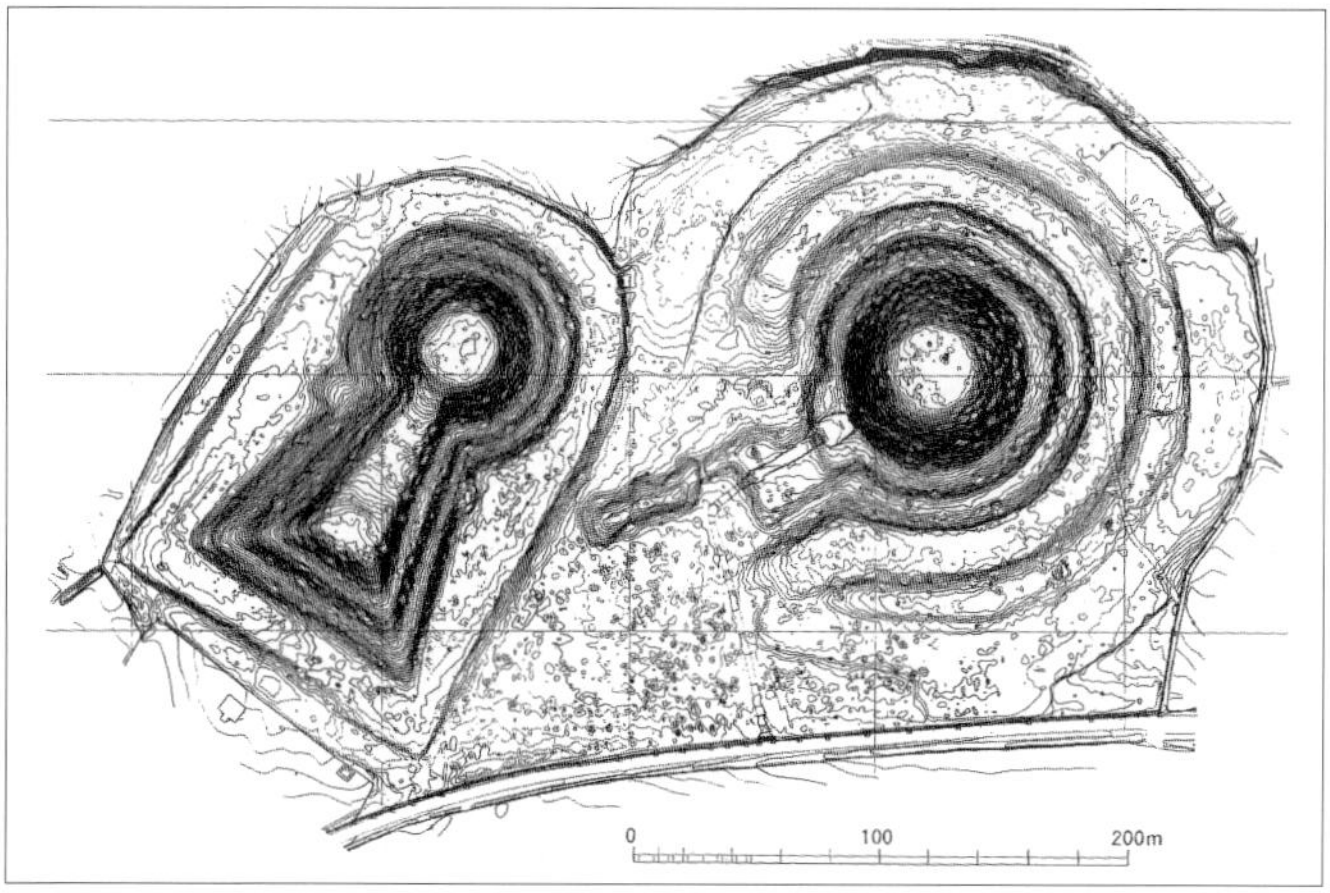

男狭穂塚・女狭穂塚

六《メートル》となるが、築造規格の上では数メートル、男狭穂塚・女狭穂塚の探査結果と突き合わせれば規模は大きくなる、などがはっきりしてきた。

では、この意味するところは何か、謎解きは、この先である。この両古墳、前方後円墳と帆立貝形古墳と形を異にしながら、厳密な位置関係を計算して、それぞれの後円部（円丘部）の中心点が設定されていた。出土埴輪からは、両古墳とも五世紀の前半、男狭穂塚にやや新しい要素を見るとしても、同時並行して計画され、継続して造られたと考えられる。つまり、男狭穂塚二重目の壕は女狭穂塚一重目の壕とぎりぎり接する位置に設定され、それでも干渉し合わないよう、男狭穂塚の前面部分の壕と女狭穂塚の二重目の壕は造られなかったのである。逆に言えば、男狭穂塚の前面に壕を掘れば女狭穂塚の一重目の壕を壊すことになるし、女狭穂塚の二重目の壕を掘り切れば、男狭穂塚の二重目の壕や前面部分を壊すことになる。相互の古墳の基本的要件を満たしつつ、相成り立つために、壕を造ることが調整されていたのである。

女狭穂塚は、列島弧四十八位の規模を誇る定形的な前方後円墳である。墳長約二九〇《メートル》の仲津山古墳（伝仲津媛陵・大阪府藤井寺市）を六〇《パーセント》縮小した相似形で造られていると理解してきたが、前方部一段目の高さが異なることから、見直しておきたい。ただし、その場合も、幾分幅を持たせておきたい。石津丘古墳（伝履中天皇陵）との相似形については、最初に関西大学の網干善教が指摘したが、その直観力を採用すべきかもしれない。

仮説と検証

台地の東縁辺には、十八基の前方後円墳が存在する。その前方後円墳が密集する様は、全国でも目にすることのできない景観である。このうち、二基は前方部の充実した六世紀代の前方後円墳として判断できるが、縦列あるいは並列するように台地の縁を象る残り十六基は、明らかに前方部が細く低平ないわゆる柄鏡形前方後円墳として分類されるもので、この密集を読み解くことが最大の難関として残されていた。

そこで提起したのは、これらを単系列の首長墓としてではなく、複数系列の首長墓として理解することであった。四世紀代にこれらの柄鏡形前方後円墳を位置づけ、複数系列の首長墓から、五世紀代の巨大古墳男狭穂塚・女狭穂塚への統合、その後の前方後円墳の築造停止と、逆に隆盛する円墳を伴う地下式横穴墓、六世紀代の前方後円墳の再登場と横穴式石室を持つ円墳鬼の窟古墳を最後の首長墓として終焉した、とする史的変遷の仮説を提出した。

一九九五（平成七）年に始まる整備に伴う発掘調査は、そうした仮説を検証するものでもあった。その結果、大正時代の発掘調査による年代決定の根拠の一つとなった一三号前方後円墳は四世紀後半に遡り、引き続き実施した一〇〇号前方後円墳・八一号前方後円墳の発掘調査により、四世紀前半からさらに三世紀後半も射程に入り、古墳群の開始時期、ひいては南九州における古墳の成立の時期を、畿内と時期差を容れず展開することなどが見えてきたのである。

帆立貝形古墳

男狭穂塚を、円丘部（後円部）に対する方壇部（前方部）の比率で、前方後円墳として築造したとすれば、少なく見積もっても墳長二二〇メートル程度、列島弧二十三・二十四位規模で、四世紀末の佐紀石塚山古墳（伝成務天皇陵、奈良市山陵町、墳長二一九メートル、後円部径一三二メートル）など陵墓級に相当し、最大に見積もる規格であれば墳長二四〇メートルともなり、十六・十七位規模となる。

帆立貝形古墳は、古墳序列を考える時、前方後円墳と共に考えておかなければならない墳形の古墳であ

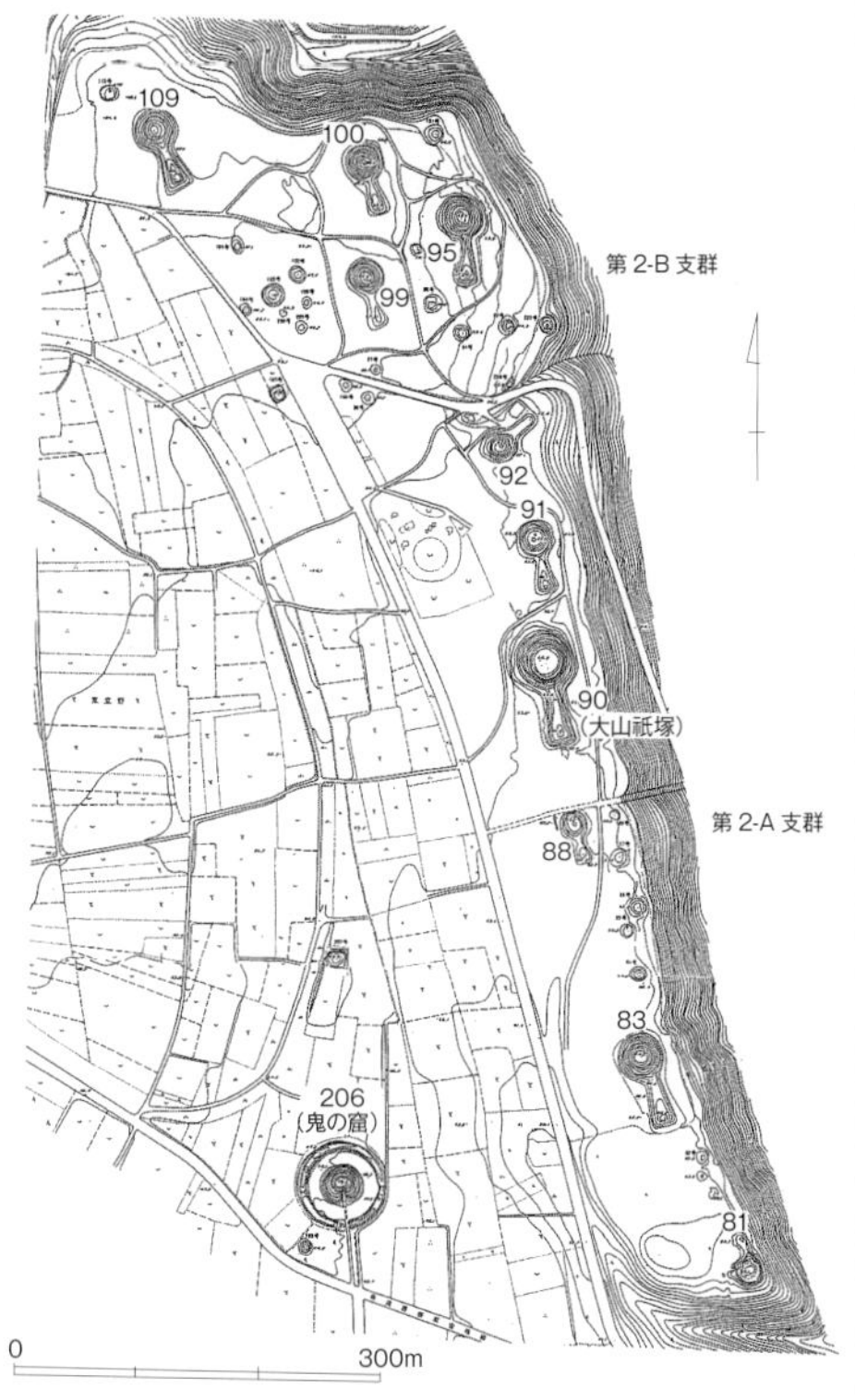

第２古墳群・縦列する前方後円墳

前方部（右手）が低平であるのがよく分かる。後円部は三段築成、前方部は二段築成。西都原台地の東の縁辺に、こうした柄鏡形前方後円墳が縦列駐車をするように並ぶさまは、全国的に見ても圧巻の歴史的文化的景観の一つである。

る。宮崎県内での明確な帆立貝形古墳は、持田古墳群（高鍋町）の中で唯一沖積地に築造された墳長五〇メートルの亀塚古墳（六二号墳）や、松本塚（西都市）を中心とする松本古墳群二号墳（墳長約四〇メートル）と南九州では多くはない。

形状的には、前方部が縮小した形の古墳は、帆立貝の形状をイメージさせることから、帆立貝形古墳との名称があるが、前方後円墳の前方部の小規模なものとみるか、円墳に方形の造り出しが設けられたものとみるか、大きくは二つの見解に分けられる。

男狭穂塚の場合、円墳の概念として捉えれば径一三二メートルとは、列島弧最大の円墳とされる丸山古墳（埼玉県さきたま古墳群）の径一〇五メートルを遥かに超える規模となる。帆立貝形古墳の企画・規格としては、方壇部の大きさや台形・長方形などの形状、そして周溝の形状から六分類される規格が認められているが、男狭穂塚は女良塚《じょろうづか》古墳（三重県名張《なばり》市）と同一規格の、方壇部が長方形を呈し、その長さ（四四メートル）の三倍が円丘部の径（一三二メートル）となることが知られる。そして、帆立貝形古墳としては、これまで最大規模と見られていた馬見《うまみ》古墳群（奈良県北葛城郡河合《かあい》町・広陵《こうりょう》町・大和高田市）の乙女山《おとめやま》古墳の、墳長一三〇メートル、径一〇四メートルを超える巨大帆立貝形古墳ということができる。

帆立貝形古墳の位置付けについては、前方後円墳を造ることの規制により「前方部」が短小化したとの理解や、帆立貝形古墳の規模は最大でも一二〇～一三〇メートル程度で多くは一〇〇メートル以下で規模に大差が見られないことから、前方後円墳を築造する

持田古墳群から見た亀塚

標高約50メートルの台地の先端から、東方の沖積地に築造された唯一の帆立貝形古墳を遠望できる。家形埴輪の鰹木の出土、また一度掘り出された木棺が、そのまま埋め戻されていると伝える。

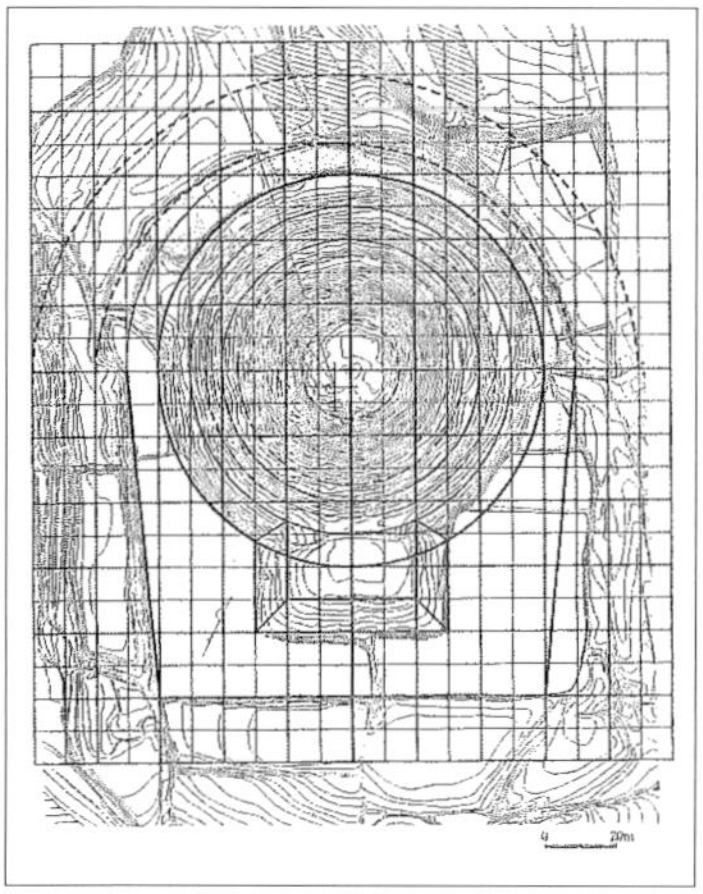

乙女山古墳企画図

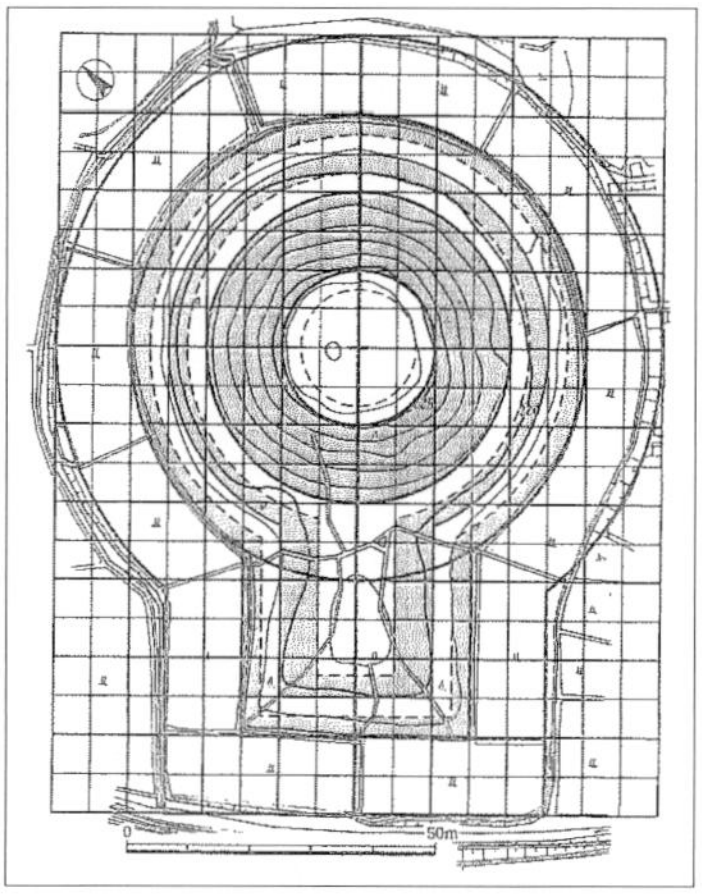

女郎塚古墳企画図

（沼澤豊『前方後円墳と帆立貝形古墳』雄山閣 2006年）

首長に対して序列として下位に位置する中小首長の墳墓であるとの理解も示されてきた。しかし、そうしたことから見れば、墳長一七六メートルの男狭穂塚は、図抜けた規模を持つ帆立貝形古墳として、格別の評価と位置付けが与えられなければならないであろう。

女狭穂塚を築造できたのであるから、体制的にも可能な財力と土木力を持っていた。しかし、帆立貝形を採用したことに政治・社会・歴史的な意味があったと考える。これまでは、帆立貝形は前方後円墳の順位《ランク》下、畿内王権による規制といった考え方が多い。確かに、小規模な帆立貝形が多く、最大規模が墳長一三〇メートル以下であった。帆立貝形古墳の比率が高い葛城氏の奥津城《おくつき》と考えられている馬見古墳群は、大きく三群に分けられ、墳長二一五メートルの大塚山古墳をはじめとする二十八基の前方後円墳のうち、一三〇メートル以上は八基でその一基が帆立貝形の乙女山古墳、そして最大規模の乙女山古墳をはじめ六基の帆立貝形古墳が築造されている。ここには、天皇家の外戚としての主体的誇示《アイデンティティ》が示されている、と考える。

同様に、男狭穂塚の抜きんでた規模を見る時、そこには別の原理が働いていたと考える。「規制」とは、何の検証もされていない概念である。本来（箸墓誕生の瞬間）は、古墳の規模に権威・権力を誇示するのは、畿内地域の地方的な価値観であり、列島弧に共有されたものではなかった。ただ、古墳造りに首長の力と地域の力が顕在化する時、総体としての豪族の力が豪族間（特に畿内王権から見て）での政治力学の上に「見える化」され、序列化が進行するのである。序列ありきではない。つまり、古墳造りに規制などはない。男狭穂塚の成立は、天皇家の外戚としての力の賜物ではあるが、その墳形は地域豪族としての主体的誇示が働いていくのだ。

特に大王（天皇）陵のような巨大古墳については、生前から古墳造り（寿陵）を始めていたと考えられている。女狭穂塚の規模でも、延べ約五十万人、一日千人動員して年間二百日働いたとしても二年半の歳月がかかることになる。やがてこの地に葬る人物のために、古墳造りは厳密な計画の下遂行された。そして、西都原古墳群の二基の巨大古墳の築造は、古代日向にとって一大企画事業《プロジェクト》であったはずである。

では、五世紀初頭の時期に、この一大企画事業を推進することのできた人物は誰であったのか。『記・紀』に登場する名前が明記された、唯一といってよい日向の豪族がいる。それは、仁徳天皇の妃となった髪長姫の父親・諸県君牛諸井である。この『記・紀』の記述は、神話世界の「神代」の物語ではない。歴史的な「人代」の事実としてみなければ、国内最大規模の帆立貝形古墳（男狭穂塚）や九州最大規模の前方後円墳（女狭穂塚）の存在を理解することはできない。

再編される西都原古墳群

しかし、西都原古墳群は、五世紀前半の二基の巨大古墳を最後に、前方後円墳の築造を停止する。代わって五世紀後半から密度高く築造されるのは、在地墓制である地下式横穴墓である。座布団のように低平

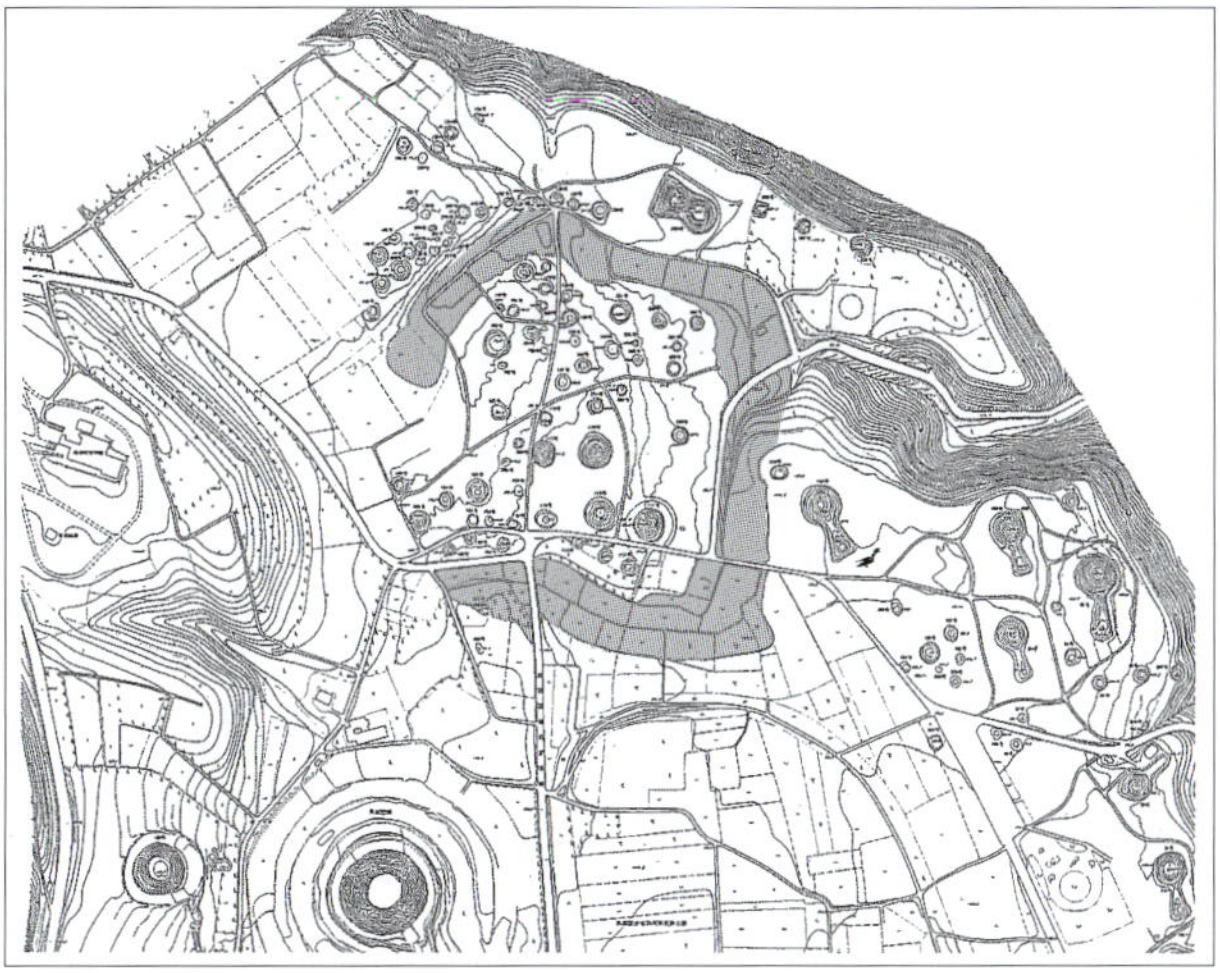

西都原・第３古墳群の方形区画

梅林が、区画する壕の縁に植えられていて、その跡を追うことができる。高取山からの自然の谷地形を利用し、一部人工的に掘削し、方形に整え第３－Ａ支群の墓域を区画した。台地縁辺の第３－Ｂ支群には、265号墳（前方後円墳）が築造されている。

方形区画の遠景

な円形の墳丘や古墳の円墳に相当する墳丘を有するものも築造され、二百七十九基の円墳のほとんどは埋葬主体部を地下式横穴墓とするものと見られる。

　第三古墳群をA・B支群に分けたのは、方形区画に囲まれたA支群とその外周に形成される二六五号墳（船塚）を中心としたB支群を明確に認定したからである。方形区画の形成を中心に、男狭穂・女狭穂築造の後の墓域再編が行われた。二六五号墳が五世紀末ないしは六世紀初頭に遡ったことで、さらに、その方形区画の意味と、その墓域再編が説明しやすくなった。

　つまり、五世紀後半、四号地下式横穴墓を頂点とする軍士としての被葬者とその一族が第三古墳群の多くの円墳（埋葬主体の多くは地下式横穴墓）を築造する。ただし、四号地下式横穴墓（一一一号墳）の西隣に近接する一一五号墳（円墳）は同時期の築造で、一九一三（大正二）年の第二次調査で、墳丘中に埋葬施設を持ち短甲の他、直刀・鉄剣・鉄鏃・鉄矛を副葬し、人骨の存在も確認されている。

　二六五号墳は、四号地下式横穴墓の直後に築造され、四号地下式横穴墓の墳丘・一一一号墳の墳頂に三

［上］：新田原・百足塚　［右］：百足塚埴輪
（写真提供：新富町教育委員会）
継体天皇の真陵・今城塚と同時期、同様の埴輪祭祀の構成を見せる。日向一円の再編を担った人物が被葬されている。

回にわたる追葬が行われ、最後は挂甲《けいこう》（小札《こざね》を綴り合わせた新式の甲）を伴う木棺直葬までの間に並行する時期である。二六五号墳の被葬者は、まさに墓域再編を推し進めた人物であったと考える。いわば西都原古墳群の全体構想《グランドデザイン》を踏まえ、新たな詳細計画《ディテイルプラン》を立て、実行《アクション》した人物である。西都原古墳群の西方の低地に築造された松本塚に後続する時期で、松本塚と共に地域の再編を担った人物である。平群氏の派遣の可能性を考えてもよい。

さらに、代わってこの時期、前方後円墳を盛んに築造するのは、一ツ瀬川対岸の新田原古墳群であり、継体天皇の真陵とされる今城塚《いましろづか》（大阪府高槻市）と共通する埴輪祭祀を有する百足《むかで》塚が表すように畿内王権の変革と連動して、古代日向の再編が行われたことが窺われる。

驚きは、全体像を知り得る人物埴輪が一つもなかった日向の地に、初めての人物埴輪が姿を現したからである。日向の地における再編は、一ツ瀬川流域においては、新田原古墳群に象徴的に現れる。それが、百足塚の築造である。多種多様の埴輪が検出されたが、五世紀前半の男狭穂塚・女狭穂塚に見られた埴輪祭祀からおおよそ百年後、新たな埴輪祭祀を具現するものとして登場する。

川南古墳群・11号墳

前方部の低平な柄鏡形前方後円墳の典型的な姿を見せる。川南古墳群の特色は、現存する古墳55基のうち、前方後円墳が半数近くの25基も築造されていることである。円墳29基、方墳１基。

千畑古墳・石室／千畑古墳・墳丘

西都原古墳群の北方の一ツ瀬川対岸、川面を眼前に位置する。６世紀後半の前方後円墳（墳長約40メートル）、全長9.2メートルの横穴式石室（両袖式）の規模は、鬼の窟古墳を凌ぐ。

一ツ瀬川流域の前方後円墳

一ツ瀬川流域には、宮崎県内の古墳数として三割以上、前方後円墳も西都原三十一基（帆立貝形の男狭穂塚を含む）、新田原《にゅうたばる》二十四基、茶臼《ちゃうす》原《ばる》三基など、おおよそ三割が一ツ瀬川流域に集中し、一ツ瀬川の北方の小丸川流域の持田九基（帆立貝形の亀塚を含む）、川南二十五基までを挙げれば合計九十一基となり、県下の半数を占めることになる。なお、川南古墳群の二十五基という前方後円墳数は、一群の中で密度の高い前方後円墳を数える点は大きな特徴である。

四世紀代の前方後円墳のうち、発掘調査で埋葬主体部や副葬品が明らかになっているのは、西都原古墳群では一三号墳（墳長八〇メートル）、三五号墳（墳長七〇メートル）、五六号墳（墳長三七メートル）、七二号墳（一本松塚、墳長七九メートル）である。七二号墳は粘土槨という主体部の構造を、我が国において確認した最初の例として、日本考古学史に刻まれている。

五世紀前半に登場するのが、西都原古墳群の巨大古墳である男狭穂塚・女狭穂塚である。この女狭穂塚の築造に並行して、茶臼原古墳群の銘文を持つ四獣鏡や蛇行剣（蛇のように曲がった剣身）などを出土した児屋根《こやね》塚（墳長一一〇メートル）や新田原―祇園原古墳群の九二号墳（大久保

児屋根塚

茶臼原古墳群の盟主墳（墳長110メートル）、墳形は女狭穂塚と同一規格と見られる。埋葬主体は粘土槨、舶載四獣鏡、蛇行剣・鉄剣、丸玉853個など玉類が出土している。四獣鏡には、「青蓋作竟宜孫東王公西王母青龍在左白虎在右宜孫子兮」の銘文がある。

塚、墳長八五メートル）も女狭穂塚と同規格とみられ、一ツ瀬川流域において複数基の女狭穂塚規格の前方後円墳が築造されていることになる。

だが、五世紀後半代には、西都原古墳群における前方後円墳の築造は中断され、地下式横穴墓を埋葬主体部とする円墳の築造が盛んにおこなわれる。この時期、西都原古墳群の西に位置する低地に、前方後円墳としては単独に松本塚（墳長一〇四メートル）が築造される。

西都原古墳群では、五世紀末から六世紀初頭の二六五号墳（船塚、墳長五八メートル）、六世紀後半代では二〇二号墳（姫塚、墳長五二メートル）があるが、一ツ瀬川対岸の一部が西都市域に入り新富町域に広がる新田原古墳群も、西都原古墳群の変遷と密接に関係しながら形成された古墳群として、合わせてみておく必要がある。

特に、新田原航空自衛隊基地の前身となる戦時下に建設された飛行場建設に伴って緊急調査が行われ、破壊・消滅した古墳から貴重な成果が残されている。石船支群の四二号墳（墳長二九メートル）、四三号墳（瀬戸塚、墳長六三メートル）、四五号墳（石船塚、墳長六五メートル）の三基の前方後円墳が発掘調査されている。四二号墳の埋葬主体は粘土槨とし、金銅装圭頭大刀が出土、四三号墳の埋葬主体は盗掘によって失われていた。四五号墳（石船塚）は横穴式石室（奥行き一二メートル）を埋葬主体として、また前方部には家形石棺が露出していた。馬具の金銅製雲珠や胡籙金具の出土が特記される。いずれも、須恵器の副葬が見られ、時期的には六世紀後半代の築造である。その他、発掘調査ではないが、金銅製単龍柄頭が確認されている五二号墳（墳長五五メートル）もこの時期の前方後円墳である。

このように西都原古墳群において前方後円墳の築造が中断される時期に集中して新田原古墳群の前方後円墳が築造されており、このことが両古墳群の築造に密接な関係があったことを窺わせるのである。また、一ツ瀬川の北岸に位置する千畑《ちばたけ》古墳（墳長六〇メートル）も、巨石を用いた横穴式石室の一例であるが、墳形に前方後円墳を採用している点で注目される。

構造体としての古墳

古墳の構成は、埋葬施設を設ける墳丘だけではない。墳丘を取り囲むように周溝（周壕）が掘られ、その規模は一回り大きくなる。周溝の形状は、不整形なものから、前方後円形に巡らすもの、盾形に巡らすものへと変わり、一重ではなく、堤の外にさらに二重・三重に周溝を設ける場合もある。男狭穂塚は、二重周壕を持ち、女狭穂塚は、南辺にのみ二重周壕を設ける。

さらに、その兆域（墓地の区域）としては、陪従するように築造される陪塚も含め、広域的に、相互関係の中で築造された。男狭穂塚・女狭穂塚で言えば一六九号墳（円墳、径五〇メートル）、一七〇号墳（円墳、径四五メートル）は、ともに円墳として西都原古墳群の中で最大規模級である点は、巨大古墳の陪塚としての位置付けの中にある。そして、一七一号墳（方墳、一辺二五メートル）は女狭穂塚の二重目の周溝と一体的に築造され、西都原古墳群中二例しか認められない方墳である意味も、女狭穂塚と一体的であることに求められる。なお、もう一基の台地縁辺に位置する一〇一号墳（方墳）からも、女狭穂塚と同じ様相の埴輪が検出され、北東方向へ八八〇メートルほどを隔てても、一角に位置する一七一号墳と同じく陪塚と言ってよく、この二例の方墳は相互を認識し、位置付ける存在であることが理解された。

死者を葬る埋葬施設には、竪穴式石室に代表される竪穴系の埋葬施設が採用され、副葬品として鉄製の武器類・農工具類、勾玉など玉類の装身具、土師器、そして銅鏡などが伴う。加えて、外表施設として、供えられる土器類から埴輪が創出され、円筒埴輪の樹立、そして家や動物などを象った形象埴輪、また人物埴輪が樹立されてゆく。五世紀代には墳丘が巨大化するが、やがて縮小化へ転じ、竪穴系の埋葬施設から横穴式石室に代表される横穴系の埋葬施設へ、副葬品には武具・馬具類の副葬が増加し、須恵器が加わる。

おおよそ四百年の間、中国大陸・朝鮮半島由来の品々が、特に威信財として副葬され、特に朝鮮半島の国々の動向と密接に関係しながら、日本列島の政治的・社会的段階が墓制に反映される。墳墓に階層性が反映され、逆に誇示する時代から、制度的な階層性の整備・確立へと向かい、前方後円墳はその象徴性を失い、古墳時代は終焉する。

南九州＝古代日向の再評価

古墳時代において南九州は、辺境の地どころではなく、九州島の中で最も勢力を誇った地域だった。三世紀半ばに前方後円墳が誕生し、古墳時代が始まる。まず、巨大古墳が現れるのは、奈良県を中心とする畿内であるが、以西の地域で巨大古墳が出現するのが南九州、大淀川流域の生目古墳群である。一〇〇メートルを超す前方後円墳を四世紀代に三基、すなわち三人の強大な権力を誇った首長を輩出するのである。それに対して、三百十一基を超す大古墳群を形成する西都原古墳群は、四世紀代では一〇〇メートル以下の複数系列の首長による集合墓地を形成するものであった。そして、五世紀前半、列島弧で最大規模の帆立貝形古墳・男狭穂塚、列島弧四十八位規模・九州最大規模の前方後円墳・女狭穂塚が、西都原の地に登場する。

こうした古墳群の変遷から、改めて『記・紀』の記述に目を凝らすことになる。四世紀初頭の景行天皇から、五世紀前半の雄略天皇まで、日向（系）の女性が相次いで天皇の妃となっている。景行天皇には日向髪長大田根そして御刀媛《みはかしひめ》、御刀媛との間に生まれたのが豊国別皇子《とよくにわけのみこ》、日向国造の始祖である。この時期に相当するのが、生目古墳群である。

さらに、応神天皇には日向泉長比売、そして仁徳天皇の妃となる髪長比売が登場することになる。ことに、髪長媛の扱いは『記』においても、一ページを超えて記述される破格の扱いである。妃たちの名前は記されてもその父親の名前が記されてこなかった中、髪長比売の父親は名前が記されている。諸県君牛諸、五世紀の前半、大王との婚姻関係（外戚）を通じて強大な権勢をふるい得たであろう南九州一円を治めた人物であった。

男狭穂塚は諸県君牛諸、女狭穂塚はその子・髪長媛が葬られている。畿内に嫁いだ髪長媛が、何故日向の地に葬られているのか。五世紀代までの古墳から出土する人骨を調査すると興味深い事実が浮かび上がってくる。男女複数確認される例を分析すると、すべて血縁関係のある人骨で占められるのである。近親婚でない限り、「妻」は血縁関係のない人物である。つまり、男性が初葬の場合、妻が葬られていない。どうしたのか。「帰葬」されたのである。つまり、実家に戻って葬られている。髪長媛も故郷の南九州の地に眠っている。

参の章　地下式横穴墓

在地墓制の世界

地下式横穴墓が造墓され始めた時代は、四世紀後半から五世紀初頭、つまりは応神期から仁徳期にかけて、その時期こそ「隼人」が誕生した時期である。いや、畿内王権の中に日向系の宮家が二代続けて創設されることと、巨大古墳としての男狭穂塚・女狭穂塚の築造と、相次ぐ時期の中で、地下式横穴墓の成立も連動していたのである。その意味では、地下式横穴墓は「隼人」の墓制である。これまで、わたし自身が避けてきた禁句であるが、「中巻」の章に見た「隼人」の定義を踏まえ、明確に「隼人」の墓制と言うべきであろう。

少し、南九州独自の在地墓制の成立と展開について、確認しておく必要がある。列島弧の他の地域では見られない墓制が誕生する。九州島の西側、熊本県南部から鹿児島県北部を中心に、大口盆地・えびの盆地へと広がりを見せる「（地下式）板石積石室墓」は四世紀代には誕生していた。そして、五世紀初頭から九州島の東側、宮崎平野からえびの盆地・鹿児島県大口盆地（一部熊本県人吉盆地）、南下して都城盆地から肝属平野にかけて分布する「地下式横穴墓」がある。また、薩摩半島南部に限定される「立石土壙墓」（定義については再考が必要）がある。その他の錦江湾岸や宮崎県北部の地域も、もちろん無住の地ではなく、亀甲《かめのこう》遺跡（霧島市国分町）で見られる素朴かつ基本的な「土壙墓」が営まれていた。土壙墓は、大萩《おおはぎ》遺跡（小林市野尻町）や日守《ひもり》地下式横穴墓群（高原町）などでも地下式横穴墓との併存が確認されている。線引きで括られない地域には、基本的な墓制である「土壙墓」が営まれていた。これらの在地墓制は、前史をなす弥生時代に起源、あるいはその伝統を引き継ぐ墓制である。しかし、まったく孤立的に誕生したのではない。

板石積石室墓は、弥生時代の板石による石棺墓に起源する。「地下式板石積石室墓」として呼称されてきたが、天井石まで地下に構築される構造ではないことから「地下式」を冠することを取ることが指摘された。それに伴い、板石積石棺墓との呼称も提案されている。地下式板石積石室墓と学史的に最初に名付けたのは、京都大学の梅原末治が、医師でありながら在野の考古学研究者として活躍した寺師見國に宛てた書簡の中であったと思われるが、この二人の「石棺」と言うより「石室」と見た観察眼を採っておきたい。

地下式横穴墓の誕生

地下式横穴墓は、四世紀代の蕨《わらび》遺跡（えびの市）で確認された横口式土壙墓と、板石積石室墓が融合し、半島に起源する横穴式石室系の墓制に触発されながら四世紀後半から五世紀初頭までに地下式横穴墓が誕生した。こうして誕生した地下式横穴墓を初源として、丘陵の中腹に横穴を穿つ横穴墓が、五世紀後半になり竹並《たけなみ》横穴墓群（福岡県行橋《ゆくはし》市）や上ノ原《うえのはる》横穴墓群（大分県中津市）など周防灘沿岸に展開し、さらに列島弧の北方の東北地域まで広がることになる。

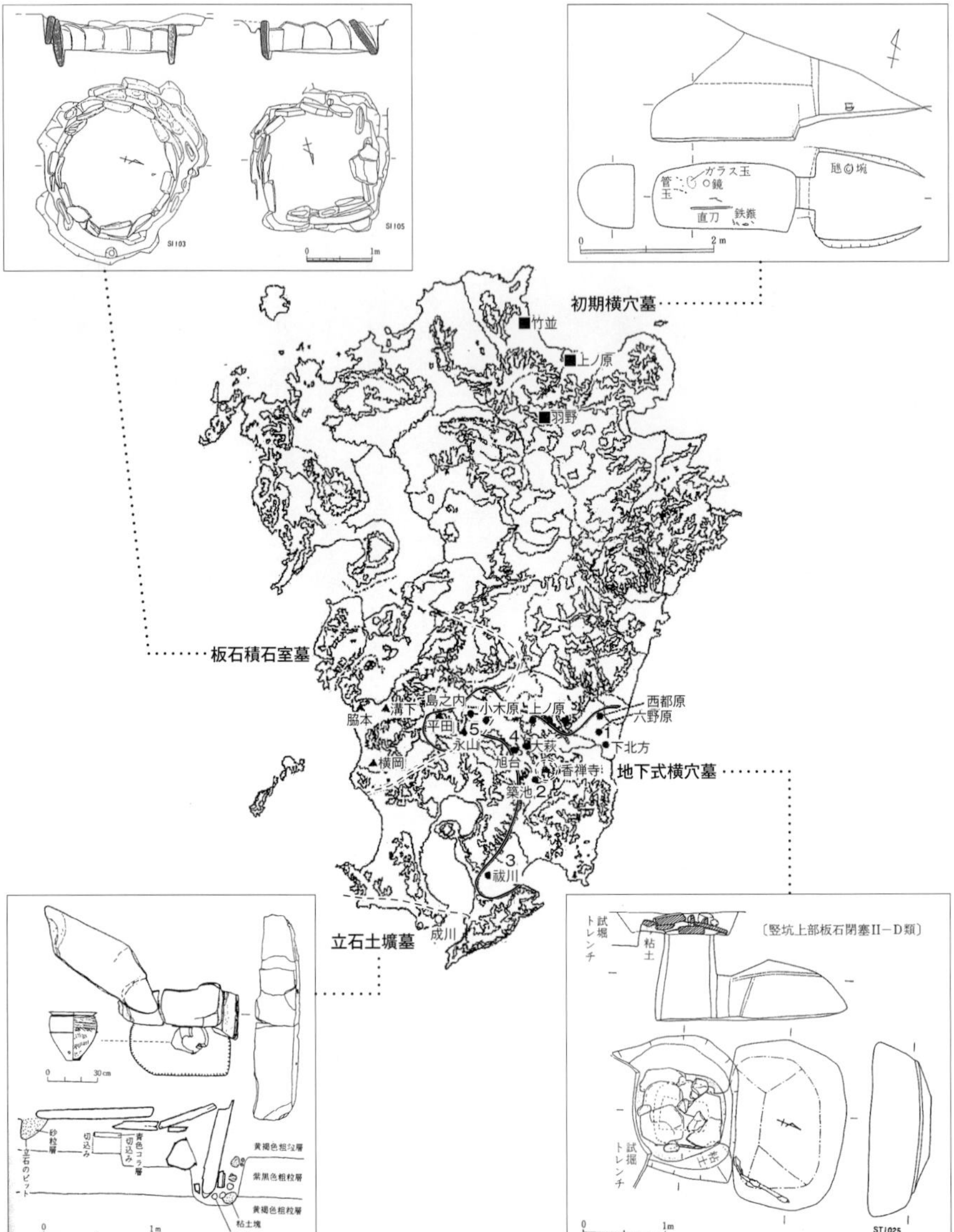

[中央] 在地墓制の分布　[右上] 初期横穴墓（竹並A－23号）（行橋市教育委員会『竹並遺跡』1977年）
[左上] 板石積石室墓（蕨地下式横穴墓A地区SI103・105）（えびの市教育委員会『えびの市埋蔵文化財調査報告書』第6集 1990年）　**[左下] 立石土壙墓**（成川遺跡）（鹿児島県教育委員会『先史・古代の鹿児島』資料編 2005年）　**[右下] 地下式横穴墓**（蕨地下式横穴墓A地区ST1025）

副葬品の保有について、板石積石室墓に比して地下式横穴墓の方が、多量の武器・武具類や農工具等の鉄製品、馬具類、貝輪や玉類などの装飾品類、鏡なども含めて、相対的に豊富である点が指摘される。

地下式横穴墓誕生の有力な候補地は、内陸部のえびの盆地であるが、近年、生目古墳群で指摘されるように、間髪を容れず宮崎平野や肝属平野にも展開したと見られる。ただし、高塚古墳の長大な墓壙を思わせる横口式土壙墓とすべきものがあり、羨門や羨道の構造的な成立を見て地下式横穴墓とすべきであろう。

こうした地下式横穴墓の世界は、五つの地域に括ることができる。平野部では、宮崎平野と肝属平野を中心とする二地域、内陸部では、都城盆地、小林盆地、えびの・大口盆地を中心とする三地域である。平野部の二地域は、前方後円墳と共存する地域であり、地下式横穴墓の構造上では奥行きの長い妻入り形が特徴的で、中には前方後円墳と遜色ない副葬品を有するものも存在する。それに対して、内陸部の三地域は、都城盆地を除いて前方後円墳が存在せず、円墳が見られても地下式横穴墓の墳丘としてのものである。

この五つの地域は、地域勢力の連合した「国」（邪馬台国及び三韓的「国」）として想定した方が理解できる。さらにその中は、母集団（有力氏族）と子集団（派生氏族）とに分かれるが、全体として大きな階層性を見せるものではなく、並列的な社会である。島内・小木原は三百基前後の地下式横穴墓の群集があり、母集団として位置付けられるが、相対的な階層社会を示すものではない。これが、「中巻」の章で述べた「南九州型社会」の地下式横穴墓に見る実相である。

地下式横穴墓を掘削し排出された土を盛るものを、「地下式塚」と定義しておく。物理的な要素として掘削土は一定の土量を持ち塚状に竪坑周辺に盛られ目印となる。こうした「地下式塚」と、排出土量を超えて高塚古墳を意識して構築された墳丘をもつものを、「円墳を持つ地下式横穴墓」、あるいは「前方後円墳を持つ地下式横穴墓」として区別したい。

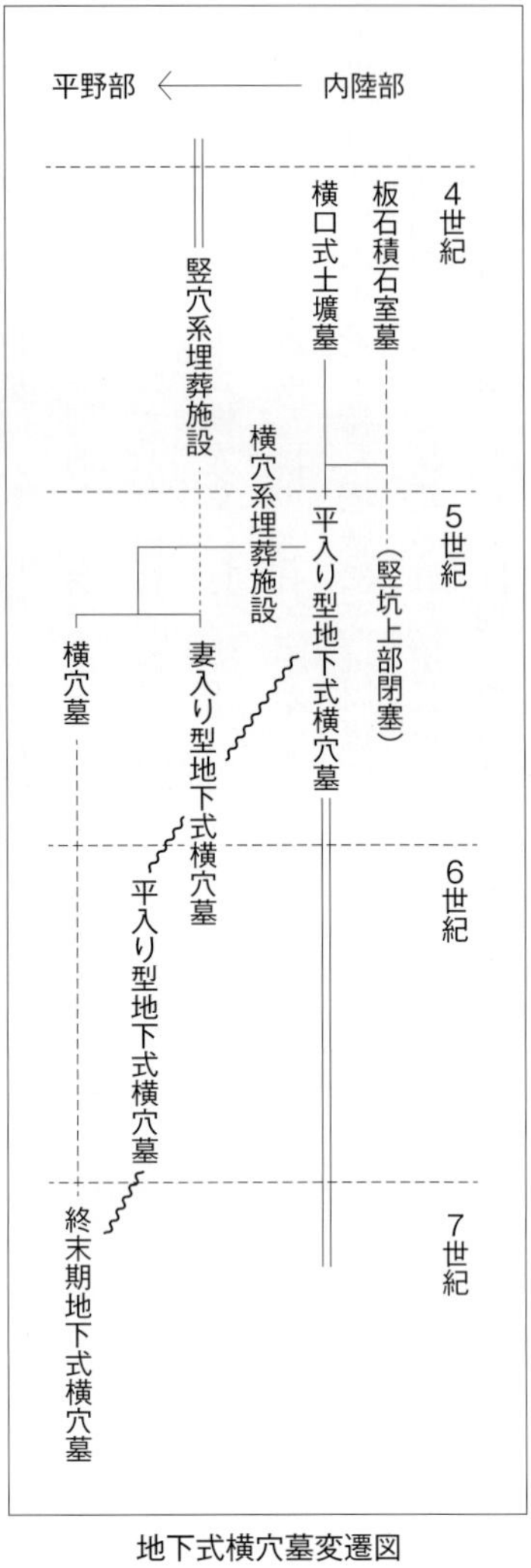

地下式横穴墓変遷図

さらに内陸部の在り方には、小地域の地下式横穴墓群ごとに自律的・独立的傾向を見ることができる。副葬品の保有の在り方を詳細に見ていくと、例えば島内《しまうち》地下式横穴墓群（えびの市）では甲冑類の豊富な副葬が認められ、馬頭《ばとう》地下式横穴墓群（同）では馬具類の副葬が目につくなど、群単位や小地域単位で、副葬品の保有の在り方や地下式横穴墓の構造そのもの自体においても独自性が見られる。なお、このような豊富な鉄製品の存在は、畿内王権からの下賜品と見る見方があるが、畿内政権の構成の中で、諸県君と連合した海上交通の権益に対する代償として、直接南九州の手にもたらされたものと考える。

地下式横穴墓の人骨は語る

形質人類学では、乳児〇～一歳、幼児二～五歳、小児六～十一歳、若年十二～十九歳（細かな年齢は明確でないが成人二十歳～に達しているとみられる）、壮年二十～三十九歳、熟年四十～五十九歳、老年六十歳～と

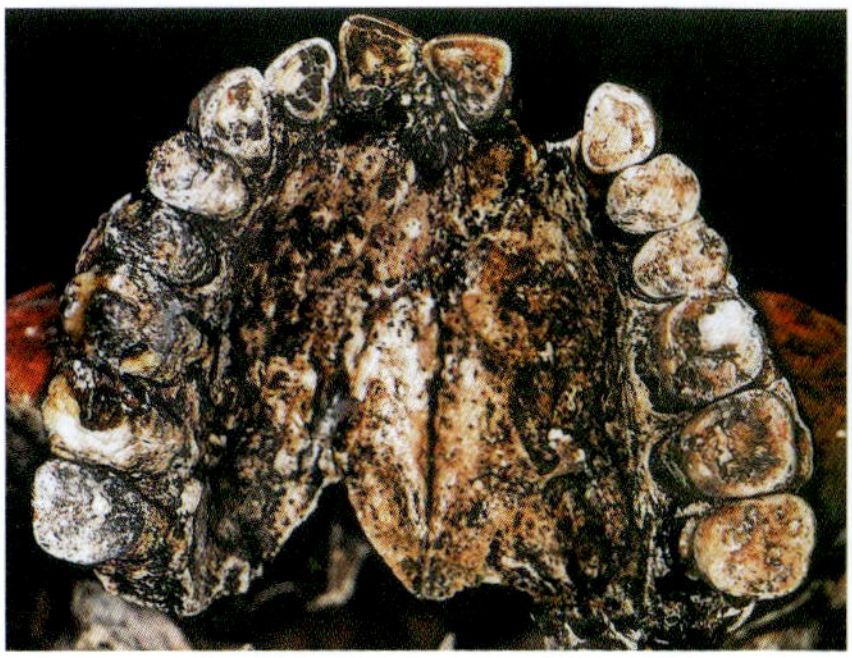

皮なめしによって摩耗した歯

（上顎前歯部特殊摩耗・島内47号1号人骨）
（えびの市教育委員会『島内地下式横穴墓群』2001年）

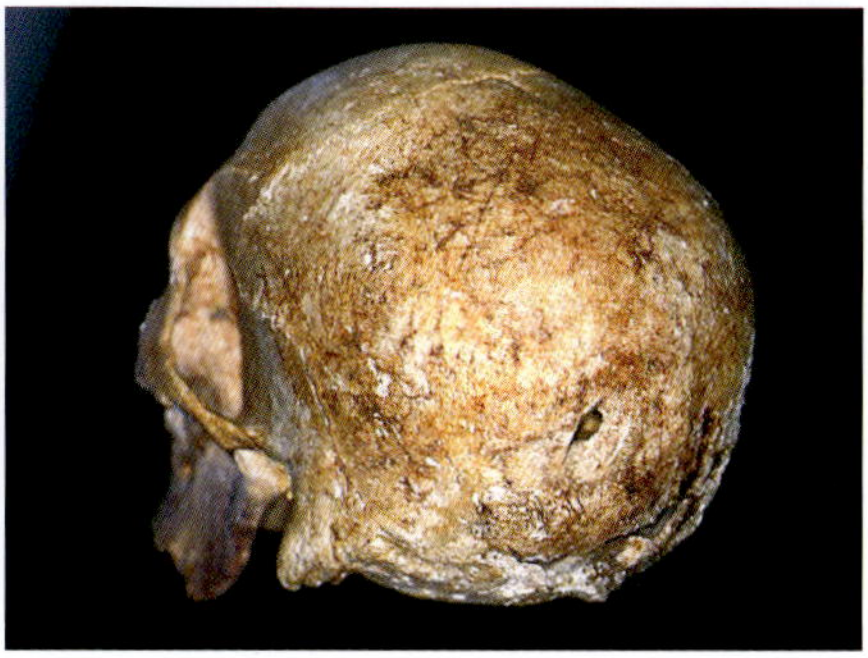

島内99－2頭骨切創

（写真提供：宮崎県立西都原考古博物館）
鋭い刃部の痕跡を残し、後頭部が削がれている。また、下顎骨を髄の部分まで削がれた人骨も出土している。

区分する。

島内地下式横穴墓群をサンプルに一部抜き取りのデータにはなるが、判別できた性別の男女比は同数である。年齢の判別できた百七十八体では、未成年四十体、壮年八十五体、熟年三十七体、老年（すべて女性）三体、その他成年十三体である。未成年での死亡が約二二パーセントという数字は高いとも思われるが、約四八パーセントが壮年、約二一パーセントが熟年である点は寿命の短さを示している。

鋭い刃物で抉《えぐ》られた頭頂部、削がれた下顎骨、鈍器で陥没した頭骨など、凄惨な争いを示す人骨がある。また、病理痕を留める人骨も見られる。一方では、皮なめしのための歯の摩耗は、隼人の牛・鹿などの皮の生産と関係し注目される。

被葬者そのものに迫る、これまで確認された六百体を超える地下式横穴墓出土の古人骨の存在から、在地系の低顔（目の位置が低い）と渡来系の高顔（目の位置が高い）の大きく二つの形質の違いを見い出すことは可能である。前者は内陸部、後者は平野部を中心とする傾向を見るとしても、前方後円墳等の古墳出土の人骨資料を欠くことから、北部九州との関係も含めて形質的な検討はさらに蓄積を必要とする。

また、親族構造の面からは、北部九州で見られる家長としての男

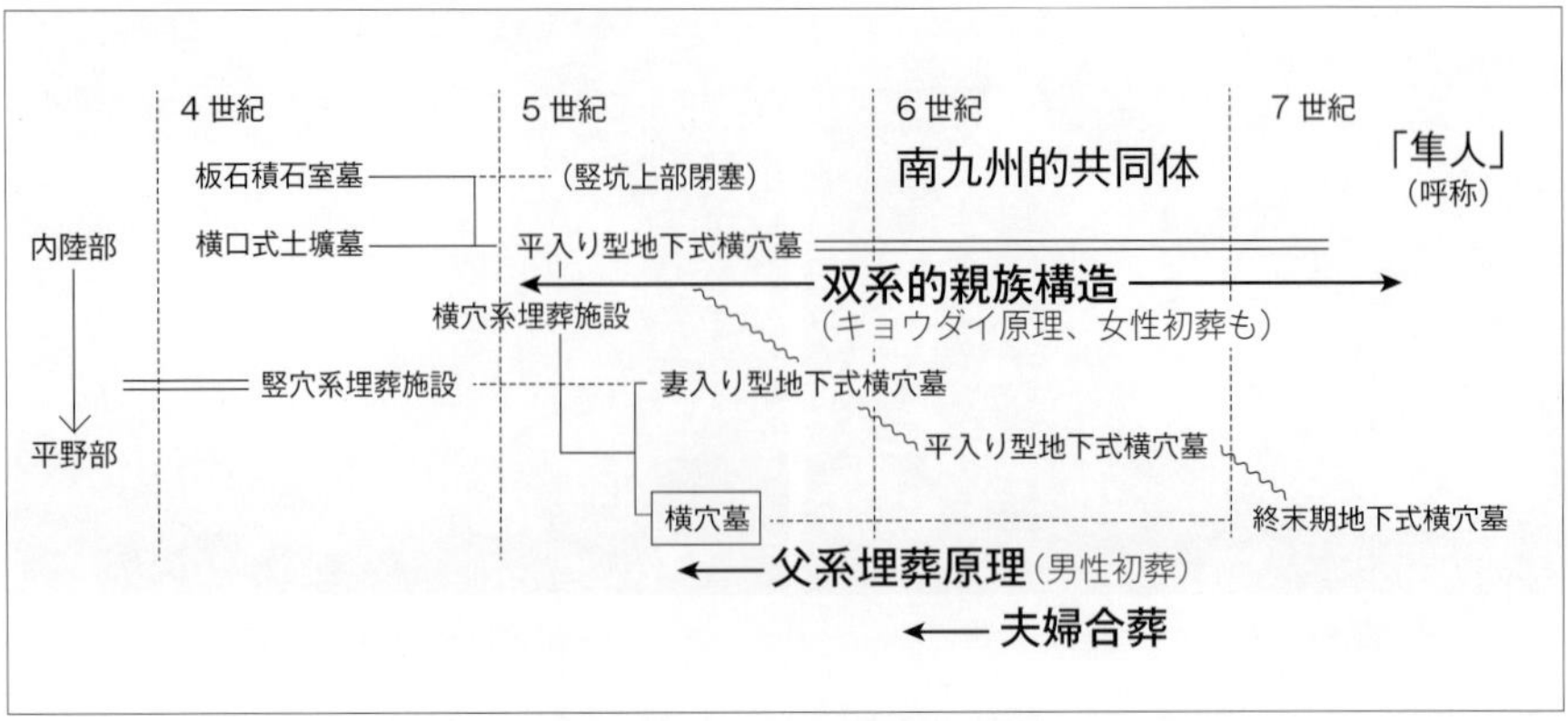

地下式横穴墓と親族構造の変遷

性の初葬に始まり、配偶者を追葬しない造墓ではなく、女性初葬に始まり、夫婦・兄妹等の関係による追葬も行われる造墓が認められ、習慣・習俗や生業形態の違いを反映した社会組織が想定される、とかつて記述したこともあるが、地下式横穴墓の世界においては、明確にキョウダイ原理による埋葬思想を認め、南九州においては古墳時代の終末七世紀前半代まで、夫婦合葬は七世紀代まで認められない。

ただし、調査事例が極めて少なく、また人骨の依存度も悪い高塚古墳において、複数埋葬での人骨の依存例を持たないことから、高塚古墳の被葬者層・集団において父系性への転換、夫婦合葬への展開を明らかにすることはできない。推測するならば、平野部の前方後円墳主体の社会においては、列島弧と軌を一《いつ》にする埋葬思想の転換が起きていたのではないかと考えられる。

これらは、地下式横穴墓の甲冑を中心とした副葬品及び被葬人骨の親族関係の調査研究を精力的に進めている奈良県立橿原考古学研究所の吉村和昭が明らかにしてきたことである。親族関係（構造）については、共に調査研究を進めてきた九州大学の田中良之を六十一歳の若さで失ったことは、学界にとって大きな損失である。

双系制社会の墓制

女性初葬の場合は、母系であり、造墓集団に属する場合は、男性（夫）が里帰りして葬られ、女性被葬者が他の集団に嫁いで経産婦の場合でも、里帰りして葬られている。男性初葬の場合は、父系であり、当該地下式横穴墓群の造墓集団に属し、当地に葬られることになった。北部九州に見られる男性初葬に横穴の造墓が始まる集団においては、少なくとも造墓に関する継承は父系原理が認知された結果である。こうした平野部と双系社会の内陸部という、重層的な親族組織が地域的にみられるのが「南九州型社会」であり、それは列島弧社会の凝縮された縮図といった構図を持っていた。

これも「この国のかたち」である。

その一方で、西都原四号地下式横穴墓（西都市）や下北方《しもきたかた》五号地下式横穴墓（宮崎市）などのように基本的な直刀・鉄鏃などの武器類はもとより、甲冑をはじめとする武具類や玉類などの装身具類など、豊富な副葬品を所有する地下式横穴墓の存在が知られ、それらが比較的大きな円墳下に築造されていることなども理解された。また、六野原《むつのばる》地下式横穴墓群、猪塚《いのつか》古墳（国富町）、生目古墳群などで、前方後円墳を墳丘とする地下式横穴墓が認められるに至り、畿内の大王を頂点とする支配体系の中で、地域支配の頂点に立ち、畿内の大王と連合し得るような首長級《クラス》もその奥津城として地下式横穴墓を採用することが理解される。

双系制は、古代を通じて制度化されない、いい形で存続した、と見ておきたい。女帝の度重なる即位、外戚氏族の権力掌握、妻問い婚とみなせる婚姻居住、男女の均分の相続など、母系での諸権利・財産の継承は否定されていない。父系が明確に意識されるようになるのは、中世的社会に至ってとみてよいであろう。

生目７号墳と地下式横穴墓

西都原111号墳と４号地下式横穴墓

111号墳の中心となる埋葬主体。墳丘は二段築成で、葺石を葺く。人頭大の基底石（根石）から周溝を掘り、竪坑は周溝の中を掘り下げ、墳丘中心に向かって玄室を設ける。墳頂部の調査により、６世紀にかけて追葬が３回行われたことが確認された。

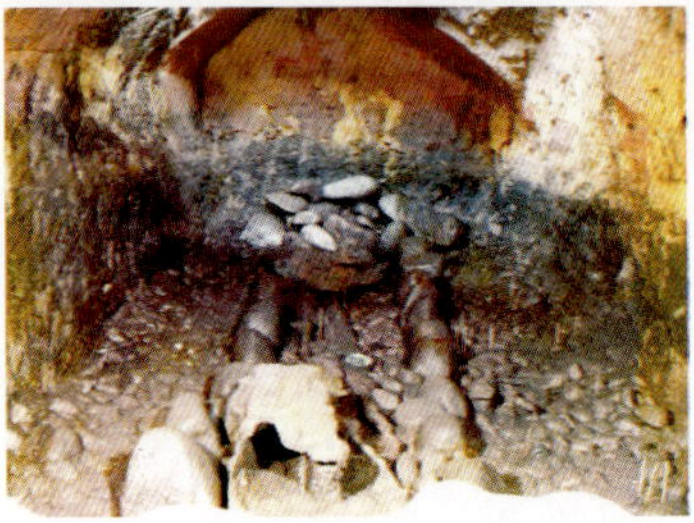

下北方５号地下式横穴墓

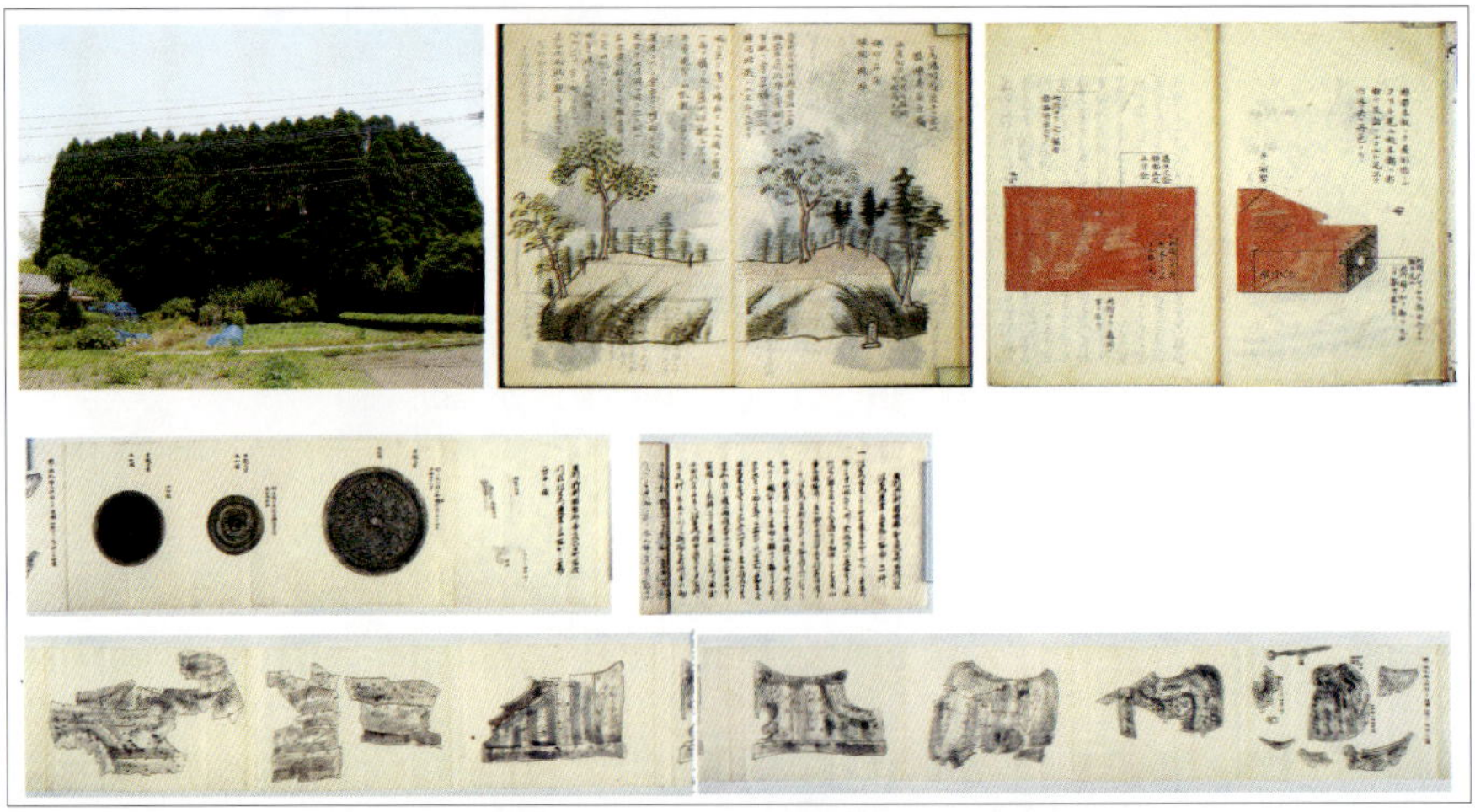

猪塚（『麑藩名勝考』玉里島津家本・鹿児島大学中央図書館蔵）

前方後円墳を墳丘とする地下式横穴墓。古墳全景と墳裾の石碑も含め、そのままの姿を現在も留める。詳細な遺構と副葬品の図が残される。玄室構造については、現地を実見していないと描けない細部の情報を読み取ることができる。画文帯神獣鏡・二神二獣鏡・四獣形鏡の地下式横穴墓最多の鏡、横矧板鋲留短甲・眉庇付冑、玉類の出土も記録されている。

島内一三九号地下式横穴墓

二〇一五（平成二十七）年一月に発掘調査の成果が明らかになった島内一三九号地下式横穴墓（えびの市）は、多種・多量の副葬品が出土し話題となった。何よりも注目されたのは、腐朽して残存することの少ない有機質の革・木・羽根などの材質の製品も良好な保存状態で出土したことで、一層豊富な副葬品の在り方を鮮明に示すことになった。

造墓の時期は、副葬品から五世紀末から六世紀初頭、二体の人骨が葬られ、追葬が行われている。形質人類学からの知見としては、奥に葬られた一号人骨は、遺存状態が悪く明確に性別を判別できる部位が無い。骨太であるので男性か、と見られるが、骨太であることだけで女性の可能性を排除することはできない。手前に葬られた二号人骨は、遺存状態もよく骨盤等の残存から女性と判断される。一号人骨を男性として、独り歩きさせることはできない。女性である可能性も含め、「不明」としておくのが学問的姿勢である。

発掘調査時において確認されたのは、銅鏡（倣製盤龍鏡《ぼうせいばんりゅうきょう》・箱入り）・貝釧（輪）・管玉・銀装円頭大刀・鹿《ろっ》角装《かくそう》鉄剣・鹿角装大刀・槍・矢鏃（矢羽根・漆塗り、約四百本）・骨鏃・木製漆塗り弓・弓金具・鹿角製弭《ろっかくせいゆはず》・平胡籙《ころく》・革製漆塗りの草摺《くさずり》を含む甲冑類（横矧板鋲留《よこはぎいたびょうどめ》・衝角付冑《しょうかくつきかぶと》・頸甲《あかべよろい》・肩甲《かたよろい》）・轡《くつわ》・五鈴杏葉《ぎょうよう》・雲珠《うず》・辻金具・鈴などの馬具類・鹿角製柄や獣毛付革製鞘の小刀・刀子・鑿・その他革や布なども遺存していた。現在、保存処理中であるが、速報として明らかにされたことは、銀装円頭大刀には「鮫皮巻《さめがわ》」（エイの皮を用いたもの）が見られ、古代において貴重な織物であった経錦《たてにしき》で鞘口を巻いた木装長刀は一四二㌢という長大なものなどである。

そして、その中に象嵌鍛冶具があることが明らかになった。鍛冶具とは、まさに「鉄鉗」で、しかも二条波状文（はさみ・にぎり全体）と日輪文（要ネジの回り）を銀象嵌したものであった。いま一つは、鑿状工具でこれにも二条波状文の銀象嵌が施してあった。これらは、単なる工具ではなく、鉄生産を統括する渠帥の象徴的威信財であり、えびの盆地に拠点を置く氏族（隼人）が、朝鮮半島との軍事的関係も含め諸県君と共に、畿内王権の一角を支える集団であったことを明確にしたものである。

こうした有機質の製品も多く残された完全性によって証明された豊富な副葬品、朝鮮半島製の銀装円頭大刀や軍事的象徴とされる一式の甲冑、多量の矢・馬具・銅鏡などから、前方後円墳級で、畿内王権との強い関係を持ち、半島との交渉などに活躍した人物の被葬者像が描かれた。大筋は、その通りであるが、その切片だけを抜き取り描かれた被葬者像は、それほど「新発見」と言えるものではないように思われる。数量的な多寡の評価は、畿内王権の中枢に諸県君と連合してあり、役目を終え故郷に帰郷した「隼人の渠帥」の所有物の総棚卸といった趣である。

島内地下式横穴墓群からは多くの甲冑類が出土しており、九州島の内陸部の墓制からの出土例として注目されてきた。畿内王権との確実な情報網を持つ地域社会を「強い関係」と評するなら、それはすでに明らかなことである。また、朝鮮半島製の副葬品として一〇号地下式横穴墓の中円板状金銅製金具によって構成された胡籙《ころく》金具なども出土している。朝鮮半島との交渉に関わったであろうことも、すでに明らかである。

また、有機質素材の製品については、革製の草摺は三号地下式横穴墓においても確認され、竹製の矢柄の痕跡等を残した調査例もある。ただ、発掘調査時の保存技術の水準などから取り上げられていないが、

島内139号地下式横穴墓（整備状況）

地下式横穴墓（竪坑上部板石閉塞）

その穴は、マンホールより小さい。モグラのように土を足元に掻き出しながら、掘り進むしかない。上部を板石（複数枚のことも）で塞げば埋葬は完了。板石積石室墓が頭を出している状態である。

島内139号地下式横穴墓

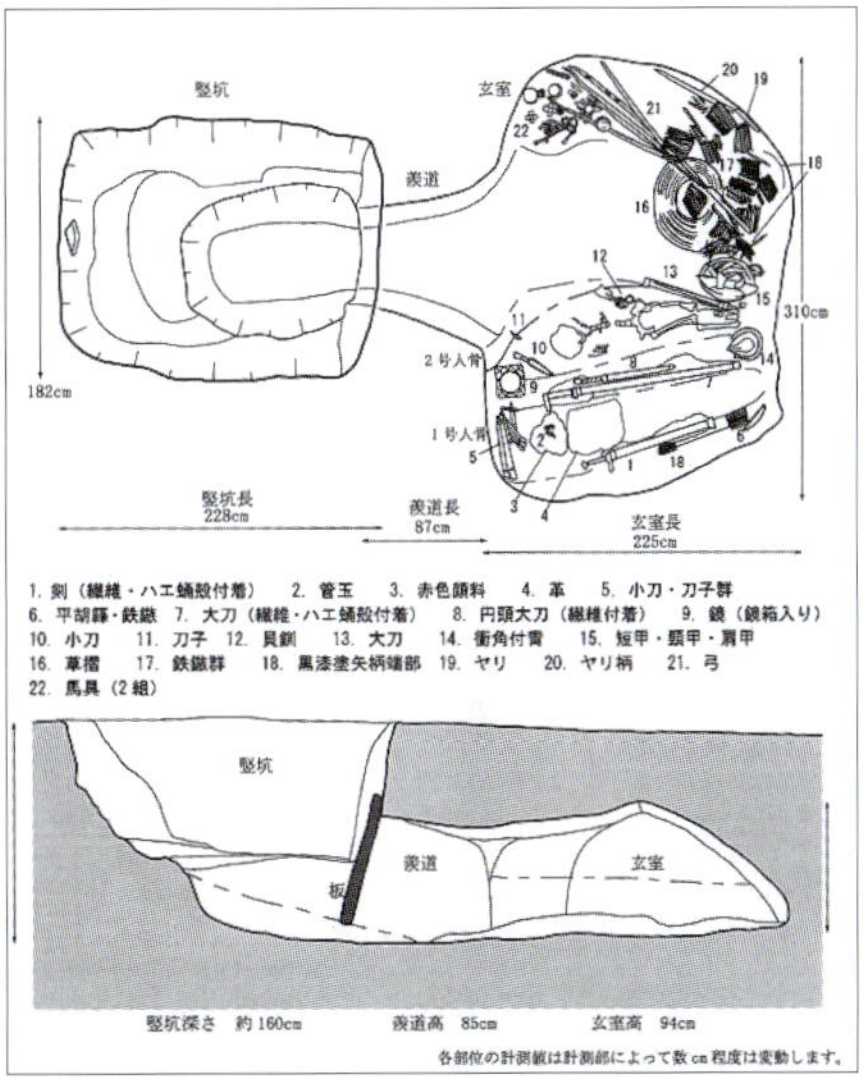

島内139号地下式横穴墓（模式図）

（えびの市教育委員会『えびの市島内139号地下式横穴墓調査速報』2015年）

有機質素材の製品が良好に依存する可能性が高いのが、空洞の玄室を有する地下式横穴墓の特質である。五基確認されていた墳丘においては盗掘の被害を受けたと伝えられているが、ほとんどすべての調査例は未盗掘での発見である。ただし、天井部の崩落によって発見されることが多かったために、発見・開口時から急速に有機質素材の製品は失われるか、取り上げ不可能な状態となったのである。

島内地下式横穴墓群の全体像から考える

さらに、地下式横穴墓は単基だけで考えることはできない。同一円の中心を共有する複数の地下式横穴墓が、家族としての血縁関係のまとまりを表している。基本、地下式横穴墓の築造は、家族単位で可能である。多くの人手は、竪坑を掘り、玄室を掘るには足手まといである。同一円を共有し、中心に向かって複数基の地下式横穴墓が見られる。県指定「真幸《まさき》村古墳」として現存する唯一の墳丘を持つ一号墳、その「円墳」のような明確な「墳丘」として築造されるものもあれば、これまでの耕作等により削平されてしまうような低平な「盛土＝地下式塚」を想定してよい。玄室を掘り抜けば、当然その土量は排出される。それが地下の玄室の存在を示す目印、「地下式塚」として地表面に盛られたことは当然であろう。ただし、真幸村古墳の「円墳」を築くには、より多くの土量を要し、すなわち家族単位を超えた労働力の供出なくしては成立しないところに、「墳丘」存在の意味が求められる。

唯一の残存する墳丘・一号墳下の一号地下式横穴墓からは、横矧板鋲留短甲と小札鋲留衝角付冑《こざねびょうどめしょうかくつきかぶと》ほか直刀や鉄鏃などが出土し、確かに島内では馬具類の出土は少ないが、二号からは轡《くつわ》・辻金具など馬具類が出土している。隣接して、高塚古墳の横穴式石室と見られる石材の残存が確認されており、残念ながら発掘調査の結果でも詳細を極めることはできないが、留意しておく必要がある。

さらに、馬具を出土した一一五号地下式横穴墓周辺の地下式横穴墓も注目しておかなければならない。一一五号地下式横穴墓からは、その他、鉄鏃・刀子や鉇《やりがんな》に小札鋲留衝角付冑が出土している。小刀には直《ちょく》弧文《こもん》と鱗文《うろこもん》が施された鹿角製の装具があり、刀子には革製鞘《さや》が遺存し、轡《くつわ》の上には漆膜が散在し、木箱の存在を示していた。最も注目されるのは、冑と馬具類は初葬（左側に五号人骨が離れて安置されておりこちらが初葬の可能性もあるが、五号人骨も女性である。）の一号人骨の足元に置かれており、一号人骨は壮年の女性である。報告書では、追葬された三号人骨の熟年男性に副葬されたものと考えているが、三号人骨の頭部は壁際の副葬品をさけ、先におかれていた冑を避けて窮屈な状態で安置されている。つまり、一号女性人骨に伴うものであった可能性がある。

真幸古墳

唯一、径24メートルの墳丘を残す。周溝が確認され円墳として築造されたと認定できる。墳丘中の埋葬主体の有無は不明であるが、墳丘下の地下式横穴墓からは甲冑が出土している。

女性への武器副葬は多く見られ、地下式横穴墓社会では普遍的であり、一三九号地下式横穴墓もそうであるが、女性に武具が伴う可能性も捨てられない。双系制の社会では、財産権が母系によっても相続・継承されるのである。また、一〇メートルほど北東に隣接する一一四号地下式横穴墓から出土した、六世紀前半の龍文と日輪の銀象嵌を有する鞘口金具を持つ大刀も重要である。

既に、地下式横穴墓は、多くの資料をわれわれに与えてきており、そこには畿内王権及び朝鮮半島との関係を有し、前方後円墳級に相当する在地の被葬者の像は、確かなものであった。従って、一三九号地下式横穴墓の発見を以ってして、階層性の低い集団であったことが変更されるものではない。一三九号地下式横穴墓の玄室規模は、決して突出した大きさを持つものではない。玄室規模に、階層としての価値観は置かない。多種・多量の副葬品を所有したことも首長の性格が強調されたのであって、下部を構成する島内の集団の階層性がより重層的に示された訳ではない。

島内一三九号地下式横穴墓の造墓に引き継いで、あるいは並行して、西都原古墳では第三古墳群の方形区画や四号地下式横穴墓から一一一号墳頂部の追葬、新田原古墳群の祇園原古墳群では継体天皇の真陵・今城塚と同様の埴輪祭祀を現す百足塚が築造され、九州島では筑紫君磐井の乱が起き、列島弧の中では継体天皇の時代となる。五世紀後半から六世紀前半の同時代と言ってよい同時代性の中で、それらの歴史的位置付けを考える必要がある。

甲冑をつらぬく

甲冑《かっちゅう》は、戦いのための装具である。生身の身体を、死から遠くに置いておくという保証のために、自らを覆うのである。

弥生時代には、惣利《そうり》遺跡（福岡県春日市）の刳《く》り貫き式の木製甲《よろい》に見られるように、木製の甲が使用された。広く防御の道具としては、松本《まつもと》塚（西都市）の周溝からも木製盾《たて》が出土したように、古墳時代においても甲などの武具にも木製も多く用いられたであろうことは想定できるし、東大《とうだい》寺《じ》山《やま》古墳（奈良県天理市）のような革製甲の存在も知られている。もとより武具に限らず、有機質素材の製品の多様性は、近年よく知られるところとなった。

しかし、鉄製の武具こそ最強の防具であり、武器はそれを貫くために先鋭化し、対応する武具はそれをさらに防ぎ、騎馬戦術の採用も含めて、より軽やかに攻撃と防御を可能とするように改良された。以来、そのように人々は、武器と武具とを捨て去るのではなく、相互に精鋭化を繰り返して、深い泥濘《でいねい》から足を抜くことができないでいる。

弥生時代から古墳時代の日々、戦いは日常であった。『宋書《そうじょ》』「倭国伝《わこくでん》」に記す「昔《むかし》より祖禰《そでい》みずから甲冑をつらぬき、山川《さんせん》を跋《ばっ》渉《しょう》して寧処《ねいしょ》に遑《いとま》あらず」とは、記述全体の検証は慎重に整理されなければならないとしても、五世紀の東アジアの日常を捉えた記述である。

島内地下式横穴墓出土甲冑一括（三角板鋲留短甲・横矧板鋲留短甲・衝角付冑）

島内地下式横穴墓出土一括

（甲冑・刀剣類〈蛇行剣〉・鉄鏃・骨鏃・胡籙金具・馬具類・貝釧〈輪〉・玉類・農工具類）

島内114号地下式横穴墓出土銀象嵌龍文大刀

島内10号地下式横穴墓出土胡籙金具

（えびの市教育委員会『重要文化財指定記念特別展―島内地下式横穴墓群出土品1029点―』2012年より）

武具としての甲冑の誕生は、中国大陸・韓半島に起源するが、大陸においては初期的に小札《こざね》で構成する甲冑から出発する。それに対して、半島南部と列島弧においては、大型の地板で構成する甲冑を生み出した点で、その系譜の独自性と発展性は軽視できない。そして、その技術的な発展は列島弧内では鉄加工の熟達を伴いながら、長方板革綴短甲《ちょうほういたかわとじたんこう》・三角板《さんかくいた》革綴短甲に始まり、五世紀前半の鋲留《びょうどめ》技術の導入により三角板鋲留短甲を成立させ、それは次の段階として多鋲式（鉄板を多くの鋲を用いて綴じる）から少鋲式（簡略化され綴じる鋲の数が少ない）へといった鋲留技法の進展も併せて、五世紀後半には量産を横矧板鋲留短甲という形で実現させた。

宮崎県内出土の甲冑に焦点を合わせれば、地下式横穴墓からの出土が多数を占める。しかし、これは地下式横穴墓の発掘調査例が高塚古墳をしのぎ圧倒的であるという調査事例の多寡の不均衡がそのまま反映されているに過ぎない。高塚古墳の調査事例がそれなりの統計的な量に達しない限り、南九州における高塚古墳と地下式横穴墓との総体的な甲冑保有のあり方を公平に論じることはできない。それは、南九州の担った軍事力の実態の解明についても同様である。

馬具の出土

しかし、地下式横穴墓の中での出土については、ある顕著な傾向を看取することができる。馬具と甲冑の進化は、騎馬戦術の展開と寄り添うように両輪ではあったが、地下式横穴墓の出土例を見ると、両者の同時保有は限定的であったことが知られる。平野部では、下北方《しもきたかた》五号（宮崎市）・六野原《むつのばる》一〇号・本庄《ほんじょう》一六号（国富町・その他、江戸期に発見され絵図の残された国富町本庄の猪塚《いのづか》の下に存在したとされる地下式横穴墓にも甲冑と馬具が見られる）で、内陸部では小木原《こきばる》六号（えびの市）のみである。そして、島内一三九号地下式横穴墓を加えなければならないが。

一方、甲冑のみの副葬は、平野部では西都原・六野原・本庄で、これに鹿児島県大隅半島の祓川《はらいかわ》（鹿児島県鹿屋《かのや》市）が加わる。なお、内陸部では小木原の他は島内《しまうち》（えびの市）に圧倒的に集中する点は留意する必要がある。それとは対照的に馬具類の出土は、島内では近年数例増えているが、久見迫《くみざこ》・馬頭《ばとう》（えびの市）に集中する点も併せて考慮しなければならない。地下式横穴墓群の単位集団間における役割、ないしは鉄製品の保有原理に一定の原則が存在したことが考えられる。

なお、馬冑《ばちゅう》とみられる破片が築池《ちくいけ》地下式横穴墓群（都城市）から出土している。馬冑については、船原古墳（福岡県古賀市）出土が九州初として、話題となったが、実はその前に宮崎県で出土していた。船原古墳は、二〇一二（平成二十四）年から発掘調査され、六世紀末七世紀初頭、墳長四五メートル、前方後円墳、横穴式石室、「遺物埋納坑」とされた施設から豊富な金銅製馬具類や甲冑など五百点以上が出土、被葬者として糟屋の首長が想定されている。

ともあれ、これらの甲冑の副葬の在り方は、初期的には木脇塚原《きわきつかばる》A号（国富町）の三角板革綴短甲と長方板革綴衝角付冑《しょうかくつきかぶと》の例を見るものの、多くは量産が可能となった鋲留技法以降の甲冑によって占められている。これは、威信財から現実的な武力を担う武具への展開を示し、それは列島弧内の動向とも添うものであった。

そして、六世紀代に入ると挂甲《けいこう》が、鋲留式甲冑に入れ替わるように主体を占めるようになる。西都原四号地下式横穴墓と墳丘一一一号墳との関係で言えば、地下式横穴墓からは横矧板革綴短甲一領と横矧板鋲留短甲二領が出土し、それとは別に墳丘盛り土中に構築された埋葬施設（木棺直葬）に挂甲が伴ったことなどは、五世紀後半以降の遺構と副葬品の時代変遷を示している。

半島では高句麗《コグリョ》・新羅《シルラ》・百済《ペクチェ》、そして加耶《カヤ》の小国家群の攻防を、甲冑を帯びた武人たちの群れが担い歴史の表舞台に踊った。そして海を渡って、時に加耶を介しながら、北部九州は半島東南部（新羅地域）、南九州は半島西南部（百済地域）との近い関係を基礎とし、呼応した。畿内が南九州を重要視したのはこの点である。しかし、それは古代国家形成に向けて六世紀前半の「磐井《いわい》の乱」で一定の決着を見るが、大陸・半島との緊張関係はむしろ直截的に高まったと言える。そこには滅びの人々が確かに存在し、深く傷付いていた。南九州の人々にもその傷が刻まれ、半島の人々の中にも同様の傷が刻まれている。

やがて軍事は、律令《りつりょう》が確立される中で、組織的に制圧する体制を整え、一見露骨な形での軍事装備は、表舞台から陰へと閉じられる。それは、同時に軍事を担った主役である南九州の人々が、「隼人《はやと》」として異化される時でもあった。そのような結末であれば、誰のための、そして何のための武装であったのか。

古墳の被葬者の特定

築造時期、被葬者像、規模・立地などについて整合性が認められるか否か、まずはそうした検証の結果古墳の被葬者を定める試みがない訳ではない。名古屋市の断夫山《だんぷやま》古墳（墳長一五一メートル）は、尾張連草香《おわりのむらじくさか》と推定されている。まず、築造時期は六世紀前半、継体《けいたい》天皇の妃となった目子媛《めのこひめ》の父親であり、この時期の尾張の最大有力者という被葬者像、東海地域最大規模の前方後円墳、三種の神器の一つ草薙剣《くさなぎのつるぎ》を伝えるとされる熱田《あつた》神宮にも近い立地など、歴史的な妥当性がある。

古墳の被葬者が論じられ推定できる古墳は、韓国の武寧王陵を含み、いずれも六世紀前半の継体天皇の時期に集中している。遡って、五世紀後半では、「著名人」ではないが、被葬者の名前がわかっている古墳がある。埼玉《さきたま》古墳群の稲荷山古墳出土金象嵌銘で明らかになった被葬者「乎獲居臣《ヲワケノオミ》」がその顕著な例である。しかし、鉄剣銘の持つ重要性は、初代の「意冨比垝《オオヒコ》」なる人物が「著名人」であったことである。ともあれ、古墳と被葬者の比定の最低限の要素を、上記の築造時期、被葬者像、規模・立地に求め、考えていきたい。

古墳の被葬者を推定することについては、放棄している、いや、『記・紀』を避けている。ただ、墓誌等も残されない中で、古墳の被葬者を特定することが極めて難しいのは当然のことである。「大仙古墳」として「伝仁徳天皇陵」と括弧書きで示したのは、いわゆる「仁徳天皇陵」には、仁徳天皇は葬られていないと考えるからである。だから「伝」としているが、考古学では遺跡名や古墳名を地名から名付けることに慣《なら》い、大仙古墳と呼ぶ。これは地域史を重視、先入観を廃した研究姿勢・成果を実践した同志社大学の森浩一が強く提唱したことであるが、わたしも賛成する。天皇陵で被葬された天皇を確実視して確定できるのは、七世紀代以降の天智《てんち》天皇陵や天武《てんむ》・持統《じとう》天皇合葬陵くらいのもので、ほかは不確かなものである。

古墳で被葬者の特定できたものは、ない。しかし、推定することはできる。例えば、古墳ではなく、時代は七世紀後半以降、銅板や蔵骨器に墓誌の銘文を持つ例は、わずかにと言うべきか、あるいは意外に多いと言うべきか、十六例が知られている。逆に言えば、それ以前は皆無であり、記録から被葬者を特定するのは、全くできない。墓誌銘により、被葬者を特定できた代表例は、『古事記』を編纂した太安万侶《おおのやすまろ》の墓である。奈良市此瀬《こせ》町の茶畑で発見され、その最大の決め手は、銅板に記された墓誌にその名が記されており、まさに墓と被葬者が、しかも古代の「有名人」の墓が特定できた稀な事例となった。

韓国では、六世紀の後半の武寧王陵《ムリョンワン》が、まさに武寧王の別名である「斯麻《しま》王」と記した墓誌により、個人名が

武寧王陵

宋山里古墳群の一角、買地権を記した墓誌の出土により被葬者が特定できたことが最も大きいが、中国的な副葬品を含む3,000点を超える副葬品、墓誌がなければ被葬者は、中国系の王族と推論されたであろう。ただ、木棺が材は高野槙と判断された。斯麻王の出生に関する記録と重ねられ、高野槙は列島弧産と考えられてきた。しかし、疑問を呈する見解がある。確かに、高野槙は列島弧だけではなく、済州島にも認められる固有種である。半島南部、百済の領域にはなかったのだろうか。

特定された稀有な例がある。しかし、列島弧内の古墳となると、墓誌という記録によって特定することはできない。そうであれば各種の状況証拠を積み上げるしか方法はない。その場合の記録は、まさに限定されている。同時代史料に最も近いのは、『古事記』『日本書紀』、そして多くは断片化した『風土記』しかない。古代天皇の陵を定めたのも、根拠は『記・紀』であり、古墳時代以降奈良時代を通じて、天皇家に伝えられた陵墓の記録があったとされるが、それは現存しない。平安時代十世紀初めの『延喜式《えんぎしき》』の「諸陵式」自体、日向三代の神々の陵に始まり陵墓の所在等が記されているが、それも『記・紀』に基づくものであり、根拠は特に陵墓所在について記述する『日本書紀』にある。

天皇陵ですらこうした状態であるので、列島弧内に蟠踞《ばんきょ》した豪族の長など有力者であっても、その特定はまず困難である。

豪族の長の墓として被葬者が特定された最有力説には、「筑紫君磐井《つくしのきみいわい》」の墓とされた岩戸山《いわとやま》古墳の例がある。九州考古学界の先駆者のひとり九州産業大学の森貞次郎《ていじろう》は、『釈日本紀』の中の「筑後国風土記」逸文の記述に注目し、岩戸山古墳の位置や岩戸山古墳特有の「別区《べっく》」と呼ばれる周溝に取り付く方形区画の存在を示す記述の整合性から、岩戸山古墳を磐井が葬られた前方後円墳と考えた。六世紀前半の北部九州最大の前方後円墳は、同時期の北部九州最大の豪族の長の墓とするに相応しいという、素直な推定に史料的な根拠を与えることによって、定説となった。

もちろん、これにも異論がないわけではない。しかし、逆に有力な代替案が提示されている訳でもなく、被葬者の特定に消極的かつ懐疑的であるというに過ぎない。むしろ、齟齬の無い限りは、被葬者を認め、古墳に実像を与え、具体的な歴史叙述を積極的に進めることを、わたしは自分の知的探求として選択する。

諸県君と応神天皇との出会い

「一云、日向諸縣君牛、仕于朝庭、年既耆耈之不能仕、仍致仕退於本土、則貢上己女髪長媛。始至播磨、時天皇幸淡路嶋而遊獵之。於是天皇西望之、数十麋鹿、浮海来之、便入于播磨鹿子水門。天皇謂左右曰『其何麋鹿也、泛巨海多来。』爰左右共視而奇、則遣使令察、使者至見、皆人也、唯以著角鹿皮為衣服耳。問曰『誰人也。』対曰『諸縣君牛、是年耆之、雖致仕、不得忘朝。故以己女髪長媛而貢上矣。』天皇悦之、即喚令従御船。是以、時人号其著岸之処曰鹿子水門也。凡水手曰鹿子、蓋始起于是時也。」

「一《ある》に云はく、日向《ひむか》の諸縣君牛、朝庭《みかど》に仕《つか》へて、年既に耆《お》いて仕ふること能《あた》はず。仍《よ》りて致仕《まかりさ》りて本土《もとつくに》に退《まか》る。則《すなは》ち己が女《むすめ》髪長媛を貢上《たてまつ》る。始めて播磨に至る。時に天皇《すめらみこと》、淡路嶋に幸《いでま》して、遊獵《かり》したまふ。是《ここ》に、天皇西《にしのかた》を望《みそなは》すに、数十《とをあまり》の麋鹿《おほしか》、海に浮きて来《きた》れり。便《すなは》ち播磨の鹿子水門《かこのみなと》に入《い》りぬ。天皇、左右《もとこひと》に謂《かた》りて曰《のたま》はく、『其《かれ》、何《いか》なる麋鹿ぞ。巨海《おほうみ》に泛《うか》びて多《さは》に来る。』とのたまふ。爰《ここ》に左右共に視《み》て奇《あやし》びて、則ち使を遣《つかは》して察《み》しむ。使者《つかひ》至りて見るに、皆人なり。唯角著《ただつのつ》ける鹿《か》の皮を以《も》て、衣服《きもの》とせらくのみ。問ひて曰《い》はく、『誰人《たれ》ぞ。』といふ。対《こた》へて曰《まう》さく『諸縣君牛、是年耆いて、致仕ると雖《いへど》も、朝《みかど》を忘るること得ず。故に、己が女髪長媛を以て貢上る。』とまうす。天皇、悦びて、即《すなは》ち喚《め》して御船《みふね》に従《つか》へまつらしむ。是《ここ》を以て、時人《ときのひと》、其《か》の岸に著《つ》きし処《ところ》を号《なづ》けて、鹿子水門と曰《い》ふ。凡《おほよ》そ水手《ふなこ》を鹿子《かこ》と曰ふこと、蓋《けだ》し始めて是《こ》の時に起《おこ》れりといふ。」

この時の天皇は、応神天皇である。本文ではなく、一段小さな記事として記されているが、これは日向系宮家（「ハエ宮家」及び「日下宮家」）に伝えられたもう一つの「古事記」あるいは「日向風土記」である。

また、「神鹿《しんろく》（神の使いの鹿）」など、鹿の象徴化（これ自体は古代における信仰を考える上で重要であるが）という普遍性に霧散させるべき事柄ではない。

諸県君の位置付けを、主体的に表明する固有かつ唯一の記述である。角の付いた鹿皮の衣服は山幸彦の出立《いでた》ちであり、船団を率いていたのは海幸彦の職掌である。両者を具有する人物こそ、古代日向を統括することができたのである。

播磨の港を自由に航行できたのは、播磨の海人とのネットワークが構築されていたということであり、瀬戸内海では吉備・安芸・長門、九州では筑紫、豊国の海人とのネットワークが、時期時期でのパイプの接続や切断はあったとしても、利害を共有し、調整する関係性が成立していたことを知らせている。

また、「貢上る」から采女《うねめ》（令制下では後宮の女官の一つ）的として位置づけられ、わたしもそうして表現したことがあるが、これも「上書き」であり、後に整理するように古墳時代に遡らせて「采女」を見ることはできない。従って、ここでの応神天皇と諸県君の関係は対等であり、応神天皇も「悦びて」婚姻関係を結ぶことによって畿内王権側、諸県君側双方に利害の一致するものであった。故に、次世代の大日下、眉輪王と安康・雄略天皇との間の血で血を洗う争いは、畿内王権に大きな影を落とすことになるのである。

こうして、応神天皇のもとにやってきた髪長媛に一目ぼれをした後の仁徳天皇は、自らの妃として迎えることを望む。景行天皇、応神天皇に続いて日向の女性を求めるのは、自らの出自と系譜の上で、最上の選択肢であった。

大王と日向豪族の婚姻関係

『記』に記された后妃は、八十五名を数える。そのうち、畿外の出身と見られるのは、二十一名である。丹波、播磨、美濃、紀伊はそれぞれ一名、伊勢、尾張、吉備はそれぞれ二名、丹後、そして日向が三名、最も多いのが近江の五名である。畿外とはいえ、多くは距離的には畿内の隣接地と言え、やや離れた地が吉備、そして最も遠隔の地が日向である。ここにも、日向と同数の后妃を出す丹後は、丹波も加えて、畿内王権との関係の機微が見えてくるようである。

数世代の間であれ、一つの時代を画するには十分である。葛城氏の実権は、襲津彦《そつひこ》、玉田《たまだ》・葦田宿禰《あしだのすくね》兄弟、圓大臣《つぶらのおおおみ》の三世代、物部氏の実権は、麁鹿火《あらかひ》、尾輿《おこし》、守屋《もりや》の三世代、蘇我氏の実権は、稲目《いなめ》、馬子《うまこ》、蝦夷《えみし》、入鹿《いるか》の四世代に過ぎない。つまり、一世代三十年で百年前後、そのような時間尺である。日向系の宮家が実権を持ったのは、諸県君牛諸井（あるいは髪長媛）、大日下・若日下兄妹、眉輪王、それに先立つ応神天皇の子の大羽江・小羽江兄弟を加えて、世代間からすれば三世代に及んだ。

さて、そうした世界観が現実世界の中で具現化したのが、景行天皇から始まる日向の豪族との婚姻関係であり、引き継いで二代を開けて応神天皇・仁徳天皇の時代に継続されたのである。

『記』では、大日下王の他、またの名として波多毗能大郎子、若日下部命には、またの名として波多毗《はたび》能若郎女《のわかいらつめ》、長目比売命などを列挙する。問題は、『記・紀』で異なることが最も大きいが、応神の子・幡日之若郎女（『記』）と、漢字表記を異にしても波多毗能若郎女は同名であることである。さらにこの問題の持つ問題は、履中天皇の皇后となったとされる「はたびのわかいらつめ」はこのいずれであるのか、あるいは同一人物が重複したものか、この肝心な部分には、齟齬が見られる。

整理すれば、一説は『記』による時、応神天皇と泉長媛の子・幡日之若郎女は、履中天皇の皇后葛城黒

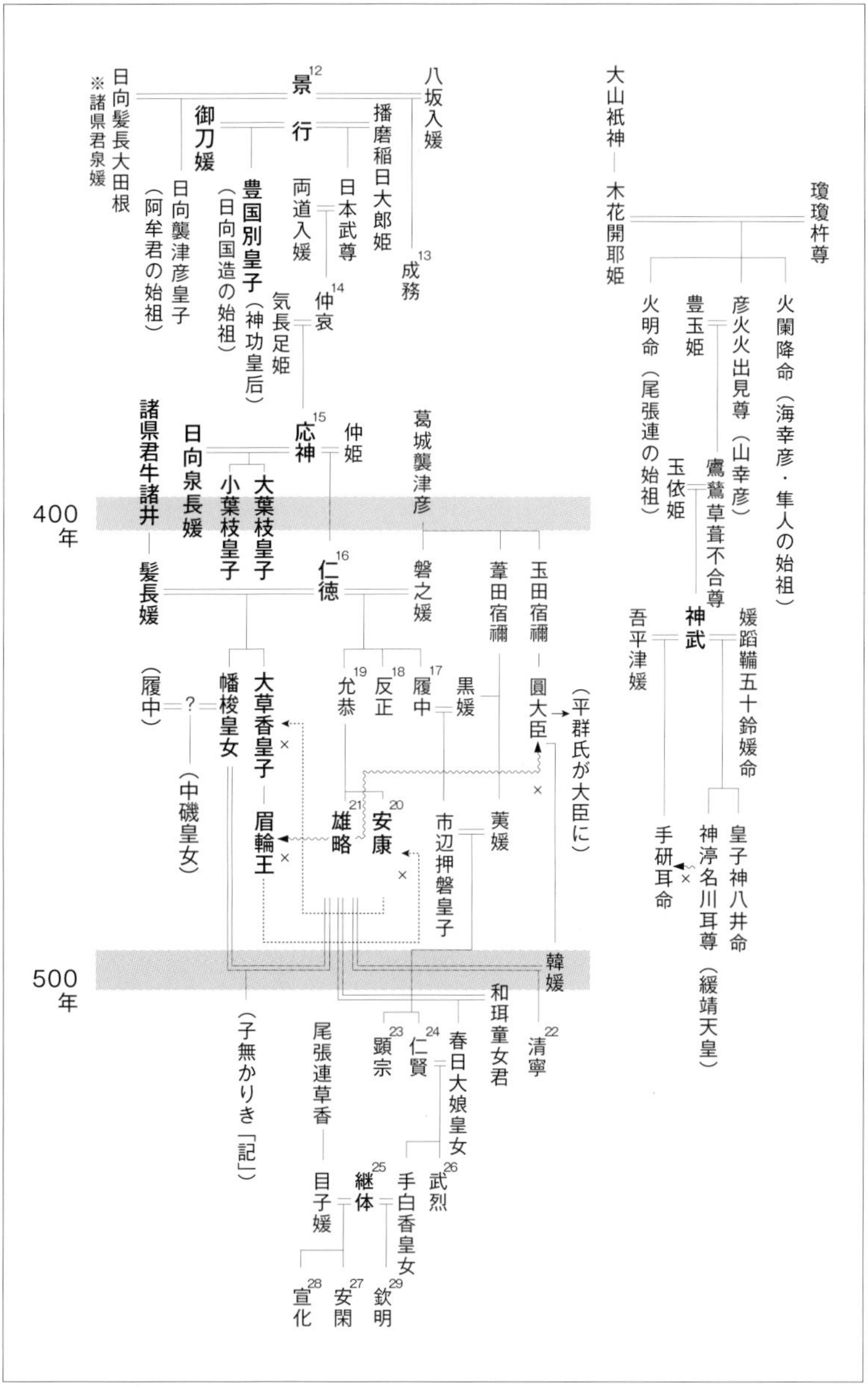

『日本書紀』にみる大王との婚姻関係
『古事記』と『日本書紀』では后妃・皇子等の人数や名前に違いが見られる。

媛の死に伴い皇后となった日向系の女性であり、そして、履中天皇との子・中蒂姫命《なかしのひめのみこと》は仁徳天皇と髪長媛の子・大日下王の妃となり、大日下王亡きあと安康天皇の皇后となる。さらに、大日下王の妹に同一同名の幡梭皇女《はたびのひめみこ》があり、雄略天皇の皇后となる。ただし、この場合同一同名ではなく、同一人物との説が加わる。あるいは、もう一説は『書紀』による時、応神天皇と泉長媛との間には皇女はなく、仁徳天皇と髪長媛との子、若日下部命＝幡梭皇女は雄略天皇の皇后となった日向系の女性である、となる。

こうみれば『書紀』による方が、一見簡潔で矛盾はないかのように見える。しかし、系図に表せば、雄略天皇にとって幡梭皇女は「オバ」世代である。もちろん「キョウダイ」に近い年の差のオバもあり得るし、幡日之若郎女にしても履中天皇から見ればオバ世代であり、もし幡日之若郎女と幡梭皇女を同一人物とすれば、雄略にとってはますますオオオバ世代になることにもなる。しかし、この年の差を肯定する見方もある。若日下はすでに老いた女性であれば、雄略天皇との間に子が誕生しなかったことも頷ける。否、年の差ゆえに日下宮王家の地位やその存在を理解する見方となる。

つまりは、それほどに大王家にとって、日下宮家が持つ経済的・軍事的基盤は強大で無視できないものであった。生駒山西麓の日下の地はもとより、南九州の一ツ瀬川流域の領地、さらに大陸・半島との交易・交渉がもたらす力もあった。母・髪長媛の桑津の「桑」が、そして「幡」の名が表す絹織物、半島との交易によって持ち込まれる鉄素材と鉄製品生産、また馬牛生産（日向の地においてはその後も継承される）は馬匹《ばひつ》文化に彩られる。現在で言うなら、農業を基幹に、軽工業・重工業・畜産・海外貿易を掌握し、差配する立場に立っていたというようなものである。

后妃制・采女制

そして、継承者となる子を儲ける女性が皇后となるのである。これらは、すべて後付け（後から付け足す）で、父系制の系譜をたどる形で整理されることになる。辞書的定義としては、「后妃」の「后」は正式な配偶者・「妃」は側室となるが、古墳時代においてその区分けはなく、『記・紀』編纂時の「上書き」で区分けされた。

制度としての后妃制が確立するのは八世紀初頭とみてよく、それ以前の、すなわち古墳時代に適用することはできない。むしろ、畿内豪族や地域豪族との婚姻関係という実態が先行してあり、血縁と血族の紐帯を政治的関係強化として意図するという、そこではまだ后妃の別、皇后や妃といった位置付けはなかった。畿内王権の命運は、畿内豪族の手にではなく、地域豪族（王権）にも等しく握られていた。それが変化するのは、蘇我氏の台頭からであり、さらに律令の制度化が明確化する中で、畿内豪族の優先が皇后としての位置付けを制度として認めるに至ったという時系列で理解すべきである。

「后妃」や「采女」が、制度化されるのは大宝律令からである。七〇一（大宝元）年、従って、少なくとも七世紀以前には（存在）制度化されていない。天皇の血族及び畿内豪族の女性を優位に「太后《おおきさき》（皇后）」とし、地域豪族の女性を二番手の「妃（みめ・きさき）」とし、さらに下位に采女が位置づけられる。

しかし、古墳時代における実態は、豪族間の血族的関係を求め紐帯とするため、相互に子女の婚姻を交わし、その政治的関係の成熟や、制度的体制の整備の中で、相互に対等的親族関係から、特に畿内王権においては優劣的（服属）関係による后妃・采女的存在へ、さらに実質的には八世紀初頭において制度的后妃・采女へと移行していった。そうした段階的存在を無視し、律令による価値観を、特に古墳時代に直接的に適用、また規定することは古墳時代の時代像を見誤ることになる。

連続する妃の婚姻

そして、そこには日向に関係する記述が多く記されている。その主たるものは、天皇へ妃《みめ》として嫁いだ婚姻関係である。古墳時代に相当すると考えられる時期、吉備と尾張の豪族との婚姻、すなわち外戚関係が記されているが、日向の地は吉備以西の最も遠隔の地からの婚姻として登場している。こうした婚姻関係が結ばれたとされる時期は、四世紀代に盟主的位置を持つ生目古墳群の大型古墳、五世紀前半に盟主的位置を持つ西都原古墳群の男狭穂塚・女狭穂塚の巨大古墳が築造される時期である。

その最初は、四世紀前半と位置づけられる景行天皇の代で、『古事記』では美波迦斯毘売《みはかしびめ》（御刀媛《みはかし》）、『日本書紀』では御刀媛と日向髪長大田根が嫁ぎ、特に御刀媛との間に日向国造の祖となる豊国別王《とよくにわけ》（豊国別皇子）が誕生したと記されている。生目古墳群の墳長一〇〇㍍を超す大型古墳の時期である。また、『日本書紀』では、景行天皇の征西の途中、小林市・高原町を流れる岩瀬川の辺りで大御饗《おおみあえ》（天皇のための食事）を献上する人物として、諸県君泉媛の名が登場する。

こうした関係は継続し、応神天皇には、日向泉長比売（泉長媛）が嫁ぎ、大羽江王（大葉枝皇子）・小羽江王（小葉枝皇子）が誕生している。ついで、五世紀前半代と位置づけられる仁徳天皇には、髪長比売（媛）が嫁ぎ、大日下王（大草香皇子）・若日下部命（幡梭皇女）が誕生している。西都原古墳群の巨大古墳の時期である。

悲劇の婚姻

やがて、この諸県君牛諸井のむすめ・髪長媛の子供たちは、大きな悲劇を迎えることになる。日向系勢力は畿内王権の中で頂点を迎えようとしていた時があった。ある出来事が暗転の引き金を引く。

事の発端は、安康天皇（二十代）が、弟である雄略天皇（二十一代）の皇后に若日下（幡梭皇女）を迎えたいと兄の大日下（大草香皇子）に申し出たことに始まる。大日下は、葛城系の天皇が継続する中、皇位継承からは離れた存在であったが、妹の若日下が皇后となれば日向系の天皇の誕生の可能性を意味し、婚姻の申し出を大いに慶ぶ。

そして、安康天皇の婚姻の儀の使い根臣《ねのおみ》（根使主『書紀』）に、引き出物代わりに押木珠縵《おしきのたまかずら》といわれる宝物を託すことから悲劇は始まる。根臣は、その宝物を我が物にしようとする。根臣も単なる「ぱしり」の地位ではない。天皇も持たない宝物に、手を伸ばせば手に入れることのできる、そうした地位にある人物である。『書紀』によれば、発覚後、稲城《いなき》を築いて雄略天皇に対抗することにも表れている。ともかく使いの根臣は、その宝物を自らのものとしようと、大日下が婚姻の儀

押木珠縵（韓国・国立中央博物館）
韓国・慶州の皇南大塚北墳出土、「出」字形・鹿角状の立飾りと糸魚川産の硬玉製勾玉を装飾した金製冠。列島弧内で冠の類は、宮地嶽古墳（福岡県福津市）の冠、江田船山古墳の冠帽、金銅製と鍍銀の冠が二本松山古墳（福井県永平寺町）からなど、15例ほど確認されている。その出土地は、九州・四国・関東・北陸・関西と広範囲である。

国宝「日向国西都原古墳出土金銅馬具類」
（写真提供：宮崎県立西都原考古博物館）
「日向国西都原古墳出土金銅製馬具」との名称で国宝に指定されているが、実際は西都原古墳群の西の台地に分布する百塚原古墳群の一角の円墳を持つ地下式横穴墓出土と見られている。

を断ったと安康天皇に讒言をする。

やはりここでふれておかねばならないのは、大日下が天皇も持つことのない宝物を有したということは、後に再度認識することになるが、この時期、海外交渉・交易の実権を有したのが、この大日下の日下宮王家であったことを意味する。ちなみに、押木珠縵とは、新羅の古墳である皇南大塚《ファンナムデーチョン》北墳（韓国慶州市）で出土した、「出」の字形や枝形の立飾りに勾玉類を装飾した金製の冠のようなものであったと考えられる。韓国内の出土例では、王族クラスが金製で、諸侯級は金銅製という順位が見られる。大日下が入手、所有していたとすれば、金製の冠であろう。

新羅と言えば、国宝「日向国西都原古墳出土金銅馬具類」がある。実際の出土地は西都原古墳群の西の台地に位置する百塚原古墳群、かつ地下式横穴墓出土と考えられる六世紀前半の新羅製品である。

安康は怒り、大日下を殺害する。それは、天皇家にとっても大きすぎる力を有し始めた大日下の存在は、脅威でもあり、その脅威を取り除く格好の理由を与えたに等しい。大日下は中磯皇女《なかしのひめみこ》を娶り、眉輪王を儲けていたが、安康天皇は中磯皇女を自らの皇后とし、眉輪王も引き取る。安康天皇が大日下の奥方を皇后とするにはそれなりの理由があった。中磯皇女は、履中天皇の皇女であり、その血脈は必要であった。それは視点を変えれば、皇位継承からは離れていたとはいえ、大日下の畿内王権内部での地位の大きさの表れでもある。

激怒した安康天皇は、大日下を殺し、その妻である中磯皇女（履中天皇の皇女）を自らの皇后とし、大日下との間にもうけていた目弱王（眉輪王）も引き取る。やがて、寝覚めが悪かったのか、大日下殺しについて高殿の中で皇后に話す。それを、床下で遊んでいた七歳の眉輪王は聞き、父殺しの真相を知る。

眉輪王は、寝入った安康天皇を「決して高御座（天皇位）を得るためではなく、実父の仇のためである」として暗殺する。あえて「高御座を得るためではなく」という断りは、逆に高御座は眉輪王の至近距離にあったのだ。引くに引けないのは、弟の雄略天皇である。討伐の兵を挙げ、畿内の有力豪族であり、皇后を出し外戚として権勢をふるった葛城氏とその圓大臣のもとに身を寄せた眉輪王ともども、屋敷ごと焼き払い殺してしまう。このこと以降、日向系の血筋は大王（天皇）家から途絶え、葛城氏も滅亡へと向かう、五世紀代後半の大きな事件となったのである。

その後、雄略天皇が根臣の讒言による悲劇の真相を知る経緯や出来事については、『記』と『書紀』では割かれる紙数の多寡もあるが、記述の詳細さには差がある。ともあれ、ことの真相を知った雄略天皇は、稲城を築いて抗戦する根臣を討ち、望み通り最終的には日向系の血を受けた幡梭皇女を皇后とするが、『記』によれば子供を授かることはなかった。つまり、日向系の血を受け継ぐ天皇は誕生しなかったのである。

仁徳天皇の皇后として襲津彦のむすめ・磐之媛がつき、葛城系の履中・反正・允恭と皇位が三代続くなど、畿内豪族の葛城氏が権勢をふるったが、唯一日向系の女性・若日下が皇后となり、葛城氏のむすめ・

今城塚

宮内庁が治定する継体天皇陵は、太田茶臼山古墳（前方後円墳・墳長226メートル、大阪府茨木市）であるが、出土埴輪の年代観から５世紀中頃の築造と見られ、２・３世代古い古墳である。５世紀代までの古市・百舌鳥古墳群など大和川水系に築造されてきた大王陵が、淀川水系にその墓域を定めたところにも、継体天皇の変革の時代が現れている。

韓媛は妃となり、諸県君と葛城氏の外戚としての地位が逆転した唯一の、そして最初で最後の時であったのだ。

また、考えられるのは、大日下皇子は讒言によって殺され、眉輪王もかたき討ちとはいえ黒彦皇子を排除する政争の具に利用され、焼き殺されて合葬という形で不当に葬られており、それらの死霊は怨霊化するとしてとらえられた、と考える。大王（天皇）家にとって、自らの聖地出身の日向勢力との関係の、その最後は悲劇となり、深い傷となり、それゆえ消し去ることのできない存在となった。

消し去ることの出来ない記憶

こうした五世紀後半の大きな事件を受け、葛城圓大臣のあと大臣となったのは「平群《へぐり》」氏であり、日向の地域再編が進められたと考えられ、西都原古墳群の南に残される字名「平郡」は、その拠点に由来すると考えられる。

それは、西都原古墳群における前方後円墳の築造の断絶、それに呼応するかのような一ツ瀬川対岸の新田原古墳群での前方後円墳の築造の本格化に現れている。特に、六世紀前半の百足塚は、継体天皇の真陵と考えられる今城塚（大阪府高槻市、墳長一九〇メートル）と同様の埴輪祭祀を持ち、西都原古墳群に代わる盟主として台頭する首長の存在を示している。

確かに『記』の「序」には、不思議な一節がある。「亦《また》、姓《うじ》に於きて日下《にちげ》を玖沙訶《くさか》と謂《い》ひ、名に於きて帯《たい》の字を多羅斯《たらし》と謂ふ、此《かく》の如き類は、本《もと》の随《まにま》に改めず。」とわざわざ記す意味は何か、と多人長が「弘仁私記」に記した「日下之宮」に着目した龍谷大学の平林章仁は問う。『書紀』では、「草香」及び「足」で表記される「クサカ」及び「タラシ」ではあるが、「日下」及び「帯」との表記は難読にはなるとしても、元のままにして改めない、と太安万侶はこのことを特記すべきと考えた。何故なら「帯」は、大帯《おおたらし》日子淤斯呂和気天皇《ひこおしろわけのすめらみこと》（景行天皇）や息長帯日売命《おきながたらしひめのみこと》（神功皇后、この太后《おおきさき》やはり只者《ただもの》ではない）など、天皇の称号であり名前に織り込まれる尊い文字である。これは、安易に置き換えるべきでないと、指摘しているのだ。一方、「日下」は『記』の全体を通して、日向系の宮家「日下宮王家」を指し示していることは明らかである。この日向系宮家の表記も、安易に置き換えられる表記ではないと、天皇に献上する書である以上、天皇に対してこれらは犯すべからざる文字であり表記であると伝え残そうとしたのだ。「そう記さなければならないという太安万侶の歴史意識、歴史観を反映したもの」であるとする平林の指摘は重い。「日下」とは、そこまで尊ばれる姓なのである。結論的には、「日下＝ひのもと＝日本」と国号につながる姓との認識ではなかったか、と思う。

日下宮家の御名代と湯沐

男狭穂塚・女狭穂塚の被葬者を諸県君牛諸井《うしもろい》とそのむすめ・髪長媛としたが、その考古学と『記・紀』の記述を埋めるべく、二つの点を指摘したい。一つは児湯の地名の起こり、一つは日下部氏の存在である。日下部氏の存在については、宮崎県考古学の草創期の在野の考古学研究者である日高正晴も取り上げたが、そこから諸県君に結びつく道筋は見えてこなかった。だが、児湯の地名の起こりを加えることで、点と点が結ばれ一つの像が立ち現れてくるのである。

「児湯」とは、子（児）供のための「湯沐《とうもく》」※のことを意味しているのではないか。「湯沐」とは、天皇の子供（皇子《おうじ》）たちの養育料を賄う封戸《ふうこ》（領地＝軍事的・経済的基盤）のことである。そして、日下部氏の系譜をひく法元《ほうが》氏が都万神社の神職を継承したことが、今日に伝えられている。

「湯沐」は、中国大陸においては古く周から漢の時代に設けられたが、その後実態を失っていき、列島弧において「湯沐」の用語が見られるのは『書紀』の七世紀後半の天武紀の壬申《じんしん》の乱に触れる中で、また平安時代に編纂された『新撰姓氏録』には、反正天皇の皇子に「諸国に多治部を定めて湯沐邑《ゆう》」とした、と記していることで知ることができる。多用された用語でもなく、反正天皇は古墳時代の五世紀代に当たることから、その時期の湯沐の存在について疑問視する見方があるが、名代《なしろ》・子代《こしろ》と同意として認識されていたと考えてよい。従って、その概念の始まりを古墳時代に遡らし得るのかについては慎重を期すとしても、領地を定めるという実態は五世紀代には運用されていたと考えてよく、その実態を指し示す用語は、実態を追認する形で「名付け」られた、と理解しておきたい。

では、天皇の子供とは、誰なのか。仁徳天皇と髪長媛との間に生まれた大日下王（大草香皇子）、若日下部命（幡梭皇女）である。『記』では、「大日下王の御名代《みなしろ》として、大日下部を定め、若日下部王の御名代として、若日下部を定めたまひき」とあり、この二人に「部」を定めたと記されている。その「名代」は、「湯沐」と同意であると考えてよい。つまり、日下部・若日下部の日向系宮家のため、畿内の地には日下（大阪府東大阪市）を拠点に、そして出身母体である日向の地の児湯に、基盤となる湯沐が置かれた。

日下部塚跡

都萬神社の参道脇に伝えられる。現在は、塚の形状は認められない。

都萬神社

本殿の右手の摂末社には、大山祇神社（大山津見命）、霧島神社（瓊瓊杵尊）などの中、四所神社は木花開耶姫の姉・磐長姫ほか３柱を祀る。磐長媛は、美しくはなかったため、邇邇芸命から送り返される。「バナナ型神話」、バナナと石の選択、消滅するバナナを選び、磐（石）が象徴する永遠の命を失う。木花開耶姫は、桜のように儚く限りある命の象徴である。

調殿神社

都萬神社の東方に位置する。斎殿《いつきどの》が調殿《つきどの》の由来とし、最終的には、宇佐八幡宮の荘園として、その年貢を納めた倉庫から調殿の地名となったと伝えている。天児屋根命を主祭神とする。

日下と都萬神社

西都原古墳群、都萬神社《つまじんじゃ》、児湯《こゆ》（郡《ぐん》）、そして諸県君《もろかたのきみ》。これらを結びつけるものは何か。西都原古墳群が位置するのは、現在は西都市、時代を遡り平安時代には「児（子）湯郡」の範囲に属していた。そして、諸県君の諸県の地名を残すのは、宮崎市の西部から内陸部にかけての、東諸県・西諸県・北諸県の各郡がある。では、諸県君とはそうした諸県の地名を残す地域に限定されるのであろうか。

そして、この日下部が都萬神社と結びつく。都萬神社の境内に「日下部塚跡」が伝承され、都萬神社の神職を継承してきたのは法元氏であり、法元氏の祖先は日下部氏であるとする系図を挙げる。西都原古墳群に隣接する都萬神社の日下部氏につながり、日下部氏は仁徳天皇と髪長媛との間に生まれた二人の皇子につながる。『宮崎縣史蹟調査報告』第五輯には、「後日下部氏は、姓を法元と改め」との記録を挙げている。

都萬神社の大本は、祖先神としての西都原古墳群の盟主墳である男狭穂塚・女狭穂塚の被葬者を祀ることにあった。それこそ、日下部氏の祖となる髪長媛であり、その父・諸県君牛諸井である。

都萬神社の東にある「調殿《つきどの》」は、難読地名である。その由来は、調殿神社に伝わるが、神を祀る「斎殿」からと、年貢として納める生産物を蓄える施設の意で、宇佐領として納める貢物を納める倉庫に由来するとされている。継続的な位置づけと見て差し支えない。

日向国造と諸県君の系譜

では、「日向国造」や「諸県君」など日向を治める人物、すなわち盟主的位置を持つ首長墓としての前方後円墳の築造の主役となった人物たちの系譜は、どのように伝えられているのか。その髪長媛の父の名は、諸県君牛諸（牛諸井）と記され、「牛」は「大人」＝「ぬし・支配する人（貴人）」の意と理解され、日向の牛馬生産が投影された名前と考えられる。

『先代舊事本紀』巻七・天皇本紀の「景行天皇」には、「豊国別命　日向諸県君・祖」と記されている。

また、同巻十・国造本紀の「日向国造」には「豊国別皇子三世孫老男」が国造に任ぜられたと記している。

「諸県」とは、「諸々《もろもろ》の県」と解すべきだとは、既に指摘されてきたことである。「児湯県《こゆのあがた》」の記述も見られるが、それも含めてそうした県を統括する姓（称号）として諸県君と呼称された。「あがた」地名は、『和名類聚抄』の中にも、臼杵郡（延岡市）に「英多」、諸県郡（国富町）に「縣田」など郷名を残している。

ただ、諸県君についての系譜を伝える資料は、他にもある。「宮永」氏の系譜として、太田　亮『姓氏家系大辞典』（角川書店、一九六三年）は次のように記す。

「諸県君姓　日向国の名族にして、諸県郡北本荘邑八幡神社祠官に此の氏あり。其の系譜に『姓は諸県君。豊国別命より出づ。豊国別・加牟波良彦を生み、加牟波良の子を老男命と云ふ。成務帝の時、日向国造に任ぜられ、其の子・牛は仁徳帝の時、姓を諸県君と賜ふ』と云ひ、又『老男の孫牛諸井、その男多気男・始めて三俣郡司に任ぜらる』など見ゆ。」

この系譜を整理すれば、①景行天皇と御刀媛との間に生まれた豊国別皇子、その子・加牟波良彦、そしてその子が老男命である。②その老男命が「日向国造」となった。③その子が牛（牛諸井）であり、「諸県君」の称号を冠せられることになった。『書紀』的表記としては、加牟波良彦は、「神原彦」と表記され、「多気男」は「建（武）男」と表記されるところであろう。

「牛」とは、「大人《うし》」のことである。そういえば、継体天皇の父は、「彦主人王《ひこうしのおう》」といった。「主人」と記す人名は、『竹取物語』のかぐや姫に求婚する一人のモデルとなる、持統天皇の時代に右大臣となった「阿倍御主人《あべのみうし》」としても記される。「貴人」としての意を持つ。

一つは、牛諸井は老男の子とし、別伝は孫としている。ただ、ここで重要なのは、日向国造と諸県君を、同一とすることである。諸県君については、景行紀において岩瀬川の辺で大御饗《おおみあえ》（天皇の食事）を献上する女性として、「諸県君泉媛」の名前が登場する。四世紀代において、代表権者に冠される称号として、諸県君となる女性首長が存在した。その後、その系譜的に婚姻関係によって継承される可能性も考える必要があるが、平野部に拠点を置く首長にその称号は引き継がれ、その後国造の位置も同時に担われることになっていった。いずれも、「諸県君」の系譜は、豊国別皇子の系譜である「日向国造」とつながるとする認識が、古くから形成されていたことを窺わせる。

いずれにしても、豊国別皇子―老男（日向国造）―牛諸井（諸県君）が、双系的であれ、擬制的であれ、いずれの場合においても系譜的に正当性を以てつながり、日向国造は、また諸県君でもある構図が示されている。

ちなみに、その末裔である幕末の勤皇の志士・宮永真琴は、維新後は剣柄《けんのつか》稲荷神社の神職を継ぐとともに、『日向国諸県郡本庄村古陵墓図説』を著すなど本庄古墳群の顕彰にも努めた。

最初の問いに戻れば、「諸県君」の存在を、現在郡名に残る東諸県・西諸県・北諸県に限定する必要はない。「諸々の県の君」として、日向一円の「県」を統括する代表権者と理解してよい。そのことは、地域の再編等により郡郷の名称や範囲は変動することからも理解される。

三納代と御名代は通じる。「代《しろ》」は「田地」であり生産を示す。「納める」は税に由来する。そこに、「みなしろ」の訓が重ねられていったと推測する。新富町の地名「三納代《みなしろ》」は訓のごとく、こうした「御名代」が「上書き」されて伝承され、西都市の「三納」も「代」の字が失われているが、隼人政策のために設置されたとされる古代山城として、「稲積城」（鹿児島県霧島国分）と「三野城」が見え、「三野」が地理的要衝であるとともに、畿内王権から見て拠点地域と認識されていたことなども含め「上書き」されたと考えられる。「三野」は「三納」と見られるが、古代山城としての三野城が存在した場所は、中世城としての三納城に重なる可能性もあるが確定的ではない。これらの地名の発生は、次に補強されていくであろう。

「西都原」地名の起源

「西都原」の地名の変遷については、日高正晴の著作に詳しい。ただ、日高が依拠した一部は、明治から昭和にかけて、島津家編纂所主任（鹿児島県）や宮崎県史編纂委員を務めた中村徳五郎の著作である。注として、その一つに『日州新聞』の記事を挙げるが、一九〇五（明治三十八）年五月には、関連するものを見い出すことはできない。ただし、五年後、一九一〇（明治四十三）年に出版された中村の著『日本開《かい》闢《びゃく》史』（大日本図書）に同様の記述を見い出すことができる。

「可愛田原」として同地を記すのは、一一七三（承安三）年の「石貫神社申上口上書」を挙げるが、それが写本であるため承安年号には疑問を呈している。しかし、「可愛」が示すように、神話伝承上の瓊瓊杵尊との関係が地名の起こりになっていることが見える。そして、古墳群の中に所在する三宅神社（覆野大神宮は別名）では、室町時代の一三九四（応永元）年の記録に、「当郷旧社大祭」の「三大祭」の一つとして「山陵祭」を執り行っていたことが記されており、室町時代には男狭穂塚に対する祭事が成立していたことが知られる。「笠狭崎」の地名が『記・紀』に由来するように、男狭穂塚・女狭穂塚の被葬者を神代の瓊瓊杵尊《ににぎのみこと》と木花開耶姫《このはなさくやひめ》とする伝承も、こうした時期に起源していると考えることができる。

次に、室町時代末期（戦国時代）の一五五八（永禄元）年の「妻宮縁起書」では、「児湯郡斎殿原笠狭碕」と記されている、としている。「斎殿原《さいとのはる》」との呼称は、その訓が「西都原」の起源と考えられる点で、重要な呼称である。これは、『宮崎縣史蹟調査報告』第四輯、児湯郡之部（大正十四年、宮崎県）でも、「宝物」に記す「縁起書一巻」として再録されている。「斎殿原」とする呼称は、その後も江戸時代の一六九一（元禄四）年の「覆野大神宮由来」に「児湯郡三宅郷櫛木斎殿原」とあり、それを踏まえてであろうが一八二五（文政八）年には児玉実満が『笠狭大略記』の中で「櫛木斎殿原」と記している。ちなみに、総社・三宅神社は男狭穂女狭穂の祭祀、都萬神社は木花佐久夜比売の祭祀と分担するが、相互に共有する立場にあった、と指摘されている。

その一方、金石文資料として、現在も陵墓参考地男狭穂塚に向かう「参道」脇に石灯籠の竿となる石柱が残されており、そこには江戸時代後期の一八一七（文化十四）年に記された「寺原　西都原　若衆中」の表記がある。児玉の『笠狭大略記』の八年前には、「西都原」との地名が使用されていたことをうかがわせる。こうしたことから、平安時代末期は「可愛田原」、室町時代末期から江戸時代中頃は「斎殿原」、江戸時代後期の文化・文政年間頃には「西都原」の表記が用いられるようになったと考えられる。

『宮崎県史』史料編・古代に「妻宮縁起書」や日下部氏系図などが、収録されているが、幾つかの写本があり、その中には共通する記述もあれば、異なる写本が残されている。そうした写本史料と、それらを基にした中村徳五郎等が取り上げた写本史料とが必ずしも整合性を持たない問題が残る。原本と写本との時間差（その間での欠落や欠損）が含まれ、時間軸は正確さを欠くことになる。

しかし、ここでの問題は、神話の場が現実の土地に確定されるのかではなく、神話的世界が再生産されて、それが目の前の場に投影された伝承として人々の中に深く浸透していったということを見通し、それが神話化の過程を示していることを認識したいと思う。その結果「可愛《え》」の山陵は、瓊瓊杵尊《ににぎのみこと》の陵、男狭穂塚は「可愛山陵」と伝承されることになった。こうした伝承等をもとに、一八九五（明治二十八）年に宮内庁は、男狭穂塚・女狭穂塚を可愛山陵（瓊瓊杵尊の陵）の陵墓参考地として治定した。また、延岡市北川町は可愛山陵伝承地とした。

なお、男狭穂塚・女狭穂塚の呼称については、明確な記録を追うことはできないが、両古墳は、「狭穂山」と記され、「狭穂」は「神の稲の穂」を意味していると考えられる。そして、それが対をなすように存在することから、男・女に比して男狭穂塚・女狭穂塚と呼ばれるようになった。なお、『記・紀』には「さほ」なる名前を持つ人物たちが記されている。一つは、垂仁紀に皇后「狭穂姫」とその兄「狭穂彦王」（沙本『記』）は、タブーの同母兄弟の悲恋と反逆の主人公として登場する。また、雄略紀には「狭穂子鳥別」の名を持つ人物が登場しているが、それらいずれも、古墳の名称起源・伝承には、直接関係づけることはできない。

その中でも、「斎殿原」との呼称は、祭祀の場である「伊勢神宮」と祭祀を司る「斎宮」と同じように、男狭穂塚・女狭穂塚に瓊瓊杵尊と木花開耶姫を祀り、その祭祀を司る「斎殿」、つまり「いみどの」が置かれていたことに由来すると考える。現在の宮崎県立西都原考古博物館の駐車場に残される丸山（西都原西）遺跡からは、九～十世紀の大型掘立柱建物跡が検出されており、国衙《こくが》・国分寺等が存続した時代、その公の関連施設として設置された「斎殿」の可能性がある。このことを理解するために、「中巻」の章で触れた纏向遺跡と伊勢神宮・出雲大社の関係を、今一度、確認しておきたい。

西都の地に凝縮された神話

こうして、「西都原」地名の変遷の根底には、神話伝承がある。日本神話は、「高天原」「出雲」「日向」を舞台とする神話で構成されるが、建国神話となる「日向神話」からの派生伝承は、西都市周辺に色濃く残されている。瓊瓊芸命と木花開耶姫の婚姻譚から、その姉の石長比売（岩長姫）が投げ捨てた鏡に因む「銀鏡《しろみ》」の地名伝承がある。

また、鬼の窟古墳には、鬼伝承が伝わる。木花開耶姫を妻に欲しいと鬼は求婚するが、父の大山祇神は、一夜で巨石を積み上げて石室を作れば、婚姻を許すとする。鬼は、巨大な石室を完成させるが、むすめ・木花開耶姫を鬼の嫁としたくない大山津見神（大山祇神）は、石室の天井石の一つを抜き取り、完成して

鬼の窟古墳・全景（右）と石室（左）（写真提供：宮崎県立西都原考古博物館）
巨石を用いた横穴式石室は、南九州では10基にも満たない。新田原古墳群の前方後円墳、方墳に構築された横穴式石室が残されていれば、より６世紀代の日向国の再編が、可視化されて実感できたと思う。

いないのでむすめをやれないと、婚姻を断る、というものである。これは、神話からの派生伝承であるが、その伝承の起源を知ることができた。

抜き取られた伝承のとおり羨道部の一部に三〇～四〇センチほどの空隙があったが、上部の墳丘を調査した結果、墳丘盛土とは異なる黒色土が空隙上部を充填している状態が確認された。また、床面を精査した結果、平安時代のカワラケが出土し、羨道部の天井石のうち、もっとも扁平な岩が抜き取られ、その跡に黒色の土が入り込んでいた。盗掘から取り残された副葬品の須恵器や馬具金具や木棺の釘が出土した。それと共に出土した遺物の中に、平安時代の灯明皿が数個体出土したのである。羨門部がまだ閉塞された状態であった平安時代に、天井石を抜き取り、灯明皿の明かりを頼りに盗掘が行われ、その後閉塞も解かれたとみられる。こうしたことから、一連の神話に派生する伝承は、平安時代には語られ始めたと思われ、このような伝承の誕生と継承も、古墳と人々とのつながりを物語るものである。

このことは、神話の見立てがどのように発生したのかを考える一つの事例となる。

しかし、神話伝承を持つ古墳は、男狭穂塚・女狭穂塚、鬼の窟屋だけではない。同じ、西都原古墳群の九〇号墳は、墳長九六メートルの第二古墳群中最大の前方後円墳であり、「大山祇陵」として地元の信仰対象となっている。大山祇神は、木花開耶姫の父親である山の神であるが、女狭穂塚を木花開耶姫の陵とする伝承から「見立て」られたものであろう。

また、寺原第一支群に位置する一七二号墳(円墳)は「事勝塚」と呼ばれている。事勝は、事勝国勝長狭神《ことかつくにかつながさのかけ》(塩椎神『記』、塩土老翁『書紀』)のことで、一般的には木花開耶姫と瓊瓊杵尊を娶《めあわ》せた「仲人《なこうど》」などと伝えられる。西都原古墳群と一ツ瀬川を挟んで北岸に分布する茶臼原古墳群中最大の一号墳(前方後円墳、墳長一〇八メートル)は、「児屋根塚」と地元で呼ばれている。「天児屋命《あめのこやねのみこと》」にその呼称は由来し、『記』では中臣連の祖神とされ、天照大神の岩戸隠れの時、岩戸の前で祝詞を唱え、鏡を差し出す神の一人であり、天孫・瓊瓊杵尊と共に天降った神である。

律令期における国府・国分寺・国分尼寺の設置と児湯郡の中心であり、宮崎平野を有する宮崎市が近代を迎えるまで、日向の中心拠点とならなかったこととは深い関係がある。この点も、悠久の歴史を手繰り寄せてゆく必要がある。

神話伝承を持つ古墳

神話伝承を伝えるのは、もちろん西都原古墳群だけではない。日向三代の陵についても、多くの伝承地がある。

瓊瓊杵尊の可愛山陵とする伝承は、西都原の男狭穂塚・女狭穂塚のほか、同じく陵墓参考地(伝承地)とされた延岡市北川町長井の北川陵墓参考地ほか、延岡市の天下神社境内の南方一号墳(前方後円墳、墳長七一メートル)、そして宮崎市の奈古神社境内の独立丘陵上に所在する前方後円墳(墳長七八メートル)にもある。

鵜戸・吾平山上陵陵墓参考地
鵜戸神宮の西の速日峯《はやひのみね》山頂に所在する。

北川・可愛山陵陵墓参考地（伝承地）

高屋山上陵との伝承は、宮崎県内の地では、陵墓参考地に治定されていないが、西都市の都於郡城跡本丸、宮崎市村角の高屋神社、鹿児島県肝付町の国見山、南さつま市の竹屋神社などがある。

吾平山上陵との伝承は、熊本県山鹿市菊鹿町の相良、宮崎県高千穂町大字三田井、西都市松本塚、宮崎市佐土原町下那珂の吾平神社、日南市の吾平津神社などにあり、そして日南市宮浦の鵜戸神宮の鵜戸陵墓参考地が治定されている。近くには、玉依姫御陵としての伝承を伝える地が、宮浦神社（日南市）の南方にある。

考古学上確かな古墳に伝承されている場所もあれば、経塚があった場所とされるところや、墳墓等ではない自然丘陵や平地に伝承が伝えられている。もとより、伊弉冉に始まる神にも寿命があり、死しては埋葬されると観念されてはいたが、とは言えどのような墳墓（陵）の型式を採るものであるかについては、想定はされていない。三世紀半ばから築造される古墳を神の陵とするのは、古墳に神を奉ずるのであって、実際の埋葬を意味しないし、特別の型式を採る墳墓は最初から想定されてはいない。ふさわしい聖性地形ないしは聖なる場所と観念される場所に、奉ずるべきと信じる人々によって神が奉ぜられるのである。淵源は、同じ始祖神話を、氏族の分家・拡散や擬制的な関係も含め共有する人々によってである。

新田原・弥五郎塚
祇園原古墳群の中では、東端に立地する。

国富・剣柄稲荷神社
国指定史跡本庄古墳群の中の38号墳（前方後円墳・墳長約56メートル）の後円部墳頂に鎮座する。

ここまで、一口に神話伝承として扱ってきたが、わたしの定義では、神話・伝承であり、神話は「神代」の神話のことで、伝承は「人世」の歴史（的）伝承のことである。これまで見てきたところは、日向三代など神話に登場する神々にまつわる古墳への「見立て」であるが、次は、「人世」の歴史（的）伝承が古墳に「上書き」される例である。

国富町本庄古墳群の剣柄稲荷神社の前方後円墳は、社伝によれば、「剣柄」の由来として神武天皇の兄・彦稲飯命の刀を埋めた、また景行天皇の熊襲梟帥を殺した刀を埋めた、また景行天皇の妃・御刀媛の塚などを伝えている。剣柄稲荷神社の宮司家・宮永氏の系譜から諸県君、そして日向国造の祖・豊国別皇子、その母・御刀媛へつながることになる。この伝承には、足がある。

また、一ツ瀬川の東岸に位置する祇園原古墳群中最大の前方後円墳（墳長九四メートル）、四八号墳は、「弥五郎塚」と呼称されている。隼人の渠帥＝弥五郎に由来する。新富町には「弥五郎どん祭り」は伝承されていないが、宇佐神宮領富田荘があり、新田神社が正八幡宮として新田郷の総鎮守であったことなどから、隼人の放生会が祇園原古墳群中最も規模の大きい四八号墳に対して行われ、ないしはそうした言い伝えが「弥五郎塚」との呼称へとつながったと考えることができる。

伍の章　国のかたち

制度としての部

氏《うじ》とは、初源としては氏族と同義であるが、擬制しながら祭祀・居住地・官職などを通じて結合した政治的集団となり、姓《かばね》を異にする血縁関係（家族群）に分かれる。その姓とは、政治的・社会的地位を示すために世襲した称号であり、臣《おみ》・連《むらじ》・造・君《きみ》などが列記される。ただ、必ずしも固定的なものではなく、制度化は後付けである。初源的な「比古《ひこ》」「比売《ひめ》」「別《わけ》」などの自然発生的な段階から、成務天皇（十三代）には国造《くにのみやつこ》・県主《あがたぬし》・別・稲置《いなぎ》など慣習化された段階、允恭天皇（十九代）には君（公）・臣・連・直《あたい》・首《おびと》・史《ふひと》・村主《すぐり》など制度的なものとして認識され、大臣《おおおみ》・大連《おおむらじ》とさらに序列が意識化された段階が読み取れるが、最終的にそれらを空洞化させたのが、六八四（天武十三）年の真人《まひと》・朝臣《あそみ》・宿禰《すくね》・忌寸《いみき》・道師《みちのし》・臣・連・稲置を定めた「八色姓《やくさのかばね》」である。

日下部の起源としては、実は一つではない。開化天皇（九代）の皇子・沙本毗古王《さほびこのみこ》を、日下部連の祖と記している。また、孝徳天皇の件《くだり》に、穴戸国《あなとのくに》司《みこともち》草壁《くさかべ》連《むらじ》醜経《しこぶ》の名が登場し、天武天皇に山城・摂津の皇別の日下部宿禰、河内の皇別の日下部連などとすることが挙げられている。穴戸国は、長門国であり、景行天皇と日向髪長大田根の子・日向襲津彦皇子が阿牟君の祖とされるが、阿牟＝阿武も長門国であり、その関連は無視できないし、畿内各所の皇別とするのも氏族の派生とつながりを示唆している。

度々強調することになるが、これらを「諸説」として、何れが本貫であるか、正しいかという択一の問題ではなく、同名の氏族の派生と系譜という意味でとらえて何の問題もない。ただし、『記』で言う「日下部」は、仁徳天皇の件《くだり》で述べている御名代としての日下部であり、太安万侶が序で特化して取り上げる「玖沙訶《くさか》」も日向系日下を指している、ということに過ぎない。

考古学の限界

「四〜五世紀に政治的集団としての氏族の活動は存在しない。奈良盆地における遺跡の発掘調査成果からは、在地の生産力を背景にした地域集団が政治的集団に成長する状況が確かめられた。支配地域の核となる場所に支配拠点を構え、古墳を造営したこの有力地域集団こそ、古代豪族の淵源であるといえる。氏族意識が醸成されていくなかで、こうした有力地域集団を祖と仰ぎ、古墳をその祖先の墓域として認識するようになる。そうした遺跡を前にしての後付けの過程が、律令国家形成と、歴史書の編纂のなかに反映しているにすぎない。その意味では、四〜五世紀の古墳に後付けされた被葬者名や氏族名を重ね合わせようとするのは、無意味な作業であるといわざるをえない。四〜五世紀の豪族を知るには、同時代の遺跡をもってその実像を語らしめるほかはないのである。」（坂《ばん》 靖《やすし》「奈良盆地の遺跡が語る有力豪族の実像」『古代史研究の最前線　古代豪族』洋泉社、二〇一五年）
少し長い引用であるが、重要な誤解があるので、少し整理したい。
「同時代の遺跡をもってその実像を語らしめるほかはない」という姿勢は、代表的と言うより、多くの考古学研究者が陥っている隘路の在り方であるので引いただけである。わたし自身も、最初の著書『熊襲・隼人の原像』（吉川弘文館　一九九四年）の中で「『記・紀』の記述を、今後どのようにひっくり返してみたところで、新しい文字面が現れてくるわけではない。結局は、解釈の違いにしか行き着かないように思われる。しかし、一方では考古学の成果の蓄積には著しいものがあり、それらはまさに直接生きた人々の具体的な痕跡として、歴史をわたしたちに伝えてくれる。考古学の発掘調査は、大地に刻まれた歴史を読み込む行為である。一ページ一ページめくるように、一層一層土を剝ぐたびに、数百年、数千年、時には数万年の歴史の痕跡が目の前に立ち現れてくる。」そう宣言したことがある。しかし、本書での考察を進めるに際して基本姿勢を明らかにするためには、少し、注釈を加えて整理をしておくべきであろう、と考えた。

まず、この場合の「歴史書の編纂」とは『古事記』『日本書紀』を指している。つまりは、「四〜五世紀」の歴史を語るには『記・紀』は、何ほどにも意味を持たないし、実際に残された古墳に「重ね合わせ」るのは「無意味」としているのだ。こうした姿勢には、提起されたのは戦前であるが、戦後『記・紀』を歴史書の位置から葬り去った、すなわち『記・紀』の記述を虚構《フィクション》と見る津田左右吉《つだそうきち》流の見方（決して、津田自身はすべてを虚構とみなしている訳ではないのだが）が根底にある、と思う。

順を追って整理すれば、四〜五世紀に「政治集団としての氏族」は存在しないのではない。「政治集団」また「氏族」に対置されるのは、「在地の生産力を背景にした地域集団」としている。しかし、この「地域集団」のそもそもの定義が成り立たない。「氏族」とは擬制的関係も含めて「血縁」を紐帯とするものであり、そもそも「地域集団」とは「血縁」関係を紐帯として「地縁」的に結び付いた集団である。つまり、「血縁」を内包した「地縁」的結びつきが「地域集団」であり、「氏族意識が醸成」されて「政治集団としての氏族」が誕生するのではない。つまりは、これは「後付け」ではなく、それが歴史書の編纂の段階に「反映」されたものでもなく、そもそも「氏族」とは、そうした歴史的存在であり、それが「制度」化という形で可視化されるか否かが、ここでの問題なのである。「制度」というものは「後付け」であり、そしてまた古代における「歴史書の編纂」の本質なのである。だから、「無意味な作業」どころか、古代の歴史書という文献を通した歴史研究も、「同時代の遺跡をもってその実像を語らしめる」考古学研究も「後付け」という「意味ある」歴史研究なのである。

「地縁的に結合した有力地域集団」としているが、血縁関係（母系的であれ・父系的であれ）を基本として、婚姻関係（姻族）を紐帯として地縁的に結合するのであり、「血縁的系譜や姻族関係を背景にした政治的活動」＝氏族であり、政治的・社会的に世襲されることが制度化と言える。「六世紀にはようやく氏族が勃興」「有力地域集団を祖と仰いだり、その祭祀を継承したりすることによって、系譜関係が記録化された」と論述を進めるが、歴史的考察ではない。

郡郷の設置の変遷

平安時代、承平年間（九三一〜八年）の源順《みなもとのしたごう》の撰になる『和名類聚抄』では、「日向国」として次のように郡郷名を列記する。合わせて、今日の市町村に比定すると以下のようである。

臼杵郡《うすき》　智保＝高千穂町、氷上＝延岡市北川、英多＝延岡市、列（刈）田＝門川町

児湯郡《こゆ》　都野＝都農町、韓家＝川南町、大垣＝木城町、穂北＝西都市穂北、三宅＝西都市三宅、三納＝西都市三納、平群＝西都市平郡《へぐり》、都唹＝西都市都於郡《とのこおり》

那珂《なか》郡　於部＝高鍋町、夜開＝新富町、田島＝宮崎市佐土原、新名＝宮崎市新名爪《にいなづめ》
宮崎《みやざき》郡　江田＝宮崎市阿波岐原《あわきはら》、田邊＝宮崎市田野、島江＝宮崎市赤江、飫肥＝日南市飫肥
諸県《むらかた》郡　八代＝国富町八代、縣田＝国富町、瓜生《うりふの》＝宮崎市瓜生野《うりゅうの》、穆佐＝宮崎市高岡町穆佐、大田＝えびの市、山鹿＝小林市、春野＝高原町、財部＝曽於《そお》市財部（鹿児島県）

「英多＝あがた」は延岡市で、現在も地名に残る南方《みなみかた》・北方《きたかた》（町）は「南県（みなみあがた）」「北県（きたあがた）」と同義であろう。そうすれば、「氷上《ひかみ》」は、地理的関係から北川（町）に比定することになる。

ここで確認しておきたいのは、とりわけ那珂郡と宮崎郡の郡域の変動は著しく、時代時代において再編が行われ、今日に至っていることである。また、諸県郡については、北諸県・南諸県に分割され、北諸県は、南諸県に対して北に位置する範囲で、南諸県は現在の鹿児島県の元は志布志《しぶし》湾岸を中心とする志布志、大崎、松山三郷を含む範囲であったが現在は消滅し、残された北諸県を分けて、北方の地域が東諸県・西諸県として設置されたため、南諸県が鹿児島県として無くなった時、東・西諸県の南側に北諸県が位置する関係になっている。諸県君と男狭穂塚・女狭穂塚を結ぶもの、点と点が結ばれ線となり、さらに平面となる。時間がつながり、空間が重なり、歴史の舞台の上に主人公たちが揺らめく炎を受けて浮かび上がる。

　こうして郡の範囲が変化するのは、諸県郡に限ったこ

南方古墳群・天下神社境内の古墳

県北地域は細尾根の丘陵が優勢な地勢。尾根筋を単位に古墳群が形成され、築造集団の単位を把握できる。南方古墳群、天下町（前方後円墳３基、円墳８基）、吉野町（円墳７基）、大貫町（前方後円墳１基、円墳10基）、舞野《まいの》町（前方後円墳１基、円墳５基）、野地《のぢ》・野田《のた》町（前方後円墳１基、円墳８基）である。天下神社境内には、1号墳（墳長71㍍の前方後円墳）と２号墳（横穴式石室を有する円墳）がある。

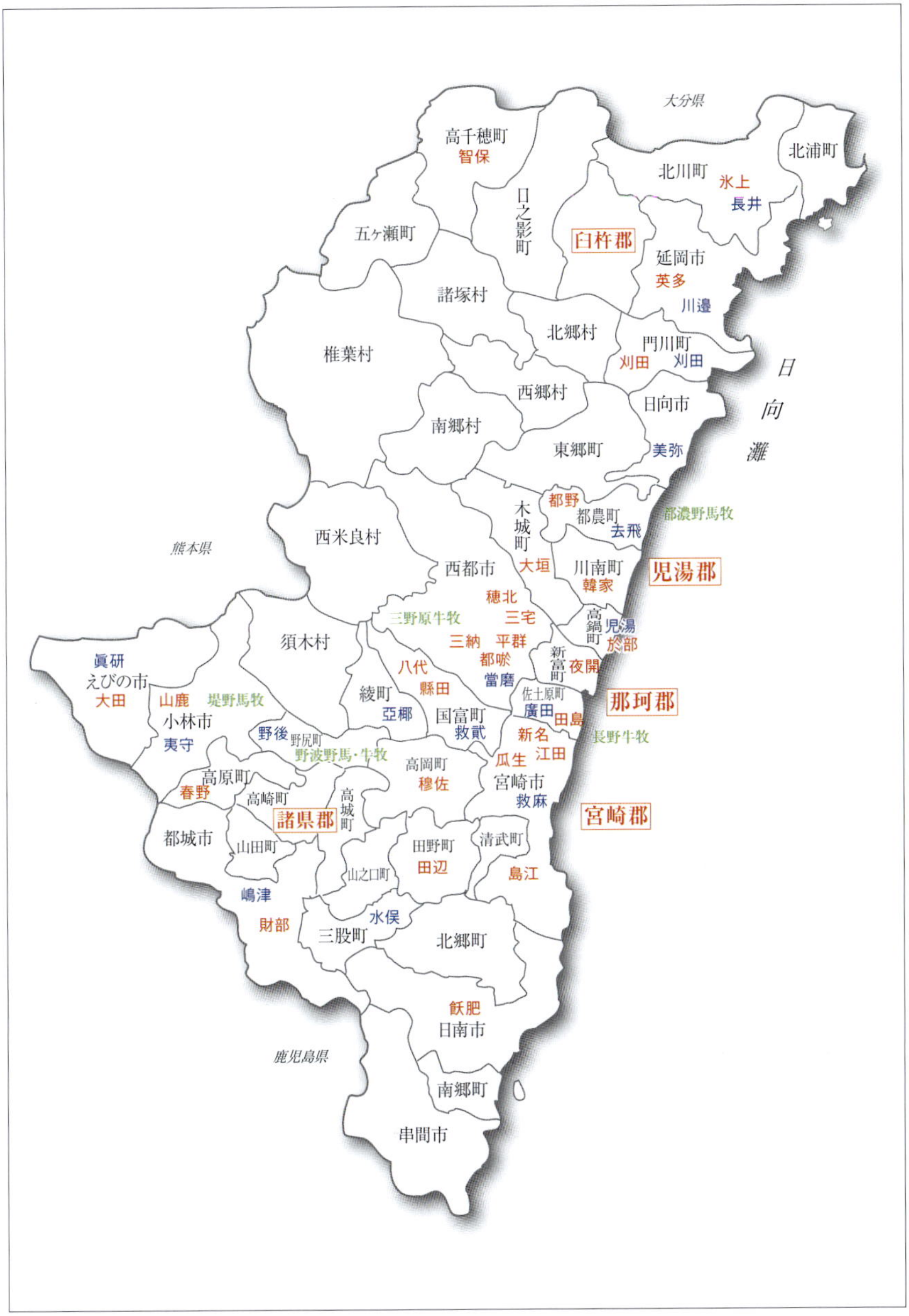

大分県
高千穂町
智保
北浦町
北川町
氷上
長井
口之影町
臼杵郡
五ヶ瀬町
延岡市
英多
川邉
諸塚村
北郷村
門川町
刈田
刈田
椎葉村
日向灘
西郷村
日向市
南郷村
東郷町
美弥
都野
都農町
去飛
都濃野馬牧
木城町
熊本県
西米良村
西都市
大垣
川南町
韓家
児湯郡
穂北
三宅
三野原牛牧
高鍋町
児湯
於部
須木村
三納
平群
都唹
新富町
夜開
眞研
えびの市
大田
八代
當磨
縣田
綾町
佐土原町
廣田
山鹿
堤野馬牧
小林市
夷守
亞郷
国富町
救貳
田島
那珂郡
野後
野尻町
野波野馬・牛牧
新名
長野牛牧
高岡町
瓜生
江田
穆佐
宮崎市
救麻
高原町
春野
高崎町
高城町
諸県郡
宮崎郡
都城市
山田町
田野町
田辺
清武町
山之口町
島江
嶋津
水俣
財部
三股町
北郷町
飫肥
日南市
鹿児島県
南郷町
串間市

日向国の郡郷・駅・牧 比定

とではなく、那珂郡でも宮崎郡でも同様である。では、問題は「児湯郡」との関係である。児湯郡は、西都市を含み、現在の新富町、高鍋町、木城町、都農《つの》町の範囲であった。しかし、一つ遡ると、高鍋町、木城町は、旧佐土原町などと共に那珂《なか》郡に属していた。旧佐土原町に「那珂」の地名がその面影を残すが、その後は宮崎郡となっている。こうした児湯郡の範囲の著しい変化を見ても、どうやら児湯の地名の起こりは、古くからの地名ではなく、ある時期に誕生したものであるらしいことが見えてくる。

一方、十年前に現在の市町村との比定を整理したこと（「西海道　日向」『日本古代史地名事典』雄山閣、二〇〇七年）があったが、その時と改めて異なる比定となった地名もある。その比定を進めるために、隣接の国についても、もちろん、諸県君の統括する範囲は、こうした「日向国」のみに留まらず、南九州一円（鹿児島県、熊本県南部）に及ぶものであったことから、以下に列記し、国を超えた同じ地名や気になる地名（本当は全部であるが）について、傍線を付してみた。

肥後国

玉名《たまいな》郡　日置、爲太、石津、下宅、宇部、大町、大水、江田

山鹿《やまか》郡　来民、箸入、温《ゆ》泉、小野、夜関（開）、朽納、津村、神西、緒緑、伊智

菊池《くくち》郡　城野、水島、辛家、夜関（開）、子養、山門、上甘、日理、柏原

阿蘇《あそ》郡　波良、知保、衣尻、阿蘇

合志《かはし》郡　合志、小川、山道、鳥島、口益、鳥取

山本《やまもと》郡　三重、高原、鳥田、山本、殖《うえ》生、佐野、本井

飽田《あきた》郡　宮前、加幡、小垣、私部、栗北、天田、川内、水門、殖木、下田、市田、蚕養

託麻《たくま》郡　桑原、上島、津守、酒井、波良、漆島、下井、三宅

益城《ましき》郡　当麻、子按、加西、坂本、益城、麻部、富神、宅部
宇土《うと》郡　諫染、桜井、林原、大宅
八代《やつしろ》郡　肥伊、高田、豊福、木行、小川
天草《あまくさ》郡　波太、天草、志記、恵家、高屋
葦北《あしきた》郡　葦北、桑原、伴、野行、巨野、川田、水俣
球磨《くま》郡　球玖、久米、人吉、東村、西村、千脱

大隅国
菱刈《ひしかり》郡　羽野、亡野、大水、菱刈
桑原《くわはら》郡　大原、大分、豊国《とよくに》、答西、稲積、廣田、桑善、仲川
囎唹《そお》郡　葛例《かつら》、志摩、阿気《あけ》、方後、人野
大隅《おおすみ》郡　人野、大隅、謂列、始臈、禰覆、大阿、岐刀
姶羅《あひら》郡　野裏、串伎、鹿屋、岐刀
肝属《きもつき》郡　桑原、鷹屋、川上、鴈麻
馭漁《ごむ》郡　謨賢、信有
熊毛《くまげ》郡　熊毛《くまげ》、幸毛、阿枚

薩摩国
出水《いずみ》郡　山内、勢度、借家、大家、國形
高城《たかき》郡　合志、飽多《あくた》、鬱木、宇土、新多、託萬
薩摩《さつま》郡　避石、幡利《はり》、日置《ひおき》

甑島《こしきしま》郡　管管、甑島
日置郡　富多、納薩、合良
伊作《いさく》郡　利納
阿多《あた》郡　鷹屋、田水、葛例、阿多
川邊《かわのべ》郡　川上、稲積
頴娃《えの》郡　開聞、
揖宿《いふすき》郡　揖宿
給黎《きいれ》郡　給黎
谿山《たにやま》郡　谷上、久佐
鹿児島《かこしま》郡　都萬、在次、安薩

全国を見渡せば、なお、同じ地名は少なくはなく存在する。同じ地名間の入植・移住（氏族の派生）が一つの要因と見做せるが、当然、「川」や「山」など地形や地理に由来する地名であれば、同じ地名が生じるのは当然である。しかし、その中でも、気になる謎解きを誘う地名があることは事実である。とりあえずは、狭義に絞って見ておきたい。

どう読み解くのか

「夜開《やけ》」郷は新富町に比定したが、今日では馴染のない地名であるものの、肥後（熊本県）の山鹿郡や菊池郡にも同じ「夜開」（ただし、漢字としては「関」の旧字で表記されている）の地名が見える。その他、豊後国海部郡にも見られ、『和名抄』段階では必ずしも珍しくはなかった地名である。肥後の「夜開」は、現在の玉名などの地域と考えられるが、それに着目すると、日向国の諸県郡に見える「山鹿」の郷名が気にかかる。肥後に「山鹿」や「夜開」が存在するからである。熊本県山鹿・玉名地域と、日向の地との間での入植・移住など、どちらが故地であるかは別にして、相互に交流関係にあったと推測できる。

この場合、一家族であろうと、数家族あるいは数十家族であろうと、その多寡は問題ではなく、父系・母系をつなぐか、また擬制的関係であれ、始祖神話を共有する血族が、血脈を分（別）けて入植なり移住を行い、それは広域圏に展開する。各地に同一の神話伝承を伝える場所が散在するのはそのためであり、再び強調するが、そのいずれが本貫であるか、庶（分）流であるかも問題ではない。かつ、その時系列も、古代に遡るか、中世であれ・近世であれ、あるいは明治以降（特に国家神道・天皇制下で各地に新たな神話の地が生まれたが、それも「牢く信ずる（柳田國男）」範囲である）であれ、その時代時代における「上書き」を踏まえれば、その基層・古層には「牢《かた》く信ずる」世界が残る。

ちなみに、銀象嵌銘大刀の出土で知られる江田船山古墳（前方後円墳、墳長六二メートル）は、玉名郡和水町の所在である。また、山鹿・玉名地域は、九州の中でもチブサン古墳（前方後円墳、墳長四五メートル、山鹿市）をはじめとする装飾古墳が濃密に分布する地域であり、装飾古墳が希薄な日向の中で、装飾を持つ地下式横穴墓（装飾の主題《モチーフ》は独自かつ独特で、束柱や垂木を浮彫・線刻・彩色で表現、死後住む家である）が高原町や小林市に見られることが、「山鹿」郷の比定地として考えた理由である。

また児湯郡は、現在に辿れる郷名が多いが、韓家・大垣は追うことができない。地名には歴史が刻まれており、韓家は半島渡来系の集落を中心に拓かれた地であることを窺わせ、現在の地名では川南古墳群の形成された川南町が想定される。そうして、類推される現在の市町村名を記した。ただ、個別に市町村名を挙げるが、現在の当該市町村域に限定されるのではなく、そこを含む周辺といった範囲でとらえたい。

ちなみに、『和名抄』には「児湯郡」に「新田」の地名はないが、これを「にゅうた」と読むのは現代の用法から馴染がないものの、「新田」に「尓布多（にふた）」と訓《よみ》が記される例は但馬国城崎郡にもあり、古語としては普通の訓であったと理解される。そして、必ずしも『和名抄』の全体を通じて、ことに第九巻の後半ともなると、すべてに訓が適切に記されているわけではないが、「壬生《みぶ》」＝「丹生」も同じく「尓布」と訓が記されており、朱砂（辰砂）・丹に通じる地名があることは間違いない。『続日本紀』では、文武天皇二（六九八）年に、常陸・備前・伊予・伊勢そして日向から朱砂が献上されたとある。

江田船山古墳

５世紀末から６世紀初頭の築造。75文字の銀象嵌大刀、画文帯神獣鏡３面ほか３面の鏡、勾玉ほか玉類、金製耳飾り、冠帽・冠帯金具、金銅飾履《しょくり》、横矧板鋲留短甲・衝角付冑、鉄輪鐙ほか馬具類、環鈴、須恵器など大陸・半島系の品も含み多種多量の副葬品が出土している。

チブサン古墳

彩色された同心円文が乳房に見えることから、信仰され古墳の名前となった。横穴式石室内の石屋形《いしやかた》の右壁面に両手・両足を広げた冠を被る人物や円文、奥壁面に三角文・菱形文の中央に赤・白・青で塗り分けた同心円文、左壁面に菱形文・円文など装飾文を描いている。

駅と牧

ここで、合わせて「駅」と「牧」についても、現在の場所（地名）との比定を整理しておきたい。やはり、同じ地名や気にかかる地名には、傍線を付した。

平安時代初期（九〇五〜二七年撰進、九六七年施行、律令施行細則）の『延喜式』兵部省から、「諸国馬牛牧」を拾い上げると、九州では、筑前国（能巨嶋牛牧）・肥前国（鹿嶋・庇羅・生屬馬牧、柏嶋・遷野・早埼牛牧）・肥後国（二重・波良馬牧）が見え、肥前国の牧数は日向と同じである。能巨嶋は「能古島《のこのしま》」（福岡市西区）、「二《ふた》重《え》」（阿蘇・二重峠）は駅名にも挙がる。なお、肥前と共に最多、馬牧だけでは下総四が最も多い。また、天皇の勅旨（命令）により開発された馬の勅旨牧《ちょくしまき》（御牧《みまき》）は、信濃・甲斐・上野・武蔵に設置されている。

そして、日向国は野波野《のなみの》馬牧・堤野《つつみの》馬牧・都濃野《つのの》馬牧、野波野牛牧・長野《なかの》牛牧・三野原《みはらの》牛牧の三馬牧・三牛牧である。幾度か、比定地については、取り上げたが、現在の地名に追えるのは都濃野＝都農町（児湯郡）は異論のないところであろう。三野原は「みはらの」との漢字表記と倒置した訓（漢文のレ点の読みとしてはおかしくはない）がわざわざ付されるが、「三納《みのう》」に通じる訓として西都市（児湯郡）を当てる。堤野については、小林市の字名に「堤」があり、野波野は駅名の「野後《のしり》」にも通じることから野尻町に比定した（諸県郡）。長野は、これまで保留してきたが、訓の「なかの」を尊重すれば「中＝那珂」に通じる地名として佐土原町（那珂郡、高鍋町も対象）を当てて良い。このことから、児湯郡に二牧、那珂郡に一牧、諸県郡に三牧が比定されることになる。

同じく「諸国駅伝馬」から、古代日向の範囲を拾い上げておく。原文では、訓は全てに付けられているわけでもなく、また単純な重複も問題としていない。『新訂増補 国史大系 延喜式 後編』（吉川弘文館、一九七九年）の儘《まま》に記しておく。

肥後国駅馬　大水《おほむつ》・江田・坂本・二重・蛟藁・高原・蚕養《こかい》・球磨・長崎・豊向・高屋・片野・朽網・佐職・水俣・仁主各五疋

伝馬　大水《おほむつ》・江田・高原・蚕養・球磨・豊向・片野・朽網・佐色・水俣駅各五疋

大隅国駅馬　蒲生・大水各五疋

薩摩国駅馬　市来《いちく》・英祢《あくね》・網津・田後《たしり》・櫟野《いちひの》・高来《たかく》各五疋

伝馬　市来・英祢・網津・田後駅各五疋

日向国駅馬　長井・川邉・刈田・美弥・去飛《こひ》・児湯《こゆ》・当磨・広田・救麻・救弐・亜椰・野後・夷守・真《ま》研《さき》・水俣《みにまた》・嶋津各五疋

伝馬　長井・川邉・刈田・美祢・児湯・去飛駅各五疋

日向国について、比定地（訓がないものにルビを付けて）を列挙すれば、長井＝北川町（長井）、川邉＝延岡市（地理）、刈田《かりた》＝門川町（郷名）、美弥《みや(み)》＝日向市（美々《みみ》津）、去飛＝都農町（牧）、児湯＝高鍋町（地理）、当《とう》磨《ま》＝西都市（都万《つま》）、広田＝佐土原町（広瀬）、救麻《くま》＝宮崎市（熊野）、救弐《くに》＝国（くに）富町、亜椰《あや》＝綾（あや）町、野後《のしり》＝野尻町（現地名）、夷守《ひなもり》＝小林市（現地名）、真研＝えびの市（現地名「真幸」）、水俣＝三股（みまた）町、嶋津＝都城市（荘園名）と想定する。牧との関係や、地理的位置、そして地名につながりがあると思えるものなど、その理由は括弧書きで記した。

牛馬生産

『記・紀』には、神世（神代）の記述から、牛馬は登場する。その実在については、どう考えられるのか。

筆頭に挙がるのは、「其の神の頂《いただき》に、牛馬化為《な》る有り」（『書紀』神代上）、須佐之男命の件《くだり》に「天の斑馬《ふちうま》を逆剝《さかは》ぎ」（『記』上巻）、また素戔鳴尊「天斑駒《あまのぶちこま》を放《はな》ちて」「即ち天斑駒を剝《さかはぎ》ぎて《には》」（『書紀』神代上）、これは『祝詞《のりと》』の「天つ罪」の一つに挙げられる。

「人代」となると、「弟猾《おとうかし》大きに牛酒《しし》を設けて」（『書紀』神武紀）、四道将軍の一人「大毘古命」の件《くだり》に「ここに大毘古命、怪《あや》しと思ひて馬を返《かえ》して、その少女に問ひて曰《いわ》く」（『記』崇神天皇）、続けて「黄牛《あめうじ》に田器《たうつはもの》を負《おわ》せて」「埴《はにつち》を取りて人・馬及び種種《くさぐさ》の物の形を造《つく》りて」（『書紀』垂仁紀）など記されている。

しかし、崇神天皇と同時代の中国の文献に有名な件《くだり》がある。「その地には牛馬虎豹羊鵲《かささぎ》なし」（『三国志』「魏志倭人伝」）と記し、少なくとも三世紀代には列島弧に牛馬は存在しなかった傍証として、よく取り上げられる。この記述から、『記・紀』の神話に登場する牛馬は遡及的表現で実態はなく、また垂仁天皇の代も同様に、実態としての牛馬の存在は認められないとするのが、大方の見方である。

しかし、卑弥呼の墓との幻想が躍る箸墓古墳（三世紀中頃～後半）の周濠出土から木製輪鐙が出土しており、これは四世紀に下るとされているが、馬具の出土は、単なる威信財として渡来したものであろうか。

さらに、『記・紀』の記述を追っていく。

「馬頓<ruby>轡<rt></rt></ruby>みて進《ゆ》かず」「蒜《ひる》を<ruby></ruby>嚙みて人及び牛馬に塗る」（『書紀』景行紀）は四世紀前半と理解され、「馬婚《うまたはけ》、牛婚、鶏婚《とりたはけ》、犬婚の罪」（『記』仲哀天皇）は四世紀中頃、「春秋に馬梳《うまはたけ》及び馬鞭《うまのむち》を献《たてまつ》らむ」（『書紀』神功皇后紀）

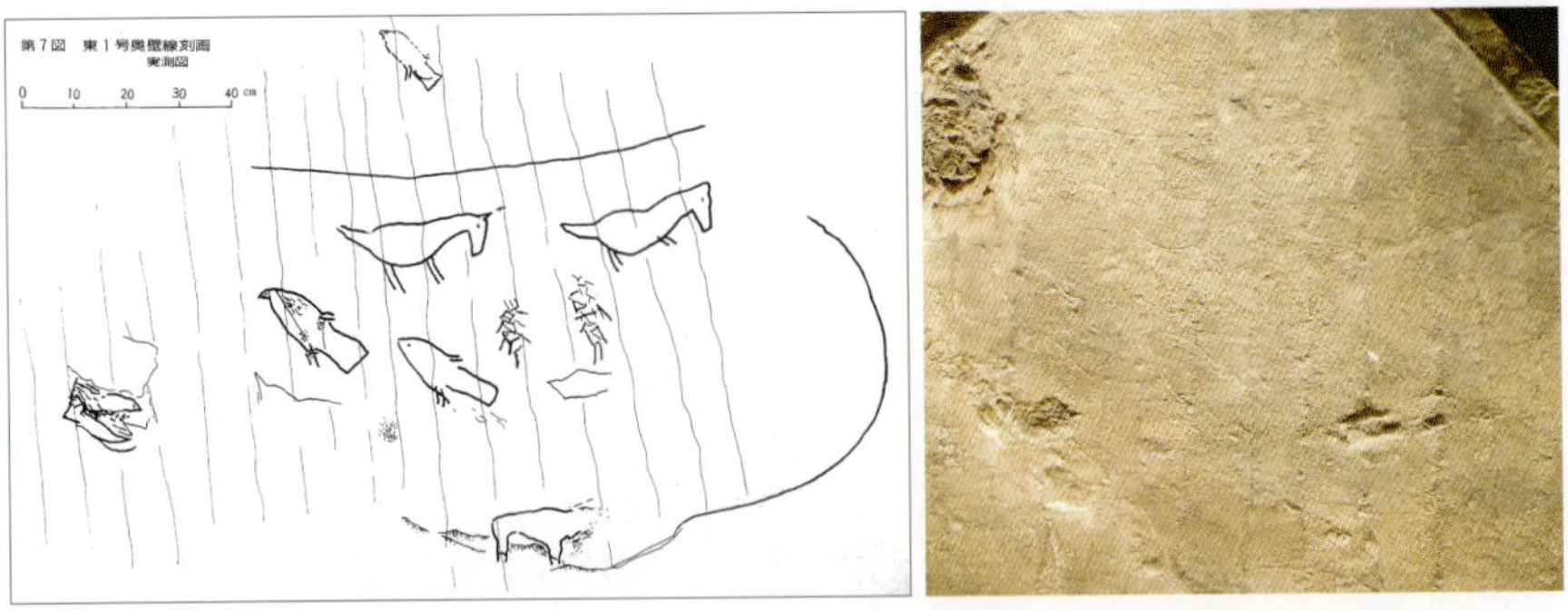

土器田横穴墓壁画（佐土原町教育委員会『土器田東横穴墓』1983年）

現在、佐土原バイパスは丘陵部を裁断して通るが、その南面した丘陵中腹に営まれていた。具象的な馬・魚、幾何学の連続三角文を白・赤・（緑・青）で塗り分ける装飾壁画として、飛び地的な南限にあたり、その分布の上でも、貴重な横穴墓である。

は四世紀後半、「百済の王《こきし》、阿直伎《あちき》を遣《まだ》して、良馬二匹《よきうまふたつぎ》を貢《たてまつ》る。すなわち軽《かる》の坂上《さかのうえ》の厩《うまや》に養《か》はしむ」（『書紀』応神紀）は四世紀末と見られる。

この応神天皇の代において、百済との関係が記されることから、おおむね馬存在の初源と見る見方が示されることになる。複数匹の馬が持ち込まれ、厩舎《きゅうしゃ》を設置し、騎馬文化（騎馬風習・馬具）の本格受容として飼育し始めたことは、特記すべき事柄であったことは確かであろう。では、四世紀末を初源とするのか。

考古学的に確認されるのは、山梨県甲府市の方形周溝墓などから馬歯が出土しており、四世紀後半代には長野県などを含む地域で、馬の存在が確かめられている。四世紀後半代となれば神功皇后の時期にも重なってくる。つまりは、それ以前にも単体・単発で、かつ飼育まで至らなかったが、馬が海を渡った可能性はある。やはり、箸墓古墳の周濠から出土した木製輪鐙は、それだけであったとは考えにくい。列島弧における馬の存在は、四世紀前半代にまで遡る可能性はある。

馬の全身骨格が埋葬状態で発見された蔀屋北遺跡（大阪府四条畷市）の例がよく知られているが、大阪平野の馬飼いには、日下（大阪府東大阪市）を拠点とした日向系の宮家・日下宮家がその中心に存在したのである。

一方、牛については、出土例としては南郷遺跡（奈良県御所市）の牛骨は、五世紀代とされている。馬の渡来からは少し遅れるのであろう。埴輪には馬だけではなく、例えば六世紀前半の今城塚（大阪府高槻市）の牛の埴輪は、華麗な馬具を装着した威信的な馬形埴輪の存在に対して、裸牛がリアルに表現され、主に農耕における牛耕に用いられたものと思われる。

宮崎県下では、横穴墓の壁画に描かれている。六世紀後半の土器田横穴墓群（宮崎市佐土原町）には、中型馬（体高一三〇センチ程度）を表現していると見られる。

馬の存在については、西都原古墳群でも酒元《さかもと》ノ上において、円墳の周溝に伴う形で馬埋葬土坑が検出され、県内にもその類例は多い。また、推古天皇（額田部皇女《ぬかたべのひめみこ》、額田馬＝隼人馬に通じる幼名）は蘇我馬子を讃え「馬ならば日向の駒」『日本書紀』推古天皇　六一二（推古二十）年と、最上級の賛辞の比喩として用いたように、高く評価されていたことが知られる。

一方、牛については、『日本書紀』持統天皇　六八九（持統三）年、隼人「牛皮六枚・鹿皮五十枚」献上平城宮からは七一三（和銅六）年前後とされる「日向国牛皮四張」と墨書された木簡が二点出土しており、日向の産物として重要であった。

可視化される具体的な「国（地域）のかたち」

『延喜式』『和名類聚抄』というほぼ同時期（十世紀代）の書を通じて、地名を地図上に落としてみた。十世紀代ということは、少なくとも前世紀の九世紀代までを継承するものとして、その時間尺を捉え、可視化される実体的な「国（地域）のかたち」（もちろんこの用語は共同幻想を問う意味で用いているのだが）を想定することができる。

一瞥して、「児湯郡」「宮崎郡」のように密集する郷と、「臼杵郡」「諸県郡」のように郷の空白の地域がある。その周辺空白は、もちろん無住の地であったわけではない。例えば、美郷町南郷区に確実な古墳の存在があるし、神門神社に伝世される一部の古墳時代に遡る神獣鏡や正倉院伝世の海獣葡萄鏡などを等閑視することはできない。また、百済王族伝承の意味も問うべきであるが、「上巻」の章の稲作伝播で確認した南九州＝古代日向と朝鮮半島西南部（旧馬韓・百済地域）の経路があることを思い浮かべながら、本書ではこれ以上は踏み込まない。ここでは、次のことを見ておこう。

地名の乗らない地域は、決して無住の地ではないが、管轄された土地ではない。そこは異界の地であった。日常の向こうには隣り合わせで、異界の世界があった。異界とは、他界であり、神も来臨すれば、死後の世界でもある。

こうした場合の領域設定については、現在の県境や国境線を心象《イメージ》することはできない。生々しく、難しい例えの例であるが、度々報道等で示されるイスラム国（ＩＳ）の支配（制圧）領域として、アメーバー状に制圧都市（周辺の経済的基盤の土地を含む）とその間をつなぐ道路周辺が領域となった図が示される。古代における「国（土）」の形象も、そうしたアメーバー状の版図の形象を思い描くのが実態的である。広い地理的空間（無住の平地や活用されていない荒野・原野や山地）を含み、領土の面と面を接する境界のイメージは、弥生時代魏志倭人伝に登場する国々や古墳時代の国、つまり律令制による令制国としての国の設置以前は、そうした領域が実態であった。

範囲は、国境線で仕切られるより、東西南北に枝を伸ばし、共有される意識は具体的な地理空間に置い

大伽耶の古墳群

高靈《コリョン》の池山洞《チサンドン》古墳群は、大伽耶の王族たちの墓域である。３世紀から６世紀中頃まで、約200基の古墳が築造されている。1986（昭和61）年、最初に韓国を訪れた時、古墳群の整備が始まったばかりで、真新しく高く墳丘が成形された古墳に登り、西都原古墳群の低平な円墳に見慣れた目にはカルチャーショックであった。

てみれば、例えば築紫君の領域は北部九州一円、諸県君の領域は南九州一円、まだら模様であるが、広域圏に及んでいた。ちなみに、「國」は、小さな「口」(環濠集落)＋「戈」(ほこ)＋国構え「口」(城壁)であり、集落を武器で守り、さらに城壁で囲った「区域」であり、国とはこうした核となる拠点都市が基本であり、それらをつなぎ、やがてより大きな区域を線引きするようになった。

三韓時代(概ね一世紀から五世紀)の朝鮮半島の国の在り方を、『魏志』「韓伝」で追うと、列島弧における国の在り方を考える上で重要である。「馬韓」(小国の一つ伯済国が後の百済になったとされ、概ね後の百済の領域)は、「おおよそ五十余国(列記される国名は五十五国)」から構成されていた。また、「辰韓」(小国の一つ斯盧が後に新羅となったとされ、概ね後の新羅の領域)と「雑居」した状態で「弁辰」(「韓伝」では「弁韓」の表記は初出のみ)があったと記される。記述も辰韓・弁辰を混在させて列記し、二十四国(「弁辰」に属する国には頭に「弁辰」と記し)を挙げている。ただし、重複もあり列記されるのは二十六国である。辰韓だけでは十二国(重複含み十四国記載)である。また、弁辰は「雑居」状態であるが、概ね後の伽耶の領域を中心としたと見られ、辰韓と同じく十二国である。

辰韓と弁辰(韓)との境界は、「雑居」と表現される混在したまだら模様であった。このことは、(古代統一)国家形成期の「小国」段階の実像として理解できる。だが、『後漢書』では、馬韓は西にあって五十四国、辰韓は東にあって十二国、そして弁辰は辰韓の南にあって十二国、と国数を明快に示し、辰韓と弁辰を分離して記している。これは、三韓時代の歴史的経緯の中で「雑居」を解消する方向であったことはあり得るし、また、五世紀前半期での著者・范曄《はんよう》の国家観を示すものでもあろう。ただ、弁辰の領域を継承する伽耶が、百済・新羅とは異なり小国分立の状態で、金官伽耶から大伽耶へと盟主的小国の変遷があったことを踏まえれば、いずれにしても小国からなる「国のかたち」の理解の範疇である。

列島弧では、同時代的には「倭国」の在り方が同じであったと考えるが、少なくとも古墳時代を通じて、まだ確定的でない「国のかたち」として考えていたい。拠点的地域（あるいは幾つかの拠点集落）が認識されることで成立し、その周辺は階調《グラデーション》のまだら模様で、かつ空白であって構わないし、面的に線引きされたものではない。令制下において墾田の私有が認められることで、土地所有の在り方と領地意識が具体化する中で、面と面を接する「境界」が成立すると考えるが、しかし、その残像は『延喜式』『和名類聚抄』の時代まで、階調を以て国土を覆っていたのである。

陸の章　**海事と軍事**

畿内の中の日向を歩く

桑津天神社

　髪長媛が畿内での住まいとした桑津の地には、桑津《くわづ》天《てん》神社（大阪市東住吉区）がある。近鉄南大阪線河堀口駅で降り、西除《にしよけ》川河口の上町台地の東南に位置する。古代の港の面影を辿ることは難しい。

　桑津天神社は、少彦名神《すくなびこなのかみ》を主祭神とする。謂れは、髪長媛が病気の時、仁徳天皇が少彦名神に回復を祈り、その快癒を感謝し、この地に勧請《かんじょう》したとされる。少彦名神は、天乃羅摩船《あめのかがみのふね》に乗って海のかなたから来訪した神とされ、「海上来臨型神話」の神である。

　桑津の地名の由来も、髪長媛が桑を植え、蚕から糸を採り織物を作った織姫伝承からきている。その髪長媛の宮跡に、応神天皇と髪長媛を守護神として建立されたのが金蓮寺とされ、一八七三（明治六）年に神仏分離で廃寺となり、その境内にあった神仏習合の八幡宮が、現在の境内に末社として奉祀されている。

近くに所在する桑津遺跡は、縄文時代前期、弥生時代、古墳時代から古代・中世・近世と営みの跡が残る複合遺跡であるが、その中で注目されるのは七世紀前半の最古とされる呪符木簡である。

なお、応神天皇が崩御した場所が難波大隅宮と伝えられるが、桑津の地との関係でその立地が推定されるように、宮殿の名前の「大隅」も含め、応神天皇と南九州＝古代日向との密接な関係は、隠せるものではないのだ。

日下宮家の拠点・日下の地（東大阪市）の遺跡や歴史情報をまず概観するために、大阪・難波から近鉄奈良線を利用すれば瓢簞山駅で降り、東大阪市立郷土博物館と東大阪市立埋蔵文化財センター発掘ふれあい館を訪れる。

駅を出てまず出会うのが、町名・駅名の由来となっている六世紀後半の瓢簞山古墳（双円墳）、それに接してあるのが「辻占《つじうら》」総本社瓢簞山稲荷神社である。

「辻占」は、夕方の辻に立ち通行人の話す言葉を基に占うものとされ、交叉点は神の通るところと信じられていた。これに派生して、辻占の御神籤《おみくじ》を煎餅に入れたものが、辻占煎餅「フォーチュン・クッキー」である。

辻と言えば関連して、元は中国・福建省発祥の風習と言われるが、琉球・沖縄から薩摩藩にも広がった石敢当《いしがんとう》を思い浮かべる。丁字路・三叉路であるが、魔物は突き当たると直進して屋敷内に入ってくるとして、石敢当を立て侵入を防ぐと信じられている。また辻占と同様の占いで、橋のたもとで占う「橋占」があり、これは橋が異界との境界と考えられていたことによる。道、通路と神や魔物、塞げば異界との境界、こんなところにも、「境」が永く人々にとって重要な概念であったことを思い起こさせる。

博物館までは、かなり急な坂道を上ることになる。山畑《やまはた》古墳群の形成された地形・立地を体感することになる。博物館は、古墳群に隣接して建てられ、六世紀後半から七世紀初頭にかけて横穴式石室が整備されている。生駒山西麓の古墳時代の終末期の様相を知ることができる。

瓢箪山駅から日下の地へ向かうには、近鉄バスで四条畷《しじょうなわて》方面へ生駒山の西麓を北上し、南日下のバス停で下車する。東大阪市立孔舎衙《くさか》東小学校の近くに、日下貝塚がある。縄文時代後期から晩期の貝塚であるが、海水産の貝から淡水産の貝への貝類の変遷で、かつての河内湾から潟《かた》に、また河内湖へと景観・環境の変遷を知ることができる。また、土坑墓群も検出され、縄文時代の人骨三十体以上が出土している。

そして、古墳時代の馬埋葬遺構も検出され、馬の全身骨格が検出されている。古墳時代の須恵器、製塩土器、韓式系土器（半島伝来の技術で作った土器）なども出土しているが、日下宮に直接関係する遺構等は確定されてはいない。

「難波堀江《なにわのほりえ》」を通り河内湖に入り、大日下・若日下の領地は、入り江となった日下江を眼下に、日下江に船は着岸する。上陸して、「日下直越《くさかのただこえ》」で生駒山を越えれば、平城京まで最短である。その昔、神武天皇がその上陸を果たせず、紀伊半島を南下し、熊野の地から奈良盆地を目指した、とされる地に、日向系の日下宮家が拠点を置いたのである。国際港町であった恩智川河口である。

河内湖の周辺には、馬埋葬の遺跡が点在し、馬牧が営まれ、四条畷市の蔀屋北《しとみやきた》遺跡からも馬の全身骨格が出土している、馬生産は、日下の地の南に額田の地名を残すが、額田馬は、すなわち隼人馬であった。

日下貝塚之碑

住宅地の片隅に立つ。碑面の側面には、神武天皇東征に際し苦戦した孔舎衙坂の地である旨が記されている。河内湖を望む生駒山西麓の中心地であり、その地政学的位置は重要である。「日下」を「くさか」と読むのは、「飛鳥《とぶとり》の明日香」の枕詞と同じく「日下《ひのもと》の草香」による。

吉志部神社

さらに、鉄生産遺跡も点在し、韓式系土器を出土する集落も点在する。

吉志部《きしべ》神社（大阪府吹田市）には、JR岸辺駅で降り、吹田市立博物館あるいは紫金山《しきんざん》公園を目指す。紫金山には、七九四（延暦十三）年に桓武《かんむ》天皇が平安京造営に着手し、その宮殿の瓦を焼いた吉志部瓦窯跡《がようせき》が営まれている。

神社名の吉志部、また駅名の岸辺の由来となるのは、大日下の悲劇的な死を憂い殉死した、後に「日下部吉士」の名を賜ったとされる難波吉師《なにわのきし》（士）日蚊香《ひかか》が祖となる吉志（師・士）氏、その末裔によって建立されたのが吉志部神社である。

「吉士」とは、元は新羅の官位からきていると指摘され、航海・交易・外交といった海上（水上）交通を取り仕切る技術者集団としての職掌の官職名である。また、大日下の死に殉ずるのは、大日下の養育氏族であり、政治的・経済的基盤を支えていた。吉士は、海人族集団である、尾張・海部・物部・宗像・安曇などとのネットワークと、それを統括する役割を担ったと考える。そして、そのことは日下宮家自体が、畿内王権の中枢で海上交通を中心とする航海・交易・外交を差配する立場にあったことを意味している。

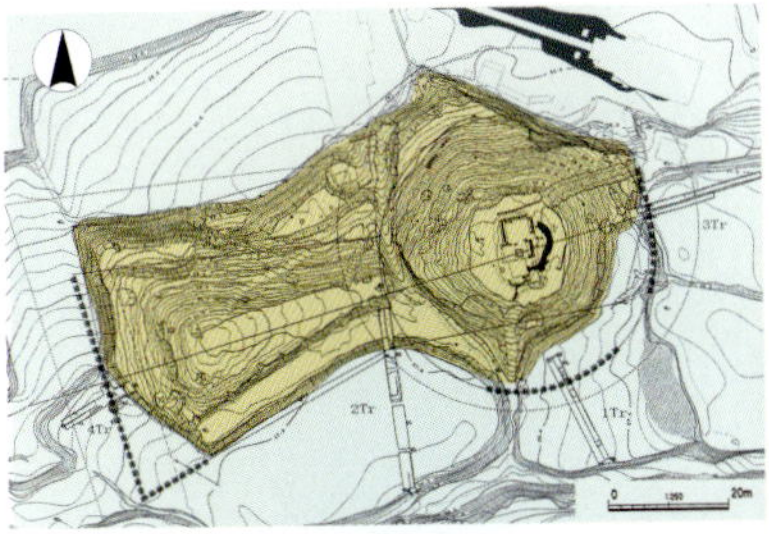

築山古墳

中心の被葬者は、海部の女性首長。２基の箱式石棺が確認され、北棺に貝釧（貝輪）を着装した女性１体、南棺には３体（一体は女性）が埋葬されていた。南棺には、総量34キログラムもの朱（丹）、鉄剣・大刀、鉄鏃、鉄製農工具類、銅鏡が副葬されていた。

赤塚古墳

３世紀後半、九州最古の前方後円墳と見られる。墳丘は荒れてはいるが、前方部の低平な墳形をよく留めている。埋葬主体は箱式石棺、三角縁神獣鏡４面のほか龍虎鏡・管玉・直刀・鉄斧などが出土している。

丹と玉璧を考える

「丹（辰砂）」は、不老不死の霊薬とされたが、それはその発色する「アカ」が血を連想させ生命力を現すものと信じられたから、と考える。しかし、現実その服用は毒性を持ち、逆に生命を脅かした。としても、洋の東西を問わず、ヨーロッパでは「賢者の石」として、中国では仙人になることのできる仙丹として、永遠への欲求は、まさに神話となった。

その「丹」の痕跡を留め、今日に伝えるものもあれば、密やかに姿を消した物証もある。令制国でいう豊後国（大分県）の海部郡《あまべ》（津久見市・佐伯市から大分市・臼杵市の一部）は、その地名が示す通り海部の拠点となった地域である。

そこに所在する築山《つきやま》古墳（大分市、墳長九〇メートル）は、周防灘沿岸の石塚山古墳（福岡県苅田町、推定墳長一一〇メートル）、赤塚古墳（墳長五八メートル）、免ケ平《めんがひら》古墳（宇佐市、推定墳長五〇メートル）などの三世紀後半から四世紀初頭に始まり、畿内王権とのネットワークを広げ五世紀初頭に亀塚古墳（大分市、墳長一一六メートル）とほぼ時期を同じくして築造される。ことに、築山古墳は丹が多量に副葬され、被葬者は女性であった。そして、近接した場には丹生神社が所在する。

列島弧唯一の玉璧が、串間市から出土した、と伝えられている。

その箱書きの記すところは、決して軽いものではない。まず、石棺から出土したとしている。「日向国は古跡が多く尋常ならざる」所としているが、代表的には西都原古墳群を思い浮かべるように県央部の大淀川流域から小丸川流域にかけての古墳群を示していることは間違いない。確かに、古墳時代最盛期の露出した石棺の存在が知られているが、弥生時代の箱式石棺などを広げても、多くを数えるわけではない。むしろ弥生時代から古墳時代にかけて石材を用いた棺の盛行する地域は、県北の延岡市から山間部高千穂町や旧西郷村（現美郷町）と、県南の海浜部に近い日南市から串間市にかけての地域なのである。その点で、石棺から出土したとするのは、蓋然性が高いのである。

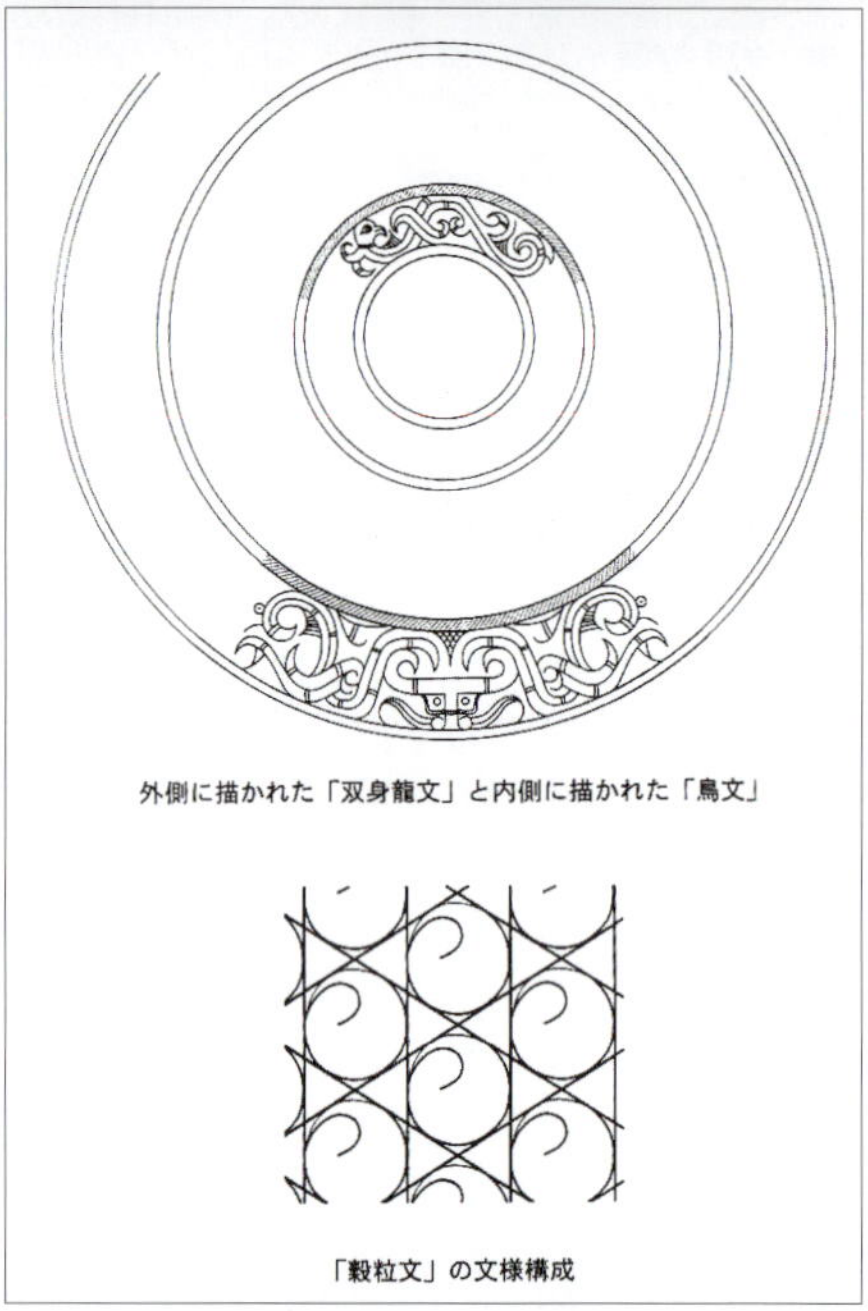

［上］玉璧　［下］文様図

北海道の名付け親・松浦武四郎が、串間市出土として入手したとされる。伝えのとおりであれば、列島弧唯一、最高位の象徴である玉（軟玉）製の璧となる。その出土の確定は難しいが、来歴を記した箱書きに矛盾（むしろ整合的である）はなく、決め手となる証拠を何とか摑みたいと思う。（宮崎県立西都原考古博物館）

さらに、「古鉄器」と共に出土したというのは、南九州出土をさらに補強する。

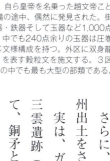

実は、ガラス璧は断片となっていたが、北部九州の三雲遺跡（福岡県糸島市）などから出土している。そして、銅矛と共に、である。その詳細は、福岡藩の学者・青柳種信によって記録されている。ここで、着目するのは青銅器と共に出土した点であり、璧の時代、青銅器がまだ主流の時代である。例えば、前漢時代紀元前二世紀代、大陸南部からベトナムにかけて領土を有した南越国の文帝の陵墓からは、玉器約二百四十点の中でも五十六面の夥しい玉璧が出土したが、金属器の比率は青銅器約五百点に対して鉄器はその二分の一の約二百五十点であり、しかも利器としての種類も青銅器が主役である。つまり、璧の時代を予備知識として箱書きの記述を「捏造《ねつぞう》」すれば、すんなりと青銅器と共に出土したと記したいところである。

南越王墓出土玉璧（西漢南越王博物館）
中国・広東省広州市（南越の都）、自ら皇帝を名乗った趙文帝こと趙昧（２代）の陵墓が、住宅地整備の途中、偶然に発見された。街中の一角に博物館はある。青銅器・鉄器そして玉器など1,000点を超える副葬品が出土している。中でも240点余りの玉器は圧巻である。伝串間出土の玉璧と同じ文様構成を持つ。外区に双身龍文、内区に鳥文、その間に「気」を表す穀粒文を施文する。３区に文様を持ち径30㌢前後は、玉璧の中でも最も大型の部類である。

だが、この玉璧は、鉄器と共に出土したのだ。何故なら、南九州には青銅器はない。そのような考古学的知見は、箱書きの書かれた明治十年以前にはなかったはずだ。明治十年は、日本において近代学問としての考古学の誕生した年、すなわちエドワード・モースによって大森貝塚が発見され考古学が産声を上げた年、である。江戸時代後期本居宣長や先の青柳種信などの学者たちに担われた国学の隆盛の中で古物への興味関心も高まり、松浦武四郎もその中の一人であるが、明治にかけて好事家《こうずか》と称される人々を中心に見せていたものの、その蓄積はまだ体系化を見ていない。こうしたことからも、箱書きは事実を記していると判断されるのでる。

串間市本城川の下流域、右岸には港、左岸は崎田の集落が、現在では身の丈にあった静かな生活を営んでいる。しかし、古にはこの地は栄えた集落であった。後者が注目されるのは、かつて露天での丹の採掘が行われていたことである。現在は、その痕跡も失われているが、丹（辰砂）の産出地であり、その提供は価値ある立場を保証するものであった。

港を考える

一方、右岸の港は、中世には日明貿易の寄港地としてその役割は大きかった。その現れとして、戦国時代、豊後の大友宗麟《そうりん》が伊東氏の後ろ盾となり、盛んに南下を計り島津氏と衝突したのは、西には周防《すおう》・長門《ながと》国への影響力を強め、一時期博多を掌握したのと同様に、対外貿易のための港を日南・串間に求めてのことであった。古代以降二分された「豊国」の、特に東半分に位置する「豊後国」にとっては大陸・半島への経路は遠いものになっていた。かつての「海部」の地の伝統を継承したとはいえ、閉塞感は否めなかったのである。

この時期に製作されたポルトガルの一五九五年のルイス・ティセラ作の日本地図には、串間と想定される場所に「Minato ＝ミナト」と記されている。

キリスト教宣教師の情報を基に作成されたことから九州島では、キリスト教に関係するか、交易の港について、東九州側の関心を寄せる地名、特に「豊後」の地名を中心に記載している。ただし、ほぼ以下に挙げる代表的な地名を記載しているに過ぎない。加えて、その表記は、ポルトガル語での表記の変換を受けているため、「Minato」のように、素直にローマ字読みで理解できる地名ばかりではない。「Bungo＝豊後」はローマ字読みで理解できるが、「Vauqi」を「臼杵」とは素直には読み難い。「Xanganoxeque＝佐賀関」は、部分部分は何とか理解できる。また、地図全体を見渡せば、すべてに現在の地名が思い浮かぶわけではない。

ルイス・ティセラ作の日本地図（神戸市立博物館）

「日向」は「Finga」と表記され、「鹿児島」は「Cangaxuma」である。「Saceuma＝薩摩」「Osumi＝大隅」は、半島名と照合できる。その大隅半島と思われる地形の東側に「Minato」と記されているのである。これを串間の「港」と理解することが妥当なのは、「Finga＝日向」領域に「Tenora」との地名が記されていることである。その北（上方）には地名の記載はなく、少し離れて「Bungo＝豊後」領域の地名が記されている。では、「Tenora」とは、最も難解の地名の一つである。それでも、思いを巡らせば、「Tenora（テノラ）」とは日南市南郷町の外浦（とのうら）のことであろう。油津、大堂津、目井津と連続する港の代表地名として記載された。

つまり、日向領域の港としては、日南・串間の港が、そして串間には「唐人町」の地名が残されるように、対外交易の重要な窓口として認識されていたのである。豊後からの視線として、宮崎県北の日向市細島などの港より、豊後から南下して、大陸・半島への出港の拠点として重要視されていたことの反映であろう。なお、薩摩半島の重要な港である坊津も記載されていない。

そして、これらの港は、古代にまで遡る港と考えて良い。付け加えれば、畿内から瀬戸内海を経由し、九州島に突き当たる地は豊国であり、その豊国から南下する経路の中に、日南・串間の港がある。日南市に神話の地の地名（吾田）が根付く一つの理由もここにあり、こうした玄関口を有する串間の地に、海上交通の権益を掌握する王が、大陸との交渉の中で玉璧を招来した可能性は、決して小さくはないのである。

朝鮮半島の中の日向

『百済記』『百済新撰』『百済本記』のいわゆる百済三書は、その全容は現在にまで残されていない。一部（逸文）が『書紀』に引用される形で確認される。いずれにしても、百済三書を優先して『書紀』を否定することもできない。どちらも同じように記述の曖昧さを含んでいる、と考えた方が良い。なお、特に干支で記されている紀年については、実年代から二運（一二〇年）ずれていると指摘される部分もあるが、ある点・ある線という限定された時間ではなく、歴史は時間の帯として生起し推移する、ある年のある日に起きた事柄には、その予兆があり、その残影がある、そうした一定の時間の幅を想定しておきたい。

前方後円墳は朝鮮半島にはないと考えられていたが、いわゆる半島南部の加耶を中心とした地域で前方後円墳ではないかとの指摘がなされ始めた。その後は、むしろ半島西部の旧馬韓の栄山江流域で、発掘調査によって明確な前方後円墳が姿を現し始める。それとともに、半島南部地域では、倭系の埋葬施設等を持つ古墳は存在するが、前方後円墳という墳形を持つ古墳の存在は否定された。前方後円墳の存在が確定

丹芝里遺跡

戦前には、単発的に発見されていて、顧みられることのなかった遺構が、群を成して発見された。列島弧における横穴墓のルーツは、地下式横穴墓である。百済の都の横穴墓は、地下式横穴墓・横穴墓のすべてのメニューの中から採られた。家族単位で造墓（造墓主体）が可能なところに、列島弧から半島へ渡った人々の存在を見る。

月桂洞前方後円墳

栄山江流域の前方後円墳は、単独で存在することが位置付けを考える上で鍵となるが、月桂洞では２基の前方後円墳が近接して築造されている。前方後円墳を築造するには、多くの労働力を必要とする。築造集団の想定が、その被葬者を解く鍵である。

的になった時点では十二基を数えていたが、少しずつ増えて現在（二〇一六年）までに十五基存在することが認められてきている。時期的には五世紀後半から六世紀代で、それを遡らない。

一方、また新たな列島弧との関係を示す興味ある調査事例がもたらされた。百済の都がおかれた公州郊外の丹芝里遺跡で、「横穴墓」（改めて註釈すれば、列島弧におけるその成立については先行する地下式横穴墓を祖形として考えておく必要がある）が二十三基も群を成して発掘されたのである。これも従来、半島においては存在しない墓制と見られていた。ただし、である、過去の調査事例、学史を遡れば、戦前の段階で群を成した状態ではないが、単基ないしは数基の横穴墓が調査されていた。そして、新たな発見は、それを契機に続くもので、百済のもう一つの都である扶余周辺も含め、横穴墓が確認されてきている。時期的には、前方後円墳と同じく、五世紀後半から六世紀代で、それを遡らない。

そこで、横穴墓の半島における登場について、次のような論が登場することになる。例えば、光州に拠点を置く研究院の院長として前方後円墳の発掘調査も指揮する李暎澈は、「韓国の横穴墓の被葬者は日本書紀雄略二十三年条の記事に東城王護衛筑紫国軍士五百人、または倭官人・商人であると解釈されている。」と指摘する。その論旨からも読み取れるように、日本人考古学者も含め、そうした解釈が示されている、ということである。

その根拠となる『書紀』の記述は、「高麗、百済を降す」との件《くだり》、「筑紫国の兵士五百人を遣わして、国へ送り届けられた。これが東城王である。筑紫の安致臣《あちのおみ》・馬飼臣《うまかいのおみ》らは船軍を率いて高麗を討った。」である。しかし、『書紀』の中のこの一文だけを抜き書きすることは、全体像を誤ることになる。特に、考古学研究者が『記・紀』を傍証として引用する時に、一部のみを引き合いに出す手法である。『書紀』全体を通じての整理を示せとまで言わなくても、少なくとも雄略紀の全体の文脈の中で、この「二十三年条」は位置づけられることを明確にしておく必要がある。

雄略紀は興味ある項目について記されている。「葛城の一事主」「嶋王（武寧王）誕生」「吉備臣たち」「月夜の埴輪馬」などだが、『記・紀』の最も主要な項目は、『記』ではまず冒頭に記される系譜をつなぐ「即位と諸妃」についてである。

「元年春三月三日、草香幡梭比売皇女を立てて皇后とされた。この月に三人の妃を立てた。一番初めからの妃は、葛城円大臣の女で韓媛という。」

畿内王権の中枢には日向系宮家があり、葛城系宮家と共に、朝鮮半島への軍事的関与の「本部」にいた。それに対して、筑紫の軍士五百人は助っ人として参加したので、それは特記される事柄である。つまり、特記されない本隊には日向勢力（隼人軍士）が、指揮する立場として存在していた。それは、当然のことであるため特記されていないが、朝鮮半島における横穴墓・地下式横穴墓の造墓にも関わっていてしかるべきである。

雄略天皇の時代における畿内王権・政権の構成の中の、日向勢力を確かなものとして理解しておく必要がある。

倭の五王と南朝

畿内王権とは、葛城や吉備、そして日向などの皇子・皇女たちによって複合的な主体を形成した政権であり、それらによって構成された王権である。畿内王権・政権を主語とする時、その主役には大王（天皇）のみが存在したのではなく、葛城、吉備、日向なども主役として存在したのである。ここで「～など」と慎重に繰り返し付け加えるのは、時々の政治情勢に応じて登場する、いわば地域主役が他にも存在した。

報道等でよく目にする、と言うことは多くの研究者が喧伝をしているということであるが、古墳等の副葬品に優品等の出土が伝えられると「ヤマト（報道等ではこの用語をよく使用する）王権とのつながりを示すもの」などの常套句を無批判に用いる。しかし、それは当然のことであり、畿内王権とは単独には存在しえないものである。「ヤマト王権」による「一元」的な「配布」や「規制」など、幻想でしかない。このことは、「ヤマト王権」の中央集権化を等閑視するからではない。

そもそも「ヤマト王権」そのものが、複合体であるということである。地域に、奈良盆地で出土するような品々（多くは半島や大陸伝来の威信財や優品）が、決して少なくはない量や広域の地域から出土したとしても、繰り返すが当然のことであり、何の不思議でもない。

倭の五王の朝貢先は、何故、大陸南部、東晋や宋であったのだろう。これらは、南北朝時代における南朝の地域である。また、加えるならば、三国時代の呉の所在した地域である。

卑弥呼は、三国時代の魏に朝貢した。南北朝時代においては北朝の地域であり、大陸の北部の地域に、卑弥呼は使いした。卑弥呼の外交の導管《パイプ》は、倭の五王には継承されていない。いや、異なる外交導管を有したのが、倭の五王なのである。

倭の五王とは、讃、珍、済、興、武、応神あるいは仁徳また履中、反正、允恭、安康、雄略に充てるなど、諸説がある。見落としてはならないのは、その時代とは、日向勢力が畿内王権と強く結びついていた時代そのものであることである。

主に『宋書』に記されている倭の五王の親子・兄弟関係と歴代大王の親子・兄弟とは整合的ではない。その齟齬は、中国王朝に伝わる情報を基にしたものであり、情報の混乱やズレが生じる可能性はある。しかし、両者の時期的な同時代性を認めた上でも、必ずしも畿内王権の歴代大王を指すものでない可能性もある。中国王朝が、畿内王権の誰を主体者と見るのか、朝貢の発信者と見なすのか。それは大王のみではない。端的に言えば、同時代の外戚として権勢を振るい得た葛城や日向の諸県君の存在もその中には含まれている。

ともあれ、畿内王権が外交パイプを持ったのは、南朝地域であり、そこには窓口を差配する日向の日下宮家（諸県君家）の存在があったのである。

首長墓の終焉

首長墓の終焉は、横穴式石室の存在によって締めくくられる。しかし、南九州での横穴式石室の普及は、それほど多くはなく、現在までに確認されているのは二十例に過ぎない。大きく分類すれば、巨石を用いる玄室の奥行きが四《メートル》を超える巨大石室と、人頭大の石を用いる小規模石室の二種がある。

鬼の窟古墳（円墳、径三六メートル、玄室奥行き五メートル）は、六世紀末～七世紀初頭の巨石を用いた横穴式石室の代表であり、西都原古墳群における最後の首長墓と位置づけられる。時は、聖徳太子（五七四～六二二年）の時代である。

その他に巨石を用いる横穴式石室では、県北の南方古墳群（延岡市）の二号墳（円墳、径二五メートル）二四号墳（円墳、径二一メートル、玄室奥行き四メートル）、県央では一ツ瀬川北岸の千畑古墳（前方後円墳、墳長六〇メートル、玄室奥行き五メートル）、県南では狐塚（日南市、墳形・規模不明、玄室奥行き五・六メートル）を挙げることができる。また、飛行場建設で消滅した新田原古墳群（石船支群）の横穴式石室はいずれも大規模で、前方後円墳の四五号墳（墳長六五メートル、無袖横穴式石室で羨道を含む奥行き一二メートル）と方墳の四四号墳（一辺二六メートル、無袖横穴式石室で羨道も含む奥行き一〇・七メートル）が報告されている。特に、四四号墳は、鬼の窟古墳と同じく外堤を巡らす方墳として知られる常心塚がその墳丘規模からすればほぼ同規模の石室が想定されるものの、発掘調査された巨大な横穴式石室を主体とする方墳としては、唯一の貴重な古墳であったことになる。

小規模な横穴式石室としては、持田古墳群（高鍋町）の八四号墳（円墳、径一二メートル、玄室奥行き四メートル）、永山古墳（木城町、径八メートル、玄室奥行き四メートル）などを挙げることができる。また、県北では伊勢ケ浜古墳群（日向市）、県南では鬼ヶ城古墳群（串間市）は、海に臨む横穴式石室を埋葬主体とする古墳群として注目される。

そして、地下式横穴墓にも終焉が訪れる。長大な楔形をした墓道が取り付く「終末期地下式横穴墓」と呼ぶことができるものである。西都原古墳群の一角、鬼の窟古墳の南に位置する酒元ノ上で検出されたそれは、羨門の前庭に当たる墓道の床面が掘り窪められ、従来の地下式横穴墓の竪坑を痕跡として示し、墓道は横穴墓的であるが、玄室構造は地下式横穴墓を踏襲している。

終末期地下式横穴墓は、西都原古墳群の堂ヶ嶋支群や常心原地下式横穴墓群、牛牧遺跡（高鍋町）の一号墳においても確認され、牛牧の例は一ツ瀬川を越えて地下式横穴墓の分布圏の最北に位置し、最終末期に小丸川流域まで伝統的な墓制が拡散した結果と見られる。

後日談、日下は滅んだのか

古墳時代も終焉を迎える。

継体天皇が、文字通り「体制」を「継承」して来る新時代への扉が開かれた。それは同時に、復古と革新の鬩《せめ》ぎ合いが、生じることでもあった。

欽明天皇は、その継体天皇第四皇子、仏教の公伝（五五二年もしくは五三八年）がその在位中の事績としてある。「天国排開広庭《あめくにおしはらきひろにわ》」との名前を持つ。天地開闢の世界観の滲む名前である。

用明天皇は、その欽明天皇第四皇子、聖徳太子の父であるが、「橘豊日《たちばなのとよひ》※」との名前を持つ。「橘」「豊」「日」と聞きなれた文字が並ぶ。何やら復古調の名前である。六世紀末のことである。

ここで、以下、二十六代からの天皇の名を列記する。二十六代継体、二十七代安閑、二十八代宣化、二十九代欽明、三十代敏達、三十一代用明、三十二代崇峻、三十三代推古、三十四代舒明、三十五代皇極、三十六代孝徳、三十七代斉明、三十八代天智、三十九代弘文、四十代天武、四十一代持統、四十二代文武四十三代元明、四十四代元正、四十五代聖武。古代日向を展望する上で、鍵を握る天皇に傍点を付した。

蘇我馬子、物部守屋の対立は仏教需要に関する論点を焦点とするとされる。巨大古墳造りに一つの「見える化」を示してきたが、新たな世界観が広がろうとし、価値観も法制度への道へと進もうとしていた。改めて確認するが、「日下」とは、そこまで尊ばれる姓なのである。「日下＝ひのもと＝日本」と国号につながる姓との認識ではなかったか。最後に、日下＝ひのもと＝日本（大化改新六四五年）の時、改めて自らの出自と始祖神話を再認識しながら、『帝紀』『旧辞』など『記・紀』に先立つ史書は編纂された。

隼人の朝貢は六八二年、古代日向から「薩摩国」が分国されるのが二十年後の七〇二年、その十年後七一二年『古事記』編纂、その翌年七一三年さらなる古代日向からの「大隅国」の分国、最後の隼人の乱が起きるのが七二〇年、まさにその年『日本書紀』は校了され、八〇五年の記事を最後に隼人は姿を消す。

終の章　神代《かみのよ》と現代《いまのよ》

陵墓及び陵墓参考地

時に「神話」に翻弄された古墳の姿がある。しかし、もはや今日の考古学の蓄積は、「皇国史観」への後戻りを許さないまでになった、と思う。だからこそ今、古墳の存在と『記・紀』の世界とを、真正面から論じておく必要がある。

いわゆる「陵墓」は、まだ同時代性を有した律令制下においては諸陵寮などが設置され、国家の管理下に置かれた。しかし、中世に至り天皇家の実質的存在の衰えに伴い国家的管理から離れると、陵墓と被葬者の関係を示す資料も失われていく。再び陵墓が表舞台に登場するのは、『記・紀』に依拠し尊皇思想が興る中で、畿内の巨大前方後円墳を天皇陵に比定することが行われた江戸時代享保年間（一七一六〜三六年）からであった。それは末期の文久年間（一八六一〜六四年）にますます顕著になった。これを踏襲して、近代天皇制国家における陵墓及び陵墓参考地の治定は行われていく。そして、こうした流れは、畿内の陵墓及び陵墓参考地に留まらず、南九州に所在する古墳をも呪縛していったとも言える。

日向三代の神々の陵として、宮内庁が治定するのは、すべて現在の鹿児島県内にある。瓊瓊杵尊の可愛山陵は、薩摩半島・薩摩川内市の新田神社の境内、火遠理命の高屋山上陵は、霧島市溝辺町麓に、鵜草葺不合命の吾平山上陵は、大隅半島の鹿屋市吾平町に、一八七四（明治七）年に治定されている。その治定に明治維新を牽引した薩摩藩の威光が強く活かされ、「日向神話」を映すものとして考えられたことは疑いがない。しかし、『記・紀』に即しても、当時の鹿児島県域に日向三代の陵を求めることは、根拠のあることであった。これまでもたびたび指摘していたように、多様な神話の舞台や神話の構成の中で、『記・紀』という限定された歴史書自体が、南九州を想起して神話世界を固く信じたものとして描いたことは事実である。従って、それに即して、当然に選択される治定であった。

例えば、吾平山上陵の周辺には、決して偶然ではない神話・伝承の連鎖が見られる。「車田の田の神」「飴屋敷」「軍神社《いくさ》」、一見脈絡もなく寂《さび》れた近世の遺産や伝承地や神社が、置き去りにされたかのような

可愛山陵・新田神社

薩摩国一之宮、邇邇芸命を主祭神とする新田神社が鎮座する神亀山の東手の稜線を陵として治定する。

吾平山上陵

鵜戸山に発する姶良川に浸食された岩窟（その中に塚があるとされる）を陵として治定する。姶良川の流れは、伊勢神宮の五十鈴川の清浄な流れを思い起こさせる。

高屋山上陵

鹿児島空港の近く、霧島山の南西の山麓、楕円形状の丘を陵として治定する。

農村景観の中に並ぶ。しかし、「車田」は、平林章仁の指摘する額田馬＝隼人馬と関係する車輪（同心円）状に植えられた田のことである。そして、「飴」は、練り飴を鵜草葺不合命の養育のため与えたとする伝承地である。「軍神社」は、磐長媛と雷神を祭神とする。磐長姫は、木花開耶姫の姉、そして「雷神」の祭祀を司ったのは「小子部」である。すべては、神別・皇別の「隼人」につながってくる。こうした世界観は、決して恣意的・偶然に出来あがったものではない。況《いわん》や、逆に作為的「作り話」では描くことのできない確かな足、神話が現実の土地の上に根を張っている。「大隅隼人」の拠点として、「始祖神話」を根深く継承した地に、吾平山上陵が存在するのである。

それから遅れること二十一年、陳情を受け宮崎県側に陵墓参考地が治定されたのは一八九五（明治二十八）年のことである。西都原古墳群の男狭穂塚・女狭穂塚が、可愛山陵の参考地として、延岡市北川町の伝承地、墳墓とは考えられない実際は経塚である場所、そして吾平山上陵の参考地には鵜戸神宮の西方の速日峯《はやひのみね》の頂が伝承地として治定された。

しかし逆に、紛れもない巨大古墳が、神話世界の陵として治定されたことは、考古学的解明に様々な制約を与えるもので、今日的には不幸なことであったと言わなければならない。

男狭穂塚・女狭穂塚は、宮内庁により陵墓参考地に治定された。「治定」とは耳慣れないが、法令によって定める意味の「指定」ではなく、「治定」としている。「陵墓」の「陵」は、天皇および三后（太皇太后・皇太后・皇后）の墓、その他の皇太子など皇族の場合は「墓」として区別し、総称して「陵墓」と呼ぶ。その「参考地」とは、神話・伝承などから天皇家に関する可能性があるとされた墓のことである。

こうした陵墓及び陵墓参考地の治定の動きから思うことがある。明治維新という近代史の大きな転換が、薩摩を一つの震源地として、動いたことに、悠久の南九州の歴史が基層として存在することも理解しておきたいのだ。細かく時代の切片に裁断された歴史学では、長い歴史の時間幅を通史として理解することについては、不得手である。それぞれの研究者は、短い歴史の切片しか見ないし、責任を持たない。しかし、古墳時代において前方後円墳の存在しなかった薩摩や土佐から、西郷隆盛や坂本龍馬などの人材が生まれたことには歴史的意味がある。古墳時代と幕末・明治維新の歴史模様について、穴戸《あなと》（長門）・阿牟《あむ》（武）勢力と朝鮮半島ルート＝吉田松陰の長州、前方後方墳の卓越する東国の一角＝近藤勇の武蔵、四道将軍と毛人（蝦夷）の境界＝白虎隊の会津、いずれも象徴的に思いつくままに列挙したが、それらの人材と育んだ風土には、悠久の歴史の根拠があり、生まれ、存在したのである。

こうした歴史の重層・複層については、これまでも指摘してきたし、歴史の実相は、択一的に選択される事実ではない。

近・現代史の中の古墳

一九一二（大正元）年に始まる西都原古墳群の発掘調査は、本格的な古墳の発掘調査の第一歩として、考古学史に特記される。しかし、その目的は、まさに「皇祖発祥の地」の実証であった。一八七三（明治六）年、京都に生まれた有吉忠一《ありよしちゅういち》は東京帝国大学を卒業後、朝鮮総督府総務部長官から一九一一（明治四十四）年に宮崎県知事に就任した。黒板勝美や喜田貞吉《きださだきち》と同期であった有吉は、同じく東京帝国大学に学び京都帝国大学の教授となっていた坂口昂《たかし》に相談を持ちかけた。同大学の濱田耕作を中心に準備が進められ、京都帝国大学からは、坂口昂、今西龍《いまにしりょう》、喜田貞吉、小川琢治、島田貞彦、梅原末治《すえじ》、内藤虎次郎、原勝郎、濱田耕作、東京帝国大学からは、黒板勝美、柴田常恵《じょうえ》、原田淑人《はらだよしと》、鳥居龍蔵、その他に増田于信《ゆきのぶ》

（宮内省）、関保之助（東京帝室博物館）、三浦敏《みうらさとし》（延岡中学校）、本山彦一（大阪毎日新聞社。東京日日新聞社）、原《はら》田《だ》仁《やすし》（測量士）ら、当時の中心的な機関の代表的な学者たちが発掘調査に参加した。

発掘調査は、六カ年にわたり、前方後円墳五基を含む三十基に及んだ。しかし、埋葬主体部をピンポイント的に発掘するもので、学術的発掘調査とはいえ時代的制約は如何ともし難く、墳丘全体から得るべき多くの情報には一瞥すら加えられなかった。そして、当時の学問水準は、日向における古墳群の開始期を五世紀初頭とする見解を導き出し、当初の目論見であった「皇祖発祥の地」の古墳文化が古きに遡る実証は、儚《はかな》く退けられたのである。

大正時代発掘調査団（写真提供：宮崎県立西都原考古博物館）
都農神社の前で記念写真に納まる第１次調査の学者たち。

「皇祖発祥の地」であれば、奈良盆地の古墳に先行する時期を日向の古墳に求め、その実証が叶わなかったということであった。しかし、特にここ三十年の仮説と検証という成果の蓄積により、五世紀初頭から三世紀後半へと遡り、すなわち奈良盆地における古墳の誕生と間髪を容れずに日向において古墳は登場していたし、四世紀代に大型古墳を列島弧の中でも際立って築造し、五世紀前半代には巨大古墳を築造していたことが明らかになった。そして、その年代観を以て改めて『記・紀』を振り返った時、畿内王権と日向勢力の婚姻関係が、整合性を以て語られていることに気付くのである。それは、同時に神話世界の成立へとつながることに、気付くことでもあった。「儚く退けられた」実証は、こうして今叶えられたと言える。

　しかし、一方で、同時に忘れてはならないのは、この西都原古墳群の発掘調査は、東アジアの中での「日本帝国」の蹂躙《じゅうりん》の足下で行われる発掘調査に結びついていった日本考古学史である。朝鮮半島では、皇南王塚の発掘調査もそうであるが、特に「任那日本府」の特定といった「学術的使命」があった。それらが連動したものであり、西都原古墳群の発掘調査に携わったいわば任意の調査団が、そのまま中国大陸・朝鮮半島へと展開していったのである。

　その後、鳥居龍蔵は世界を股にかけ民族学的調査研究を行い、黒板勝美は東大史料編纂所の編纂官として『国史大系』の編纂に携わり、喜田貞吉は後に『日向国史』を執筆した。考古学では、濱田耕作は『通論考古学』を著し、京都大学の学長となった。

　加えて、この早過ぎた発掘調査は、埋葬主体部に副葬される銅鏡・玉類などへの関心を誘発し、一九二九（昭和四）年、ニューヨーク株式市場の大暴落に始まる世界恐慌に伴う生活不安など混乱の中で、古墳群の大盗掘事件を引き起こすことになる。一九三一（昭和六）年、持田古墳群（高鍋町）では九十六基、川南古墳群（川南町）では六十五基の古墳が盗掘の被害を受け、掘り出された品々は、関西方面を中心に売り捌《さば》かれた。後に宮崎県は、京都大学の梅原末治に委託して、盗掘品の確認及び出土

持田古墳群・計塚

台地の西の縁辺に位置する柄鏡形前方後円墳。持田古墳群は、1系譜（初頭に併存する可能性はある）の首長墓が、安定的に築造された古墳群として、日向勢力の隆盛・衰退を現す一ツ瀬川流域の西都原と新田原古墳群の位置付けを相対化する古墳群として、小丸川流域の川南古墳群と合わせて理解したい。梅原末治（京都大学）が整理した盗掘品の中、画文帯神獣鏡の多さは留意する必要があるが、「火竟」刻銘の変形四獣鏡、舶載三角縁神獣鏡など盗掘という不幸な来歴ながら、副葬品の様相をうかがうことのできる数少ない古墳群である。

状況等の追跡調査を行い、その成果は、『持田古墳群』（宮崎県教育委員会、一九六九年）として刊行されている。ただし、川南古墳群出土とされる遺物がない。「日向国」出土は、いわばブランドであった。特に、「持田」ブランドとして、川南古墳群出土品は陰に隠れ、紛れている可能性がある。

現在、五島美術館（東京都世田谷区）に所蔵される国宝の「日向国西都原出土金銅馬具類」も、日向の国ブランド、持田に先立つ西都原ブランド、実際は西都原古墳群西方の台地に位置する百塚原古墳群の地下式横穴墓からの出土である可能性が高いが、「日向国西都原出土」というダブルブランド力の表れである。

史跡指定に見る古墳

史跡指定は、保護・継承のための有効な対策の一つであるが、同時に指定時の歴史観を反映するものである。とりわけ宮崎県に生じた特殊事情は、日向の神話的世界を保証するものとして、旧法『史蹟名勝天然記念物保存法』に基づき、一九三三（昭和八）年から一九四四（昭和十九）年までの戦前・戦中に、古墳という古墳が史跡指定されたことである。

基本的に、一基の古墳を単体で指定することは少なく、旧町村内に所在する古墳をほとんど悉皆的に数え上げ、例えば「〜村古墳」を一件として指定している。国指定は、昭和九年から十九年までの間に七件（うち単体二件）で戦後指定は五件（うち単体一件）であるが、県指定は著しく、昭和八年から昭和十九年の間に六十三件がすべて旧町村単位で指定され、戦後指定は四件（うち単体三件）である。

近年、いわゆる「指定漏れ」と見られる古墳の存在が指摘されていても、ことに前方後円墳は増えても十基前後に留まるであろう。それほどに、「悉皆」的な指定が行われた。

［右］岩橋千塚古墳群・紀伊風土記の丘　［左］岩橋千塚・前山Ａ－13号墳

5世紀代から古墳が築造され、紀伊国造の紀直《きのあたい》の墓とされる6世紀後半の天王塚古墳（前方後円墳、墳長88メートル）を頂点として、最終的には後期群集墳として造墓が継続され、総数は約600基を数える。

西都原古墳群も旧法において史跡に指定され、戦後、新たな『文化財保護法』により一九五二（昭和二十七）年に特別史跡となった。王塚古墳（福岡県嘉穂《かほ》郡桂川《けいせん》町）や高松塚《たかまつづか》古墳（奈良県高市郡明日香《あすか》村）のように単体の古墳の特別史跡ではなく、古墳「群」として特別史跡となっているのは、他に和歌山県の岩橋千塚《いわせせんづか》古墳群があるのみである。

「風土記の丘」

風土記の丘整備事業の計画推進を前にして、宮崎県では二つの候補地を考えていた。一つは、持田古墳群（高鍋町）で、今一つが西都原古墳群（西都市）であった。この二つの古墳群、持田古墳群は、大盗掘事件が起きるという不幸な歴史を背負い、その遠因の一つは、先立つ西都原古墳群の発掘調査であった。持田古墳群でも用地買収が進められたが、最終的に我が国第一号の風土記の丘整備事業の対象地となったのは、西都原古墳群であった。

一九六五（昭和四十）年、風土記の丘整備事業の全国に先駆けた第一号として、用地買収に着手した。計画から買収まで短期間であったため、「県担当者の努力は非常なものだった」と当時の文化財保護委員であった岡田茂弘が述懐している。整備自体は一九六六年から二カ年で進められ、一九六八年春に西都原資料館の開館と共に、風土記の丘整備の完成を見たのである。

整備以前は人家が四、五軒点在し、古墳周辺は農地として耕作されていた。人家の移転及び農地買い上げにより、古墳群は面的に確保された。当時の写真には、更地《さらち》の中に古墳が点在する様子が写し出されている。風土記の丘整備事業での三つのゾーンに分けられた整備のイメージは、「森のなかの古墳群」「草原の古墳群」「古墳間での散策」であった。森を創出するため植樹も行われ、景観が創出されたのである。

しかし、景観整備することだけでは歴史の場、即ち史跡の整備にならない。景観は変化する。その変化を妥当なものとし得るかは、歴史観・世界観に関わる。本来、奥津城として古墳は築造され、葺石に覆われたその威容は、自然から隔絶し超越することを求めた。歴史的意味は、その姿にこそ現される。その後、時代を経て、草木に覆われ自然植生への回帰があるとしても、樹木の活用が行われた時期は、古墳上の樹木も適正に伐採されていたことは、江戸・明治期の絵図等でも確認することができる。

整備の方向性と実際

風土記の丘整備から四半世紀以上経過し、西都原古墳群の新たな大規模整備に取りかかったのは一九九五（平成七）年のことである。それに先だって、古墳上の樹木については伐採を基本として、墳丘上に繁茂する樹木の伐採に着手した。しかし、意外な方向から批判の声が上がった。それは古墳群の景観が失われるというものだった。景観変化について批判の声は、よく聞けば風土記の丘整備以来「保護＝手を着けないこと」、放置状態によって繁茂した樹木に覆われた古墳が、既に原風景になっていたのだ。四半世紀の間、それを原風景として受け止めた人々にとって、樹木の伐採は見慣れた風景の変更として受け止められたのである。

三世紀半ばに姿を現した古墳は、歴然とした政治的モニュメントであり、その権威と権力を誇示する人工的な構築物であった。社会体制の構築と維持のために機能する古墳築造という「制度」は、その本来の姿を目の前に据えることによって初めて理解されるはずである。原初の古墳の姿は、灰色に段築された人工物である。やがて巨大古墳の築造は、明文化された「制度」へと移行し、姿を消した。古墳への認識がやがて薄れ、草木の繁茂とその土壌化の繰り返しにより葺石は埋もれ、厚い土の皮膜に覆われ姿を変えていった。自然燃料に依存していた時代は、たとえば、『日向国諸県郡本荘村古陵墓図説』などを見れば、古墳上には松とおぼしき樹木が数本描かれているに過ぎず、適切な管理はむしろ行き届いていたが、緑に包まれた姿こそ古墳の姿という原風景が成立したのである。

風土記の丘整備の時点で、古墳群の歴史的変遷を捉えるために持ち得た材料は、大正時代に得られた資料の他になかった。「大地に刻まれた歴史を読む」ことが史跡整備活用の本来的意義である、とわたしは考えている。新たな整備は、それを基本理念とした。しかしそれは短絡的に発掘調査の必要性に結びつくものではない。可能な限りの資料を用いて、歴史的変遷とその意義に迫るべく、一九八九（昭和六十四）年に「下巻」の章ですでに述べた古墳群の史的変遷について一つの仮説を提示した。新たな整備は、そうした史的変遷を「読む」こと、追うことが可能なように、半世紀ごとに代表的な古墳を、かつ各種の墳形を概観し、立地のエリアも広域史跡の全体像を巡れるようにするなど選定し、整備を行った。

こうして課題を設定し、発掘調査を実施した。その最も大きな成果は、大正時代の成果から五世紀初頭を遡らないとされた古墳群の開始期について、一三・一〇〇・八一号前方後円墳の発掘調査によって、三

宮崎県立西都原考古博物館
（写真提供：宮崎県立西都原考古博物館）

世紀半ばを射程に論じうるまでになったことである。一連の調査と整備は、引いては陵墓参考地の男狭穂塚・女狭穂塚の測量調査・地中探査といった画期的な扉を開くことにもつながったが、南九州の古墳時代像を初めて鮮明な形で描き出すことを可能にしたのである。

　整備・活用の拠点として、西都原資料館は西都原考古博物館に進化した。資料館では、民俗資料も展示していた。宮崎県は、柳田國男が西都原西北方の山間部を舞台に「後狩詞記《のちのかりことばのき》」を著したことで、日本民俗学発祥の地でもある。しかし、それは新たな課題として、民俗資料については県総合博物館に集約することにした。この考古博物館を拠点として、南九州の考古学情報を発信するとともに、風土記の丘整備事業によって先駆的に確保された代え難い歴史的景観と自然環境を継承し、保存整備活用を継続することにしている。

癒やしとしての「歴史浴」

「観光」の用語は、儒教の基本経典の一つ『易経』からとられた。「国の光を観《み》る。用《もっ》て王に賓《ひん》たるに利し（観国之光、利用賓于王）」、一九三〇（昭和五）年、「国際観光局」設立に際してこの用語を発案した浜口《はまぐち》雄《お》幸《さち》内閣の鉄道大臣・江《え》木《ぎ》翼《たすく》の意図は別して、「地域の優れた歴史と文化を見ることは、王に賓客としてもてなされることに等しい」と読む時、名付け親の思いがどのようなものであったのかは分からないが、期せずしてと言うべきか、わたしは「観光」の本質と基本を示しているように思う。

観光は、日常生活からの離脱であり、再生である。一昔、文化財保護と観光は背反する要素として考える考え方もあった。あるいは、研究者のみの遺跡・史跡であり、そこは閉ざされた空間であって良いと考える傾向もあった。しかし、文化財の保護は、その恩恵に多くの人々が浴してこそ、保護の意識が形成され、継承されるのである。観光の対象は、遊戯的施設《アミューズメント》以外は、文化財保護法に言う史跡・名勝・天然記念物のほかにない。遊戯的施設は日に日に色褪せてゆくが、史跡は日に日により歴史を重ね深まってゆく。古都を訪れて人々が享受するのは、細かな歴史知識ではなく、その歴史的景観による「歴史浴」に他ならない。

西都原古墳群は、春の桜・菜の花、秋のコスモスが咲き乱れ、多くの人々の足を誘い、県内の第二位ないし第三位の観光地である。そこでは古墳群は、むしろ借景であったかもしれない。新たな整備と二〇〇四（平成十六）年の宮崎県立西都原考古博物館の誕生は、歴史的景観に浸る場所への深化であった。考古博物館は、史跡に隣接する「サイト・ミュージアム」としての役割も持つが、古墳時代のテーマ博物館ではなく、南九州・宮崎の考古学世界の全体像と考古学の現在という視点も含めた考古博物館とした。

史跡の保全は、周辺環境・自然景観を含めた歴史的景観の保全として、今後ますます重要な社会的役割を果たすことになる。ことに広域史跡の保全は、面的に景観・環境を維持することにおいて、地球環境への警鐘も含めて語るべき事は多いはずである。

そして、列島弧の最南端とは、すなわち大陸・半島・南島への窓口であり、その経路の要衝に当たるということを意味する。こうして「神話」から手元にしっかりと歴史を捉え、後世に引き継ぐために西都原古墳群は存在するのである。

南九州＝宮崎に住むわたしたちの日常の隣には、多くの史跡、中でも古墳・古墳群が点在し、存在している。それは、古代への入り口である。そして、『古事記』が語る神話世界への入り口でもある。

　史跡の中に佇む。その時、わたしたちが受け取るのは、難しい歴史のデータではなく、引き継がれてきた歴史の重みのもつ力である。それを、「歴史浴」と読んでおきたい。

　わたしたちは何者であり、何処から来て、何処《どこ》に行くのか。神話とは、古代の人々のそうした問いである、そして、豊かな自然の中に神を見て、その力を得て命をつないできた。千三百年を経て『古事記』を読むことの意味、それが大きなものであることを、わたしたちは知っている。

「歴史浴」の地・西都原古墳群（photo by KAZ Kuroki©）

事実と真実

「事実」を、『広辞苑』では第一義に「事の真実」を挙げるが、また「本当にあった事柄」とすることとは一致していない。「事の真実」とは「本当にあったと認識する事柄」と言うべきであり、「認識」のフィルターを通すことで、一つの「事実」に対する多様な認識が「真実」となる。

　同時代的に多様な「事実」の認識があり、歴史研究の視点としても多様な「事実」の認識がある。それらは、認識を通した「真実」として、多様にあり得る。キワモノ的史書も存在するが、そこにも真実は存在する。また、アカデミズムの学者・研究者による研究論文や著書も、いわゆるアマチュアの歴史愛好家の着想や発想による書き物も、いずれにも真実がある。そうした真実について択一しないし、その必要はない。

真実は一つというのは、強制的な神話であると思う。堅くそう信じているに過ぎない。しかし、真実は多様なのだ。「真実は一つ」という真理があるとすれば、それは多様であるという真理が「一つ」ということである。出来事は、それを受け止める人々の数だけ事実として存在する。

だが、「事実」は一つである。太安万侶が編纂した『古事記』は一つ、編纂プロジェクトチームによる『日本書紀』は一つである。問われるのは、編纂された側の『古事記』であり、『日本書紀』そのものであり、読む側に引き寄せた『記・紀』ではない。ただ、それは一つの切片に過ぎないということである。多様な世界のすべてを包括するものでもなく、包括できるものでもない。一つの切片は、一つの切片として自己完結させるべきである。つまり、天孫降臨の地は南九州＝日向であり、そこから神武天皇は東征を果たし、畿内王権を形成し、やがて律令国家の成立を迎えたとするのは、『記・紀』の唯一の事実である。

しかし、歴史は多様な真実を持つものである。降臨神話を持つ幾多の氏族がいるし、覇権を争った幾多の豪族たちがいた。一つの切片に呪縛されることなく、そうした人間の歴史の広大な世界を読みたいのだ。択一された歴史ではなく、多くの選択肢を持った歴史、そして一見潰え去ったかに見える幾多の選択肢は、今も基層・古層として確かに根っこを保っているのである。その一つが、新たな事実としての歴史の主役に躍り出すことは考えられる。今、選択しているこの国家の道筋が誤っているとすれば。

神話化は、今も現在進行形である。そこに「この国のかたち」がやはり浮かび上がってくるのだ。

この国のかたち

こうして整理をしてきて、改めて気付くことがある。冒頭の筑紫嶋の四つ面に、日向国は存在しない。天孫降臨の前に、そこは共同幻想（観念）として聖なる地として、まだ「日向」ではあってはならないのだ。天上世界と地上世界を行き交う時の、熊襲国と混在（雑居）して在る聖なる経路であった。そして、神が葦原中国に降り来たって、はじめて地上世界の聖なる地「日向」が誕生する。この筋書き《シナリオ》は頑なに守られなくてはならなかったのだ。神別としての隼人の祖・火照命（海幸彦）の誕生と同じく。

このことは、古墳時代の景行天皇の西征（熊襲征伐）と並行して、神話が醸成されることを意味している。混在（雑居）状態であった南九州の熊襲国と聖なる地を治めていた諸県君との間で、南九州全体の統治の依託が行われる。混在（雑居）していた熊襲も、日本武尊（倭建命）に梟帥の姓を献上することで聖なる存在になる。この地を「日向」とする宣誓は、この時でなければならない。そして、世俗としての日向国が胎動するのである。

応神天皇の時代、その皇子は神別の系譜を継ぎながら宮家としての隼人となる。同時に、日向の豪族・諸県君は、外戚としての地位を確保し、仁徳天皇の日下宮家段階で最高潮を迎える。二代（ないしは三代）にわたる宮家の存在は、大王（天王）家にとっても、また新興の畿内豪族たちにとっても脅威となるまでに拡大していた。

畿内有力豪族の葛城氏と命運を共にしながら、畿内王権・政権は新たな体制へと変革せざるを得ない

西谷墳墓群

弥生時代中期後半に吉備に発祥し、後期後半には出雲・伯耆に顕著となり、能登半島まで分布を広げた独特の墳形を持つ墳丘墓。出雲では、３世紀前後の西谷墳墓群を頂点として、古墳時代に入ると巨大方墳の造山《つくりやま》古墳（１辺60メートル、島根県安芸市）などの誕生へとつながる。

のだ。そこに登場するのが継体天皇であり、葛城氏と諸県君の二大脅威を除いた時、最後の覇権、北部九州の雄・築紫君との雌雄を決する戦いは必然であった。そして、日向は南九州という土地自体も再編されなければならなかったし、畿内政権内部においても改めて直轄の組織として隼人は再編されなければならなかった。当然それに対する「反乱」という反作用も必然である。

こうして見てくると、『記・紀』の神話的時間を内包し、並行しながら、その歴史（時系列）的叙述に破綻はないし、世界観の構成も見事である。

奈良盆地は、神話の土地ではない。古墳は、「人世」の大王（天皇）とその豪族たちの奥津城であり、そこに神話は見立てられない。その代わり、三輪山など大和三山の聖性地形に神話世界は見立てられることになる。一方、出雲は神話の土地であることを畿内王権から抹消された。出雲における西谷墳墓群で知られる弥生時代の四隅突出型墳丘墓や全国最大規模の方墳・造山《つくりやま》一号墳（一辺六〇メートル）に代表されるような古墳時代の方墳のように、方形基調の墳墓は畿内王権の価値観とは一線を画すもので、その分畿内王権からは異なる世界観をもつ人々として、公から消去すべき存在となった。ここでも、墳墓に神話世界が見立てられることはない。

　そして日向は、畿内王権の自らの出自と自己存在証明として、聖なる日向を消し去ることはできないのである。古墳は「人世」の存在であるが、神話世界を醸成する装置ともなり、古墳の上に濃密に神話世界が見立てられることになる。

　ただし、最後に、もう一度確認しておく必要がある。これは列島弧の古代史の一切片に過ぎない。覇者にのみ歴史があるのではない。敗れ去った毛人＝蝦夷に、蹂躙された琉球・沖縄に、畿内王権とは全く別の歴史的過程を踏むことができた人々が現に存在すること。その人々によって「この国のかたち」が出来ていることを、わたしは常に思い起こす。敗れ去った隼人でもある心の痛切な痛みを伴って、歴史に立つのである。

【参考文献】

『古事記』角川文庫 一九五六年
『古事記・祝詞』日本古典文學大系一 岩波書店 一九五八年
『古事記』岩波文庫 一九六三年
『古事記』新編日本古典文学全集一 小学館 一九九七年
『古事記』新版・現代語訳付き、角川ソフィア文庫 二〇〇九年
『日本書紀』上・下、日本古典文学大系六七・六八 岩波書店 一九六七・一九六五年
『日本書紀』全現代語訳 上・下 講談社学術文庫 一九八八年
『風土記』日本古典文學体系二 岩波書店 一九五八年
『風土記』吉野裕訳 平凡社ライブラリー 二〇〇〇年
『風土記』新編日本古典文学全集五 小学館 一九九七年
『延喜式』後篇、新訂増補国史大系 吉川弘文館 一九七九年
『正史 三国志』四・魏書Ⅳ ちくま学芸文庫 一九九三年
『魏志倭人伝・後漢書倭伝・宋書倭国伝・隋書倭国伝』岩波文庫 一九五一年
『旧唐書倭国日本伝・宋史日本伝・元史日本伝』岩波文庫 一九五六年

おわりに

原秀三郎という稀有な歴史学者がいる。いずれ「原秀三郎論」を纏めたいと思う。わたしが大学生のころ、マルクス主義歴史学の重要な課題であった「アジア的生産様式」その論争の騎手として、まだ三十代の研究者であった。当時逢うことのなかった少壮の研究者は、憧憬の対象であった。その後、大化の改新はなかった、など果敢な研究をものにされた。

やがて、わたしは幸いにして考古学を生業にすることができた。しばらく日常的な「埋蔵文化財保護行政」の仕事に忙殺されながら、いくらかの論文を成し、四十歳の節目で一冊の著書を纏めることができたが、そうした日々に原秀三郎の「変節《へんせつ》」が風聞として耳に伝わってきてはいた。その象徴が「新古典主義」の宣言であった。ただし、それほどに気に留めることはなく、しかし、古代史学と言うより考古学の中で、ある違和感を大きくしながらも、日々を過ごしていた。

檍1号墳に立つ原秀三郎先生

二〇一〇（平成二十二）年、福岡県で開催された「邪馬台国徹底検証第三弾！シンポジウム」にパネリストとして参加する機会を得た。その時、基調講演とシンポジウムのパネリストとして登壇されたのが原秀三郎先生だった。それまで、直接会いまみえることなく、敬称略で呼ぶしかない遠い存在であった学者を、先生と呼びたくなった。シンポジウム終了の後、会場近くの居酒屋での反省会、わたしには遠い日の憧憬の研究者が、目の前に老学者として、しかし矍鑠《かくしゃく》と迫力ある佇まいで存在した。そして、意気投合した、とわたしは思う。

わたしの直接対面した第一声は不躾《ぶしつけ》に、「変節とかではなく、あの『アジア的生産様式論争』時代と基本姿勢は同じですね」。

先生の返答は「分かるか。そのとおりだ。学問として良いものは良いと認めること。それは同じなんだよ」。

「右」や「左」の問題ではない。歴史学として課題に向かうとき、その時手にする歴史観は「良い」と認めるものを携えるだけである。わたし自身、『記・紀』に向き合う姿勢を、中途半端な姿勢から、真正面に整えた時である。考古学に感じていた違和感は、そこにあったが、これも「変節」と呼ばれるのであろうか。

以来、『記・紀』を読み解かれながら、まだ「日向」を真正面から取り上げておられなかった先生に、一緒に「日向」と向き合っていただきたいとお願いをし、日向及び九州各地を踏査し（現地に立つことの重要さについて全く意見が一致した）、伊豆下田の先生のご自宅に合宿さながらお邪魔して、古代日向を総浚《そうざら》いしてきた。

全てについて見解が一致するものではない。わたし自身が了解・追認できるものについては、良いものは良いとして、わたし自身のものとして※を付して咀嚼した。本書の骨格は、こうした原秀三郎先生との成果であるが、一致しない見解もあるゆえ、多くについては先生の満足されるところではないだろう。それについては、あらたに一書を纏めるべく（本来は先に刊行すべく、あるいは本書が前座の役割でもよい）編集を進めている。それに先生の本論・本音は示されることになるが、わたしの見通した世界との違い（違いがある中に、学問が未来に生きる価値がある）を検証していただけるよう、一日も早く纏めたい。

違いと言えば、信仰心のないわたしは幼い頃、父の傍らで毎朝祝詞《のりと》の奏上を聞き、神話を聞いても、それらは耳に届くものではなく、違和感のあるものでしかなかった。それは今も変わらない。ただ、津田左右吉と立つ位置を異にするのは、神話とは、事実を超えた「心実《しんじつ》」と言うべきものだと、いま理解し、排除しないということだけである。

報道媒体《メディア》が監視役《ウォッチドッグ》として機能しなくなる時代が時にある。今日そうした姿が見え隠れするが、歴史学こそ時代の監視役であり、歴史とは事象を追認・是認するのではない。古代史を直視し、その克服・超克にこそ、歴史を学び、現代を見据えることができるのである。

歴史学の役割は、権力者に寄り添うことではない。腐敗し、暴走する権力に対する姿勢と展望に歴史学の役割はある。かつて世界思想としての歴史学があった。史的唯物論は、歴史を批判するという、歴史上唯一の壮大な試みであったが、自らが権力主義に転落したために、その試みは失敗した。いや、人間としての失敗である。その失敗こそ、歴史学の弱点であった。その弱点の克己こそ、実現すべき歴史学である。

歴史を見る目は、明日を見通す批判力としての歴史学の力である。歴史を見る目に無自覚であることに研究者は何よりもまず自覚的であるべきで、自己の歴史観を自己検証し続けることをわたしは自らの課題としてきた。ものを言い辛い時代が始まっている。だから、この「地方」の小出版社から「中央」を射る（論じる）一書を著し、残しておきたい、と願った。

二〇一七年六月三〇日

[著者略歴]

北郷　泰道（ほんごう ひろみち）

1953年、宮崎県都城市生まれ。立正大学文学部史学科考古学専攻卒業。

1980年度から宮崎県教育庁文化課に勤務し、宮崎学園都市遺跡群発掘調査を担当。以後県内の発掘調査に従事。埋蔵文化財係長として西都原古墳群の整備・活用事業及び西都原考古博物館建設事業を総括。宮崎県立西都原考古博物館、宮崎県埋蔵文化財センター所長を経て退職。

現在、宮崎県教育庁文化財課専門主幹、南九州大学非常勤講師。

[著書・共著]

『熊襲・隼人の原像 ― 古代日向の陰影 ―』（吉川弘文館 1994年第5回宮日出版文化賞受賞）、『西都原古墳群 ― 南九州屈指の大古墳群 ―』（同成社 2005年）、『古代日向・神話と歴史の間』（鉱脈社 2006年）、『海にひらく古代日向 ― 玉璧・諸県君・アジアの架け橋』（鉱脈社 2010年）、『生目古墳群と日向古代史 ― 宮崎平野の巨大古墳が語るもの』（鉱脈社 2011年） など。

神話となった日向《ひむか》の巨大古墳
――「この国のかたち」を求めて

二〇一七年 十 月二十日初版印刷
二〇一七年十一月 十 日初版発行

著 者 北郷泰道©

発行者 川口敦己
発行所 鉱 脈 社
〒八八〇―八五五一
宮崎市田代町二六三番地
電話 〇九八五―二五―一七五八
郵便振替 〇二〇七〇―七―二三六七
印刷
製本 有限会社 鉱 脈 社

古代日向・神話と歴史の間

宮崎から南九州、その先の海と大陸を望んで、縄文から弥生・古墳時代へと独自の社会を築いた日向の首長たち。考古学の成果を記紀の世界につないで、古代史の最大の謎がいま明かされる。

北郷泰道 著
みやざき文庫50 定価(本体１８００円+税)

海を渡った日本文化 古代の韓半島と日本列島

最近、韓半島南部で前方後円墳や横穴式石室、倭系遺物が次々と発掘されている。現地韓国の研究者からの現状報告。列島との交流史に新たな光りが。

北郷 泰道／二宮 満夫／朴 天秀 他 著
みやざき文庫39 定価(本体１８００円+税)

海にひらく古代日向 玉璧・諸県君・アジアの架け橋

玉璧がつなぐ道、貝と舟がつなぐ道、古墳がつなぐ道——さまざまな道の結節点に古代日向の王が浮かびあがる。古代日向の栄光と挫折。古代東アジアをみすえて、いま興奮の旅が始まる。

北郷泰道 著
みやざき文庫70 定価(本体１４２９円+税)

生目古墳群と日向古代史 宮崎平野の巨大古墳が語るもの

西都原古墳群に先立って築かれた巨大前方後円墳群。地下式横穴墓は何を語るのか。古墳をおおう階段状の葺石など新しい発掘により注目がさらに高まる生目古墳群。宮崎平野の古代王権の謎に迫る。

柳沢一男／北郷泰道／竹中克繁／東　憲章 著
みやざき文庫80 定価(本体１５００円+税)

最新刊

日向神話一三〇〇年の旅　天孫降臨から神武東征へ

早稲田大学で開かれた連続講座に大幅に加筆して5つの講演を収録。神話から歴史への展開、そして現代に生きる古代人の心。中央と地元の気鋭の研究者らによる日向神話への多面的なアプローチ。

池田雅之・北郷泰道 編著

みやざき文庫106　定価(本体1600円+税)

西都原古代文化を探る　東アジアの観点から

西都原大古墳群は、日本古代史に特異な位置を占めている。その調査保存に生涯をかけてきた著者が、考古遺跡の発掘成果を跡づけ、「記・紀」を丹念に読み込みながら、日向古代史のスリリングな展開に迫る。

日高正晴 著

みやざき文庫22　定価(本体1800円+税)

もうひとつの日向神話　その後の「海幸・山幸」物語

「誰の・誰による・誰のための」神話か。〝古事記〟成立の時代に身をおいて、作家の想像力が南九州をめぐる闇を解き放つ。〈隼人〉とは何物なのか？ その地に生まれた著者の手さぐりの解明の旅。

鶴ヶ野 勉 著

みやざき文庫49　定価(本体1400円+税)

本庄古墳群猪塚とその出土品の行方　天明・寛政期薩摩藩の知のネットワーク

永山修一 著

みやざき文庫125　定価(本体2000円+税)

神々のやどる霧島山 ―― 霊山霧島における山岳信仰

森田清美 著

みやざき文庫126　定価(本体2000円+税)